1906–1908

FROM LOP DESERT
TO DUNHUANG

主编：巫新华

T.VI.b

石筑实心台

去房顶的
楼梯
木马槽
生火处

检验合格

检验员 38

夹有土坯的石建筑
同上，被毁
土坯碎块
黏土台

西域游历丛书
07

从罗布沙漠
到敦煌

SIR AUREL STEIN

[英] 奥雷尔·斯坦因 著

赵燕 谢仲礼 秦立彦 译

GUANGXI NORMAL UNIVERSITY PRESS
广西师范大学出版社
·桂林·

从罗布沙漠到敦煌

CONG LUOBU SHAMO DAO DUNHUANG

图书在版编目（CIP）数据

从罗布沙漠到敦煌 / （英）奥雷尔·斯坦因著；赵燕，
谢仲礼，秦立彦译. —2 版. —桂林：广西师范大学出版社，
2020.4（2022.3 重印）

（西域游历丛书）

ISBN 978-7-5598-2717-3

Ⅰ. ①从… Ⅱ. ①奥…②赵…③谢…④秦… Ⅲ. ①文化
遗址—考察—西北地区 Ⅳ. ①K878.04

中国版本图书馆 CIP 数据核字（2020）第 047850 号

广西师范大学出版社出版发行

（广西桂林市五里店路 9 号　邮政编码：541004）

（网址：http://www.bbtpress.com）

出版人：黄轩庄

全国新华书店经销

广西广大印务有限责任公司印刷

（桂林市临桂区秧塘工业园西城大道北侧广西师范大学出版社

集团有限公司创意产业园内　邮政编码：541199）

开本：787 mm×1 092 mm　1/32

印张：10.75　字数：235 千

2020 年 4 月第 2 版　　2022 年 3 月第 2 次印刷

印数：8 001~10 000 册　定价：59.00 元

如发现印装质量问题，影响阅读，请与出版社发行部门联系调换。

出版说明

1900—1901年、1906—1908年、1913—1916年，英国人奥雷尔·斯坦因先后到我国新疆及河西地区进行考古探险，并先后出版了这三次考古报告：《古代和田——中国新疆考古发掘的详细报告》《西域考古图记》《亚洲腹地考古图记》。这三部著作是斯坦因的代表作，较全面地记述了我国新疆汉唐时期的遗迹和遗物，以及敦煌石窟宝藏与千佛洞佛教艺术，揭开了该地区古代文明面貌和中西文明交流融合的神秘面纱。此外，斯坦因还详细描述了深居亚洲腹地的中国新疆和河西地区的自然环境，以及山川、大漠、戈壁、雅丹、盐壳等地貌的种种奇妙景观。斯坦因的著作为人们打开了此前"未知世界"的大门，当时在国际上引起了巨大轰动，西方列强的学者们对此垂涎欲滴，纷至沓来，形形色色的探险家也紧随其后，蜂拥而至。

斯坦因的这三次考古探险活动，足迹遍布塔里木盆地、吐鲁番盆地和天山以北东部地区，所到之处，几乎盗掘了我国汉唐时期所有重要的古遗址和遗迹，对遗址和遗迹造成了严重破坏，所出文物也几乎被席卷一空，并运往英属印度和英国本土。此外，斯坦因在河西敦煌以及内蒙古额济纳旗黑城等地也进行了大肆的盗掘和劫掠，其中尤以对敦煌石窟宝藏的劫掠最为臭名昭著。可以说，在20世纪30年代之前，斯坦因是我国西部地区古遗址最大的盗掘者和破坏者，是劫掠中国古代文物的第一大盗。斯坦因的上述著作是西方列强侵犯我国主权的铁证，同时也为那段令国人屈辱的历史留下了真实的记录。因此，我们在阅读斯坦因上述著作时，一定要牢记惨痛历史，勿忘国耻。

斯坦因上述三次考古报告都是综合性的学术性专著。为了方便一般读者更多地了解斯坦因在我国塔里木盆地、吐鲁番盆地和天山以北东部以及河西敦煌等地区的发掘工作和搜集文物的情况，我们对上述三次考古报告原著做了一些技术性处理，即删除了一些专业性特别强的内容，将插图进行适当调整并重新编序等。

本册出自《西域考古图记》：1907年2月，斯坦因穿过罗布沙漠向东行，沿途考察了将塔里木盆地与疏勒河分隔开来的罗布荒漠自然地理状况以及汉代长城最西段遗迹，再现中国最早开通与中亚相连的楼兰道历史面貌。

目 录

第一章

从罗布沙漠到敦煌

第一节　从阿布旦到敦煌的道路

1907年2月11日，米兰遗址的民工完成了他们的工作，这天晚上我的营地又迁回了阿布旦。我们在那里辛苦工作了9天，对文物进行安全的打包，做各种准备工作。这些文物目前已在运往喀什噶尔的途中（图1）。

1907年2月21日，我带着为继续往东调查而准备的物资启程了。在我的"旅行笔记"中，我对在甘肃最西部的绿洲中为期3个星期的考察作了详细说明。这里有必要对沙漠的地貌特征和道路的历史地貌的调查资料作一个简明的总结。为了弄清我在这条路上调查中新出现的一些地理问题，我于1914—1915年冬对这片渺无人烟的地区做了详尽调查。

图1 护送人员押送古物从阿布旦出发前往喀什噶尔

历史上连接塔里木盆地北部的罗布地区与敦煌及中国最西部的直通道路，可能一直就有两条。其中一条可能要远一些，并要克服缺水和无法放牧的困难，但可常年翻越阿尔金山（即"前山"）的昆仑山脉东段光秃秃的高坡。在我的指导下，拉伊·拉姆·辛格和拉尔·辛格分别于1907年和1913年对此路进行了调查。此路被罗布人称作"山道"，另一条称作"沙道"。沙道沿着北边是库鲁克塔格山，南面是阿尔金山冰川似的山脚，沿着这条长长的洼地延伸到最深处。

这里我们简要叙述一下沙道。根据不同的地貌特征，这块地方分成三个主要部分。第一部分包括总长约158英里的地区，其南部与罗布湖盆一样长。从喀拉库顺沼泽南部边缘开始，随后紧挨着一个目前已干涸的巨大盐渍湖床的南岸向前延伸。在从阿布旦出发后第一个停留地墩里克，两条通往沙漠和山区的道路在此分开。在这里缺水的困难已经出现了，因为那条被称作"阿其克布拉克"（苦泉子）的小溪里的水是咸的。

再前进约55英里，越过干涸的盐渍湖床的无水地带，旅人便到达钦达勒里克苦泉。目前这条商路再往前16英里，就穿越古罗布泊那凹凸不平、布满盐霜的坚硬地表。亨廷顿教授发现这样一个有趣的现象：有一条小路沿着古老湖床堤岸的沙砾台地边缘延伸，因而避免了穿越困难重重的坚硬盐碱地。现在无法判断此路何时中断使用。但是，这条沿罗布泊湾行进的小路足以让人推测，历史上这里曾经有过一片难以逾越的盐碱沼泽，迫使道路拐了一个大弯。

围绕这些古代的湖岸线边的沙砾台地再往前，并通往落瓦寨（图2）与科什兰孜之间那些可以得到虽有点苦但仍可饮用的水的歇脚点。科什兰孜前面，连绵不断的陡峭黏土台地从南面消失了，道路继续分两路沿着巨大的盐渍湖床岸边的狭窄灌木地带前伸。这里的湖床表面非常平坦，一直向北延伸，好像湖泊依然存在。

图2　自落瓦寨碱泉沿罗布泊湖岸向西望

在潘家和阿其克库都克驿站之间，这一带状地区的植被覆盖了一片盐碱沼泽带，成一条干涸湖床上的点缀。从苦泉子阿其克库都克往前，地表的自然特征变化非常明显，因此可以很恰当地认为这条道路的第一段就到此结束了。

在北面古罗布泊以远，我现在能看到最南面的库鲁克塔格山系最后的支脉耸立在约17英里以外的地方。从那里可以看到这光秃秃的低矮山岭平缓地向东北方向延伸。在道路以南不远处，有一条与之平行的、被巨大的流动沙丘覆盖的高约400英尺的山脊。这自然使人想起塔克拉玛干沙漠里的时令河岸边的巨大沙岭。这里的沙丘地区也是在东北方向上，而它的底部是黏土。它同那些孤立或成片的高达40英尺或更高的侵蚀台地一样，从山脚向东北延伸。

从阿其克库都克到拜什托格拉克以外，长达80多英里的道路所经过的地方明显地给人一个印象：这里是一片巨大的沙漠谷地，它的北面是库鲁克塔格，南面是阿尔金山沙覆砾石地带。1914年细致的调查以及两幅地图更清楚地反映了这一特征。一系列精确测量的等高线尤其证明，这里的地表从库木库都克附近的最东边（我们的高程测量即以此为基准），开始缓慢却持续上升，直到拜什托格拉克以外。在那里它与水源来自敦煌南面和东南面的古疏勒河盆地末端的一系列洼地相遇，从地理学角度看这些洼地很有意思。

虽然这个目前已干涸的时令河盆地具有自己的特征，但是我们有足够的理由认为，它已经处在了这条道路的第二段上。我们可以认为，这段道路是从阿其克库都克井几乎一直延伸到目前可能接受整个疏勒河水系水源的辽阔的沼泽盆地。这条长逾96英里的路线第二段的特征，取决于它沿着一条大峡谷这一事实，而不是像上一段那样沿着已彻底干涸的盐湖岸。虽然这里仍是沙漠，但地下水足以在许多地点形成离地表并不深的饮用水水井，也可以维持或大或小的连片芦苇或灌木的生长。土壤已不再是盐渍壤或砾石，而完全是沙。过了央塔克库都克，沙漠植被稳定增多。远至拜什托格拉克，大多数地方只要挖下几英尺就会有清水。供放牧的芦苇和灌木丛足够丰富，甚至还可以见到几株发育不良的野白杨，当地罗布人称之为五胡杨。从阿其克库都克继续向东北前进，谷地逐渐变窄。南边长长的沙丘带越来越逼近光秃秃的库鲁克塔格山脚，此山在这里高出谷底约1 500英尺，而在拜什托格拉克，谷地的宽度已收缩至仅5英里。

直到拜什托格拉克，沙道的第二段上没有遇到前段上那些严重困难。不过，在拜什托格拉克的东边，地表特征有了明显变化。从那里过了约5英里，有一处高40~50英尺的沙丘带。过了沙丘带，这条道路就来到了构成疏勒河终碛盆地的一系列洼地的最西端。在我的"旅行笔记"中，详细描述了这里直到盆地东端附近一个地点的有趣特征。笔记里我还解释了由这些特征引发的特别有趣的地理学问题。

这里的地下水很容易获取，这就足以使从拜什托格拉克至古罗布湖床尽头的谷地的交通线畅通。其水源很可能来自疏勒河水系某个部分的地下水道，一直流向早期盆地末端的洼地，至少在夏季泛滥时是如此。1907年和1914年我都清楚地观察到其中一些最近的泛滥痕迹。同时在一个很大的范围内，土壤仍然比较湿润，很少见到盐壳，这显然说明水到达这里时还相对地较淡，而且在完全蒸发之前就已渗入地下。

　　这条路（沿着这古代盆地末端前进或穿越它）经过的地表相当多变。不管是在洼地中松软的沙土上，还是在宽阔的沙丘带上，都找不到一条能由一个季节沿用到下一个季节的旅行通道。在这个辽阔盆地的大部分地区（图3），数以百计的黏土台地成群或成排、像岛屿或高塔一般散布其间，星罗棋布，使得行人很难找到正确的道路或者走对方向。如果没有向导，过路人可能很容易在这些

图3　疏勒河古尾闾盆地西缘一带被侵蚀的泥土台地

7

奇异的黏土带"迷宫"中迷失方向，误入盆地南部或北部毫无生还希望的沙漠中，那里荒芜的台地或沙丘宛若一道大幕挡住去路。

我们第一次从拜什托格拉克出发的旅行，就到了上述奇异盆地的东端附近。我们的向导没能找到可以宿营的苦井。不过3月7日早晨，我们在道路已经很好找的粗沙和砾石区域只行走了约3英里，就来到了从东边延伸过来的边界深切清晰的洪水河床边。我立即意识到我们已经到达疏勒河古老的末端支流的一个分支，我继续向前来到它右岸的峭壁，发现地貌突然完全改变了模样。它的东边是一片偶有几处洼地的开阔沙砾平地，北边远处是库鲁克塔格山的低矮山丘。这里的天空不够明朗，无法看清安南坝巨大的雪山，而往后的季节则是能看见的。显然，这条道路很可能从这里起已经进入非常开阔的疏勒河谷地，并已接近构成终碛盆地的沼泽地带。它的边缘离我沿这条道路来到的沙砾高地约6英里。

我们已经穿越的地区确实是一处古老的终碛盆地，而且经过它及拜什托格拉克以远的谷地，疏勒河水早期（不过从地质学上来说并不久远，只是在罗布泊干枯之后）从此处流向古罗布泊。但是，接受这个理论无论如何也不会淡化这条道路由此进入它的第三段，也就是最后一段的印象。这段通往敦煌大绿洲这个中国内地通往新疆最西端的前哨阵地，以及最早经营中亚地区基地的道路总长约97英里，共有五个便利的驿站。这整段沿着中国古代路线的道路，通向疏勒河床附近，或其他水源来自敦煌水系的淡水潟湖带。由于淡水水源充足，一些很便利的空地上适合放牧，沿线四季都易于通行。虽然这里还不能耕种，但是河边地带很多地方都适合放牧，因此行人开始感觉到沙漠已经被甩在身后。

我随后沿着罗布—敦煌路线这条最后的河边地段进行了调查，丰硕的调查收获证实了这一明显的地理变化。

第二节　罗布沙道的汉文记载

在讨论罗布地区的中国历史记载时，我详细研究了讨论古代中国最早向塔里木盆地扩展时经常用到的主要地志学资料。我阐述了这段那时新开通的、由敦煌的前线基地通往罗布淖尔附近楼兰境内的道路，曾起到的重要作用。这里我不打算重复阐述证明下面结论的证据：在张骞通西域（公元前136—前123年）之后，所有通往塔里木盆地的交通、贸易、军事行动，都主要是经过这条通往干枯的罗布湖床北面（即以楼兰遗址为标志的、目前已完全干涸的那部分罗布地区）的道路。

在讨论《汉书》中有关鄯善即楼兰的资料时，我曾详细讨论了书中所提供的、从敦煌到楼兰道路虽不丰富却很重要的材料。我揭示了这样的事实：和现在一样，那时为了寻找通往北部广阔的绿洲带最直接的道路，并开辟由西向东越过塔里木盆地最便捷的军用和商用通道，中国人最初把主要道路修在那时仍可居住的罗布地区的东北部，这里因此留下曾作为他们窥视古代罗布湖床以远地区的桥头堡的楼兰遗址。当这条道路首先沿着这片广袤的盐碱荒地的边缘走过之后，便从它最狭窄的北面穿过。这里的自然条件相当艰苦。但是，在远未到达通往古代罗布泊南岸的道路之前，这些困难就可以从南部广大地区的补给中得到缓解，而且中国军人与商人可以从附近的农耕区得到各种给养。我们的一份略图显示，楼兰遗址与拜什托格拉克之间的距离，要比它与米兰近将近70英里。

1914年，我正是在这条为行文方便而称之为楼兰道的罗布—敦煌道路的北支线上，确定了令人毛骨悚然的白龙堆的位置。《汉书》中将它定在楼兰国领地的最东端的对面，以后也都沿袭这种说法。在我1914年考察结果的初期报告中阐述的重要考古学发现，促使我沿着楼兰道继续对白龙堆两边的最西端荒芜地段进行调查。这里的遗迹似乎可以比东段更准确地进行调查。根据地理学和考古学证据，可以肯定地说，这条道路是沿着以中国古代长城为标志的一线，也就是我前面介绍的目前通行的从罗布到敦煌沙道的第三段的延伸。我正是在那里发现了著名的玉门关遗址。《汉书》把它作为楼兰道的起点。

在古代楼兰道的中段，我们也有可靠的向导。我1914年的探险证明，尽管由于盐沼地表面干燥而难辨真伪，但是古代湖床最东边的一些遗迹仍然一直延伸到相连的央塔克库都克。再往前则可以看到，这个地点的东边，在我为行文方便而称之为"拜什托格拉克谷地"的北缘，可以找到水及养驼的牧场。它的北缘当然也就是通往楼兰最近的路线。因此我说，沿此线通往楼兰的汉代古道，在目前沙道上拜什托格拉克附近的某个地点分岔。我有一些考古学发现支持这个结论，只是这些发现必须在我第三次考察报告中全部重新整理。我们可以肯定，汉代的道路在拜什托格拉克以东是沿着或穿过前面讲到的终碛盆地的东缘前进的，而不是沿着现在的路线。因为如地图所示，这条路上矗立着中国长城的两座早期烽燧，而且长城深入到盆地东南边缘以内 8 英里，从而形成一段直线的长城，这足以证明它的年代相当久远。

在 1914 年冬的调查中，我成功找到了通过那片尽是盐碱、黏土、沙砾的不毛之地的古代楼兰的西段；而从我在其他地方对那次尝试的说明，将足以证明这里所遭遇的困难难以克服。在古代，在至少 120 英里之内，既没有水，没有牧场，也没有燃料。至于汉武帝时期交通线路的组织者如何克服这些障碍，开通这么一条重要的军事、贸易交通线，我不能在此加以讨论。但是，我可以记录一个关于地形性质的观察结果。毫无疑问，这种性质可能使整条楼兰道用于交通成为可能，而且成为中国人至今前往中亚及其邻近地区时仍喜用的一种交通模式。从楼兰遗址发现的汉文文书中可以发现这种记载，而我在其他地方的经验则让我相信，从这些文书里可以找到一些古代人如何解决这些问题的线索。

这种说法同样适用于通往米兰和阿布旦的道路的南支线，在那里，马车道虽然简陋，但也没有太大的困难。在此线西段，缺水的问题也很严重，因为在阿布旦和落瓦寨之间约94英里的路上，除每年12月至次年4月间有苦泉里的冰可用外，其他时间得不到饮用水。我们将会看到，早在马可·波罗路过这里时，缺水的困难就已存在。虽然没有直接的证据，但是这里在汉代水比现在要更充裕，而此后的干旱过程可能是由于落瓦寨西边的泉水逐渐碱化造成的。但是，不管怎么说，我们仍有理由相信，在历史时期此路南支线上的自然障碍，从来就不像北支线即楼兰道那样不可克服，路上的每个驿站都有中型牧场，也有燃料供应，马可·波罗就曾提到过这个情况。因此，虽然我并没有找到南支线早在汉代就已开通的直接证据，但我仍然相信，这条直通米兰和若羌等地的古鄯善遗址的支线，在古代中国早期与塔里木盆地交往时即已投入使用。

公元1世纪，通向楼兰的北线很可能仍是中国内地与敦煌以西地区进行交往的主要通道。但是，《后汉书》提到这条通往鄯善的道路时，除了提到它始于玉门关，并无其他任何细节。幸运的是，我们从《魏略》中找到了三国时期敦煌通往西域的三条道路的记载。在讨论楼兰遗址的地志资料时，我有机会探讨这些经沙畹先生翻译及详细注释的文献资料中，发现了这些有趣的信息。在那里我整段引用了其中的一个重要段落，它表明《魏略》记载的"中路"正是我们所说的楼兰道。它始于玉门关，经过拜什托格拉克谷地，到达古罗布湖床，越过罗布湖床，便直抵曾经可以居住的楼兰地区东北边界。但是我们仍需根据目前我们对这条道路通过的地区的调查，对文献中所记载的各个中等驿站地望进行详细考证。为便于参考，这里我再次引用与我们的讨论有关的段落："从玉门关西出，发都护井，回三陇沙北头，经居卢仓，从沙西井转西北，过龙堆，到故楼兰，转西诣龟兹，至葱岭，为中道。"（《魏略·西戎传》）

遗憾的是，《魏略》没有说明上述各地之间的距离。但是，即使没有文献上的参考资料，根据我们对道路起点和终点的准确了解，我们仍可对这些地名所指得出一个较为可信的结论。我们下面将要阐述的，对长城烽燧 T.XIV 的发掘所获的具有决定意义的考古学证据，使我们得以准确地认定此路的起点玉门关的位置。至于"都护井"，它极有可能位于长城的最西端。此路"回三陇沙北头"，提供了一个明显的信息。根据我对这里的调查，我敢肯定，它指的是这条路紧邻拜什托格拉克东边的那一段，也就是前面讨论的此路第二段的末端。从地图中可以看出，它途经古老的疏勒河终碛盆地，有时它绕着拜什托格拉克谷地南面高沙丘的最北端的分支迂回前伸，在一些地方则是越过它们。这条沙丘带现在和以前一样，只是包括一连串连绵不断的流动沙丘中的小沙丘。这些流动沙丘向上延伸到阿尔金山较高的安南坝部分的广阔沙砾缓坡前，在更西边为已干涸的罗布湖床南面［即罗布人称作"库姆塔格"（沙山）的高耸的沙丘地带］，也发现了它们延伸过来的现象。

这片大沙漠的北部边缘，由像岬角一样突入上述盆地里的低矮沙岭构成，同时道路也穿过了这里。我们很有把握地将"三陇沙北头"的位置确定在那里。这一认定还可由《魏略》中关于此路转向的记载得到进一步的支持，其中说到此路回到这个地点。循着地图上所画的路线，我们可以清楚地看到，离开长城西端之后，此路几乎直线向西北前进，直抵离拜什托格拉克最近的岬形沙丘，在那里折向西南，与拜什托格拉克谷地的大方向一致。

　　文献中的用词与地貌特征之间有着明显的一致性。我必然要试图把三陇沙（三道沙岭）之名，与此路事实上穿越的南部高耸沙山前三道明显的小沙丘或岬角形沙垄联系起来。从地图上可以看到，这三道沙岭在153号营地与拜什托格拉克谷地的起点之间的道路旁平缓延伸的状况。这里的地貌特征本身一定曾给中国古代的过客留下过极为深刻的印象，因为楼兰道只有在这里才被真正的沙丘越过。在我看来，这三道沙岭高都不超过40英尺，因此像我在其他地方所见到的，马车是完全可以通行的。但是，根据我的经历，我太了解现在人畜在这样的沙漠中旅行所要遇到的障碍是何等难以克服。对于这些迂回曲折的沙岭是何等引起古代过客的注意，以及他们为何在当地人的地名命名法中找到一个恰当的名称，我一点也不觉得奇怪。"白龙堆"指直抵楼兰道西端的那些难以逾越的布满盐霜的台地，这个生动贴切的名称，也足以证明路过这些荒凉沙漠的早期中国人对这里独特的地貌特征是何等关注。

　　《魏略》所载路线上的这个点的位置确定之后，就有可能确定它前面的都护井以及它后面的居卢仓的位置。前者表明，这里有足够的牧场，而且从泉里和井里都可以获得淡水。因此我们可以有把握地认为，由烽燧护卫的长城最西端角上的洼地，可以为来往于这条受到保卫的边境线上的商队提供一个十分方便的歇脚点。现在的过客的歇脚点通常在疏勒河岸东北方向约3英里远的托格拉克布拉克，也就是我的154号营地。但是，由于邻近的高原上都是草木不生的沙砾土，因此这里缺乏牧场，所以如果有许多商队路过这里，就不能提供足够的车马、给养。我下面对这个地点的叙述表明，我发现了一处看来是大型环壕营地的遗迹，它的年代很可能早到这条道路刚开通、保卫它的长城刚建起来的时期。可以肯定的是，这条路上的玉门关与拜什托格拉克之间，没有一个地方能提供与这里类似的中途歇脚点的便利条件。

居卢仓可能是楼兰道开通时建立的诸多早期给养站之一，它有可能位于拜什托格拉克。长城以西的任何其他地点都不具有比这里牧场更充裕的优势，现在也是如此。由于正好在楼兰道的一段艰难路段的前面，拜什托格拉克就成为补充给养的基地的绝佳地点。但是，我没能找到任何遗迹来提供考古学上的支持。同时，考虑到地下水离地表很浅，以及土地中含有大量盐碱的地貌性质，所以土坯或者仅仅是黏土在废弃许多世纪之后没能保存下来。像我自己一样，凡是见过安西至哈密沙漠道路上用作中国"酒店"或士兵营房的简陋泥糊小棚的人，没有谁会怀疑它们在一千年时间里会完全消失，更不要说是在弃而不用之后。它们也能基本满足交通的需要，虽然并不是每时每刻都要比楼兰道全盛时期清闲多少。

关于沙西井的位置，我们可以从那段记载中此路折向西北一句话，得到极为有益的启示。1914年我调查时发现，此线在古楼兰道前面。因此，根据《魏略》的记载，此路显然把我们引向它从库鲁克塔格最后一处小沙丘向西南的转弯点附近，在这里向北可以看见拜什托格拉克谷地。像我调查时找到的一样，这条古代路线在那里向北急拐弯，并沿干枯的古罗布泊岸前进，直抵此路穿越以白龙堆为界的盐渍湖床的那个点上。1914年我在与此相对的方向进行探察时，从那里向东北行进约12英里后，就来到了库木库都克西北界定古代海床东延部分的黏土台壁脚下的第一处现存植被带。再向前行进约3英里，我们在土壤已变成沙性的地方成功挖出了一口井。尽管井里的水甚至对骆驼而言都太咸，但是能挖出这口井表明，在早期（那时沙漠化还没到这么远）对应于《魏略》所记沙西井的那个能找到饮用水的休憩地，可能就在拜什托格拉克谷地西端附近的某个地方。

我们已经没有必要根据《魏略》对楼兰道再作进一步的说明，因为我们已经考证了龙堆驿站遗址就是《汉书》中说的白龙堆，而古楼兰也就是楼兰遗址。我们也已经看到，楼兰地区是如何在它见诸记载之后一个世纪之内最终废弃，并变成沙漠的。由于水和耕地的消失，古楼兰道在公元4世纪前半叶之内已经变得难以通行了。自从汉武帝为了向西扩展而开通之后，它已持续沿用了

450年。但是，由于公元1世纪初开通了那条《魏略》里所说的北新道（通往天山东部，而且可能通往哈密附近），古楼兰道的重要性显然大不如前了。甚至早在它最终关闭之前，古代中国与西域的联系已经少多了，而且对塔里木盆地的治理也开始受到干扰或完全失控。

自东晋至唐朝建立初期，中国在中亚地区的影响持续减退，反映在中国正史中完全没有对连结中国内地与西域的道路的记载。好在还有中国僧人（其中最早为人所知的是法显）前往印度取经的记载，在一定程度上填补了这段空白。这些记载尽管简略，但我们还是据此对敦煌至鄯善即罗布的沙漠道路有些书面上的认识。虽然有必要把它与罗布地区的历史联系起来考虑，我这里还是很方便地再次引用这段记载。

法显一行于公元400年秋抵达敦煌。很有意思的是，我发现这个地区被描述为："有塞，东西可八十里，南北可四十里。"这表明那时候这个主要绿洲里的耕地，并不比近代大多少。这也可能说明，向西延伸很远的古代中国长城线上的驿站，那时也已废弃不用，而我调查所得的考古学证据也支持了这个观点。法显在敦煌停留一月有余，和其他四个僧侣开始了"使者代表团"之行。

敦煌太守李浩供给度沙河。沙河中多有恶鬼、热风，遇则皆死，无一全者。上无飞鸟，下无走兽。遍望极目，欲求度处，则莫知所拟，唯以死人枯骨为标识耳。（《佛国记》）

历时17天、行程约1 500里后，法显一行到达了鄯善王国。

由于楼兰地区那时已经荒芜，我想那些僧侣所走的路很可能是通往米兰和若羌。从以上描述中可以看出，这条路并不是沿着阿尔金山上的高地延伸，而是穿越敦煌与罗布之间的沙漠洼地。我以前的地形调查已经说明，在历史上从敦煌到米兰或阿布旦，大部分地区不可能再有其他可通行的道路。这个结论与法显对他们旅行所经历的自然条件及旅途路程的叙述是一致的。他17天的行程正好与我从阿布旦至敦煌绿洲的17段路途一致，只是我多休息了两天。同样，他所估算的1 500里，正好相当于我所估计的总长约380英里的路程。这样，根据他们印度之行的记载，可以估算出四五里相当于1英里，由此也可以估算出已确定的每两个停留点之间的距离。

据我们所知，宋云是继法显之后第二位访问过罗布地区（公元519年）的僧人，但他并不是像我们前面所讲的从敦煌出发，而是穿越柯柯盐湖地区和柴达木盆地。裴矩根据在甘州收集的资料，于公元607年编纂了一部关于西域的有趣的著作（《西域图记》——译者），里面确实提到鄯善即罗布是三条西行道路南面的早期领地。然而这似乎并不能说明，这条路已经到达这里。但是，我们可以很肯定地说，这就是中国最了不起的僧人玄奘于公元645年冬从印度回国时走过的从米兰到敦煌的那条沙漠道路。遗憾的是，他在《大唐西域记》中只记到他抵达纳缚波境内。纳缚波"正是古楼兰国"，像我们前面提到的，它也就是罗布。

玄奘认为，他回国途中经过的这些地区，是在大唐帝国疆域之内。自公元630年玄奘开始西天取经之行时起，这些地区就开始雄心勃勃地向西扩张，因此他并未把这些地区的情况写进他的书里。但是从他的门徒慧立和彦悰为他写的传记中可以看到，玄奘事实上是在穿越罗布至敦煌即沙州的沙漠之后才完成他的最后一段旅行。玄奘在和田收到了唐太宗回复他回国请求的信，这封信已收入了他的传记里。这封信明白无误地指示敦煌行政长官引导他，穿越满是流动沙丘的沙漠。

这条连接敦煌与罗布地区的沙漠之路，在唐代极有可能仍在使用。但是，根据《唐书》记载，敦煌至和田的路线始于阳关。因此，根据进一步的调查，我认为它指的可能是沿阿尔金山至米兰的路线。遗憾的是，在我和伯希和从千佛洞收集的写本中，没能找到有关敦煌地区地理概况的资料。

正如前文所述，米兰确实有一处吐蕃要塞。这足以证明，公元8世纪末前后，当唐朝在塔里木盆地的治理结束后，敦煌至罗布地区的各道路的重要性并未降低。从后晋到北宋末年，中国正史里不断有一批批和田使节朝见中原王朝的记载（我在其他地方也提到过这一现象），这似乎证明，罗布和敦煌之间的直通道路在唐朝覆灭之后很可能仍在使用，至少是时断时续地使用。但是我们只在沿阿尔金山高坡上发现一段可以确定的道路。

第三节　马可·波罗及罗布沙漠之路上的旅行家

　　文献中再次出现沙漠之路使用情况，已是一个半世纪之后的事了。这就是马可·波罗公元1273年前后从罗布镇来到沙州，他对这条道路的许多生动描述引起了我们特别的兴趣。我们已经追随这位伟大的威尼斯旅行家的足迹到达了罗布镇，而且证明它就位于今日的若羌。这就是他的不朽名著对他跨越沙漠的旅行的描述：

　　凡行人渡此沙漠者，必息于此城一星期，以解人畜之渴。已而预备一月之粮秣，出此城后，进入沙漠。

　　此沙漠甚长，骑行垂一年，尚不能自此端达彼端。狭窄之处，须时一月，方能渡过。沿途尽是沙山沙谷，无食可觅。然若骑行一日一夜，则见有甘水，足供五十人或百人暨其牲畜之饮。甘水为数虽不多，然全沙漠中可见此类之水。质言之，渡沙漠之时，至少有二十八处得此甘水，然其量甚寡。别有四处，其水苦恶。

　　沙漠中无食可觅，故禽兽绝迹。然有一奇事，请为君等述之。行人夜中骑行渡沙漠时，设有一人或因寝息，或因他故落后，追至重行，欲觅其同伴时，则闻鬼语，类其同伴之声。有时鬼呼其名，数次使其失道。由是丧命者为数已多。甚至日间亦闻鬼言，有时闻乐声，其中鼓声尤显。渡漠情形困难如此。

（《马可·波罗行纪》，引自冯承钧译本——译者）

　　因此，在这样的旅途中，人们通常保持很近的距离。所有牲口的脖子上都挂着铃铛，以使它们不会轻易走失。睡觉的时候，则在附近立一个标志，指明下一段路的方向。

　　马可·波罗在下一章的开头紧接着写道：

在此沙漠中行三十日毕，抵一城，名曰沙州。此城隶属大汗。全州名唐古忒。

（《马可·波罗行纪》，引自冯承钧译本——译者）

　　如果我们首先讨论马可·波罗这章开头部分所描述的细节，我们就可以更容易地说明，马可·波罗对自己跨越"罗布沙漠"之行的记录，与我们前面所讨论的路线之间有着密切的一致性。1906年12月，我第一次停留若羌收集有关敦煌路线的资料时就确信，从和田和于田出发，习惯于沿此道前进的商人，通常都作一整月的时间预计，而且带着满负荷的牲口。考虑到他们那些用于运输的骆驼或驴，在旅途上的库木库都克与拜什托格拉克之间和我的155号营地与176号营地之间的路段上，商人们把每天的行程定得稍短一些。因为不需走太远就有水和牧场；或者，如果牲口的身体条件好，他们可能会在一个舒适的地方停上两三天，然后一次行走两段路途。我们随后的调查证明商人的估计是正确的，同样也清楚地证明马可·波罗的记载是非常准确的。

经最后核对、修正的平板仪的调查结果显示，把若羌到米兰（从墩里克到米兰的距离与从阿布旦到那里的路途基本相当）的行程包括在内，从若羌即马可·波罗所说的罗布镇至他所说的沙州，也就是敦煌，共397英里。如果我们把整个沙漠中的行程分成30天，那么平均每天的行程大约是13英里。鉴于这条路线上的相当一部分地区环境恶劣，这个日均行程对于熟悉中亚的这部分地区情况而且有骆驼的人来说合乎情理。事实就是如此，经过特别的努力，或说相当于一连串的急行军，我们才用了19天时间从阿布旦到达敦煌，其中包括两天休息，3天从若羌到阿布旦。但是此前我特意安排我们自己的牲口休整了约6个星期，而且在路上把它们的负担降到最低，还用了一些备用的驴来运货。即便如此，一些驴还是倒下了。因此，我非常怀疑，有哪支大型商队能在一个月之内完成旅行，而又没有牲口严重减员的风险。

马可·波罗早已准确地描述了旅行者在这条沙漠之路上很可能要遇到的水、牧场及其他方面的自然条件。我们已经了解到沙漠之路整个第二段路旁的巨大沙丘给人留下的印象。这段路上有4个地方，要么没有水，要么水太咸无法饮用，与马可·波罗所说的"别有四处，其水苦恶"的地方完全吻合。同样，他所警告的其他可用水源有限的地方，也由我们发现的大部分地区的情况得到证实。从我前面所提到的路段数量的角度来说，没有什么证据

来推翻马可·波罗"至少有二十八处得此甘水"的说法，这证明
"甘水"一词并非完全是文学语言。

我们现在对于罗布地区南部与敦煌之间地区主要地貌特征已
经有了充分的了解，因此我们确信，在历史上，往返于两地之间
的商队除了现在仍在用的那条路，并无其他直通道路可供选择。
它不仅是通往疏勒河下游最近的路线，而且很明显，不论是北部
干燥的罗布湖床盐渍荒地，还是南部库木塔格高耸的沙岭上，都
不存在马可·波罗描述的成片有水源和牧场的地方。一旦明白这
一主要地貌现象，我们就不必对诸如"为何马可·波罗从未提及罗
布泊"这类问题作想当然的解释。对于这个问题，人们往往把这
位古代旅行家的说明，与长期以来争论不休的罗布泊问题联系起
来，寻求答案。尽管在他的兴趣范围内，马可·波罗是一位了不
起的观察家，但他毕竟不是现代意义上的地理学家。他对他可能
从墩里克遥望那些沼泽只字不提，对他后来可能在近处看到的草
木不生的盐渍荒地只字未提，远不如他对他从莎车至若羌长途旅
行中，近在咫尺而不可能视而不见的巨大的昆仑雪山只字未提让
人不可思议。

我们也不必详细讨论马可·波罗对"此沙漠甚长，骑行垂一
年"的说法。我们已经提到过，他非常细致。他根据其他有关人
的估计来修正自己的估算，而且意识到他的蒙古人或者说突厥人
向导像现代中国人一样，在最大范围内用"戈壁"一词。对他们
来说，从蒙古东北到西藏西部这一没有永久农耕聚落的广袤地区

早已了然于胸。同样的意见，也适用于他进一步对沙漠地区危险性的说明。

我没有必要沿着他事实上走过的路线旅行，我平日接触的人也没有死守着他那些中亚地区同行者的观念。我也不必以此来证明，他的书中一件与大沙漠有关的怪事，只不过他是在那个地区听来的，这是古老民间信仰的真实反映。亨利·尤尔很早就在他对这段记录的评论中说明，害怕被妖怪引入迷途的心理，总是萦绕在那些早期穿越中国内地与西部绿洲之间的沙漠荒地的旅人心中。前面引述法显的话，指的就是这一心态。玄奘则用生动形象的语言记录了他在民丰与且末之间的塔克拉玛干沙漠中穿行给他留下的印象，从而也印证了这一心态。

关于穿越罗布沙漠的旅行者这种恐惧心理，其盛行年代之久远的证据来自马端临的巨著（《文献通考》——译者）。其中有一段话写到了从中国内地到焉耆的一条路途最近的道路，这段话读起来几乎就是马可·波罗著作的译本。这极有可能是来自中国早期的历史文献，但是我没能找到它的出处。无论如何，由于它指的是现在从敦煌到罗布的道路，或者说古代楼兰道，所以这里有必要全部引用亨利·尤尔在威斯迪娄译本基础上重译的段落。

中国历史学家马端临告诉我们，从中国内地进入维吾尔地区（直达焉耆）有两条道路。最长但最容易走的一条路过哈密；另一条短得多，只到罗布。"走这条路，你必须越过一个100多里格

（1里格约合3英里——译者）长的平坦沙漠。除了蓝天和黄沙，你见不到任何东西，也没有任何细微的道路痕迹可寻；除了人畜骨骸和驼粪，旅行者没有其他指路标志。在这荒郊野外，你也可能听到点声音，有时像歌声，有时像痛哭声。因此经常发生这样的事：旅行者走过去看看这到底是什么声音，于是远离了他们的队伍，便完全消失在茫茫沙海中，因为这些是妖魔鬼怪的声音。由于这些原因，旅行家和商人经常选择经过哈密的那条远些的道路。"

马端临引用这段话作结论很有意思。这段话说明了这样一个问题：由于天山山麓地区只有少部分时间处于中原王朝的绝对控制之下，其余大部分时间一直受到匈奴及其后裔游牧民族的侵袭，因此，只要沿天山脚下延伸并经过哈密的那条路途更远的道路有安全保障，中国人总是愿意选择它，而不愿选择途经罗布沙漠的那条道路。这里有中国人性格和策略上的基本特点，那就是人们情愿面对和克服自然界的困难，而不愿面对来自敌人的危险。这种根深蒂固的倾向，就是为何尽管在古代，人们就必须面对难以逾越的自然障碍，首先还是开通了楼兰道，并一直沿用几个世纪的主要原因。尽管这条路相对较短，无疑也是受青睐的原因之一，但更重要的原因，是这里事实上可以免受天山北部地区匈奴及其直系牧民后裔的侵袭，我们随后将谈到这个情况。

我们不能指望弄清，马可·波罗和他的叔父们为何选择了经和田和罗布前往中国内地，而没走北边那条更好走的道路。在蒙古统治的全盛时期，大汗的庇护确保了各条要道上中亚商贸旅行者的安全。但是，可以肯定的是，将近一个半世纪之后，一位西方旅行者再次关注罗布沙道，同样也是由于北路不安全的原因。当赫拉特（Herāt，今阿富汗西北——译者）蒙古王子沙罗赫派往中原王朝的使节，从撒马尔罕前往中国肃州附近的边关时，他们走的是途经吐鲁番和肃州的道路。但是，当使团由北京回国途中，于1422年1月再次离开肃州时，"蒙古的骚乱迫使使团现在选择了南部那条穿越沙漠的不常用的道路"。或者像卡特勒梅尔的译本所说："对敌人的恐惧使他们取道沙漠之路，在雷贝阿瓦尔的第十八天，他们历尽艰辛，走过了这段极度缺水而且前人也没走过的道路，在第二个朱马达的第九天，他们来到了和田。"

这是我从目前所能找到的西方文献中，发现的有关罗布沙漠之路一直沿用到最近的记载。从米尔扎·海达尔对和田地区十分熟悉的事实来看，他没有提到这条道路，这使我们很有把握地认定，在他那个时期从塔里木盆地前往中国内地的商队，很少能在北部绿洲找到道路。我们在随后的世纪里，有直接的证据来证明这点。因为当本尼迪克特·高斯1605年率领一支载着珍贵物品的商队从叶城前往中国内地时，他仍然不得不走现在中国人走的要道，并断断续续花了一年多时间，才经阿克苏、吐鲁番、哈密到达肃州。这一事实格外重要，因为高斯此前访问过和田，还明确地说过他在那里得到了玉石。对于那些希望越过使中国与世隔绝的长城，到中国寻求贸易机会的商队来说，玉石正是他们常用的贸易投资。显然，从和田经罗布到肃州那条短得多的直通道路，在那时很可能已完全不再用于通商。

人们难以相信，长年在塔里木盆地过着游牧生活的猎人和牧民，也就是罗布人的祖先，会完全忘记这条穿越沙漠前往敦煌的近道。同样，这样一条道路也不应该逃脱古代中国统治者的注意。他们只不过刚在18世纪中叶才在乾隆帝统率下收复了新疆，刚刚系统地了解这里的地形以及新疆的资源。事实上，一条至少部分地段与罗布沙漠之路相对应的道路已经出现在中国的地图上。这幅图被魏格纳博士和希姆莱先生在武昌府地图里所引用，同时在罗布泊问题的各种争论中，这幅地图一直被广泛应用，即便并不总是用于批判目的。但是，我在所能找到的有关"新疆"的地志资料中，唯一发现的有关这段路的资料却十分有限。

这条沙漠之路那时已不再为商人所用，罗布对他们已没有任何吸引力。而且由于从罗布往西，直到克里雅河完全没有农耕聚落，因此沿塔克拉玛干沙漠南部边缘的道路也同样在19世纪早期就已被弃而不用了。不过，我从我的向导毛拉沙赫和其他罗布老人那里得知，在叛乱以前，从敦煌来的中国骆驼队冬天偶尔经过这条沙漠之路来到这里，用铁器等物品换取罗布地区盛产的各种干鱼。

但是，即使这种偶尔的交通行为到19世纪60年代初也已中断了。那时由于阿古柏伯克政权在塔里木盆地的建立，以及当地叛乱分子在甘肃的破坏行为，这里与中原地区的所有联系都被破坏了。因此，这条古老的商路已完全被人遗忘，只是从口头传说和中国史籍中才能找到它的影子。到了1891年前后，这里重新建立的中国行政机构出于战略和商业考虑，急于开发南部绿洲，打开与中国内地联系的最便利的渠道，这条沿着古路前进的沙漠之路才重新被发现。一路陪我前往楼兰的优雅而忠厚的毛拉沙赫本人，以及另一位罗布猎人，那时对此路的重新开发起了重要作用。因为他们曾尾随野骆驼，对库姆塔格沙漠最西地区进行过考察，对那个地区很熟悉。

他们接受新疆抚台（或总督）的指派，对此地进行考察并向他报告结果。经过一次失败之后，他们成功地引导从敦煌派来的其他几个人安全通过了季节性的疏勒河沼泽地带。我在墩里克营地附近的一座木碑上发现的汉文碑文，记载的正是这次颇有胆识的考察，我在"旅行笔记"中对此有所记录。碑文上记的年代为光绪十七年，与我三个月前从毛拉沙赫那里听到的完全一致。根据这个可靠记载，探路的主要困难出现在前往阿其克库都克的路上的沼泽地，以及拜什托格拉克以远那些让人误入歧途的台地和沙丘地带。

在重新发现之后的两年时间里，运气不佳的法国旅行家约瑟夫·马丁从敦煌出发，踏上了这条古代沙漠之路，却在回国途中死在马尔吉兰（在今乌兹别克东部——译者）。他是目前所知的马可·波罗之后，第一个穿越了罗布沙漠的欧洲人。除了戈厄纳根据他的口述对他经过和田的旅行作过一些记录，他本人没有留下任何文字说明。1894年初，科兹洛夫上尉作为中亚考察队的一员，从阿布旦旅行到敦煌，并用平板仪测量了这条道路。科兹洛夫上尉调查的特殊价值在于，作为欧洲人，他第一次发现了曾把孔雀河水带入楼兰及这个大盆地东北部的库鲁克河的古河床。他的调查资料对我前往敦煌的旅行帮助很大。

1899年，法国外交官博南曾试图从敦煌出发沿此路旅行。虽然他只完成了最初的几段行程，但他却有机会认识到前面提到的长城遗存的性质及重要性。1905—1906年冬，布鲁斯上校在莱亚上尉和勘察员拉尔·辛格的陪同下，沿此线从阿布旦到达敦煌，并记录了他的考察队在沙漠地区的艰辛经历。最后，在他们出发后两三个星期，亨廷顿教授开始沿同一条道路前往科什兰孜，他从那里开始了勇敢而又值得纪念的旅行。亨廷顿教授向北正好穿越了辽阔的古罗布泊盐碱地直达库鲁克塔格山脚下，并获得了重要的地理知识。我在其他场合记录了我1907年发现的古罗布—敦煌路线，在甘肃与和田之间通商方面的作用。这里我可以补充我1914年旅行中的发现，那就是重新启用的古代商路至今仍在使用。

第四节　古代中国长城的第一批遗存

从关于古老的罗布沙漠之路的历史观点出发，现在我要回过头来，讨论我经过的通往敦煌绿洲和沙州的道路上剩下的第三段。我的说明将很简要，因为随后的考古学调查中，我又回到这段路上，并进行了5个多星期的工作。而对这些工作的记录，将是讨论这里地形的最佳资料。我第一次快速通过这里时，没有足够的时间对此进行详细考察。地图上显示的这段路的大多数地形特征，事实上是后一次调查完成之后才描绘出来的。

平坦的沙砾地一直延伸到我们3月7日到达的古代时令河流域以远最初几英里处。我们一直没有发现地面上任何有趣的现象，从那里往前行进约10英里，地面既平缓又出奇的单调。但是由于期待着有考古发现，我从一走上这条道路的新一段时起就特别细心。从博南出版的横跨中国之行的简要报告中，我知道他1899年秋天到达敦煌之后，试图沿此路跨越沙漠去罗布。由于没有可以信赖的向导，或者他的中国随从不愿继续前行，他在到达哈拉湖以西第一批沼泽地之后，显然只好回到敦煌，继续沿山路旅行。在时断时续的努力过程中，他路过一些残存的烽燧，这使他回想起了他在甘肃"国道"沿线见到的"炮台"（他也正确地测量了经过它们附近的一段长城的几处遗存）。这位杰出的法国旅行家敏锐地猜到，它们的年代可能很古老，而且在历史上曾经很重要。因为它们表明这是"到目前仍未找到的、在汉朝控制下的经大夏、帕米尔、今新疆、戈壁以及甘肃直到中国内地的重要路线"。但是他这附带的提示没能帮助我，因为没有任何地图或路线图来事先确定这些遗址的地点。幸运的是，在离开阿布旦之前，我有机会询问重开此路的真正先驱穆拉他们，而且从我那有心人老向导那里听到的信息燃起了我的希望：我可能会在这次前往托格拉克布拉克泉的路上遇上第一批"炮台"。

这份期待不久后就变成了现实。第一座塔似的土台在北面很远的地方，我们只是在路过那里时才发现了它。但是离这里两三英里远的第二个土台，我很容易看出，那是不可能被认错的、保存完好的烽燧。当我在夯土层之间见到熟悉的红柳枝夹层时，我确信它的年代很古老。

烽燧耸立在一片沙砾高地的陡峭边缘易于防御的地方。这片高地的两侧是被侵蚀的小型谷地，周围则是因风蚀而形成的洼地。洼地在此处足有1英里宽，前面有一条十分明显的古河床。河床在终碛盆地里，沿着这片干旱的道路旁的干旱河谷，向西北方向延伸。沿着洼地底部延伸的一处长长的芦苇带，以及一长串表面干燥但地下仍有水的盐渍坑的存在，表明曾经有水流经这条古老的河床。河床的底部低于沙砾塞约80英尺。紧挨着烽燧的西边，有一个破坏严重的小型建筑遗迹，我想这里可能是烽燧守军的住所。下面的斜坡上发现的一些铁器、木刻残片以及一片较厚实的毛织品，证实了我的推断。第一次发现人类活动遗留下来的文物，使我坚信，我日后的考古工作将会取得成就。但那时我没有时间进行近距离的调查，由于天已经黑了，我得赶紧追上我的队伍，好在很容易在沙砾地上找到他们。

往前约3英里就到了托格拉克布拉克的营地。它位于陡峭狭窄的谷地，谷地里的一条冻实了的沼泽河旁长满了芦苇和灌木丛。沼泽河里的水可能来自泉水，这从我们的罗布人向导所用"托格拉克布拉克"的名称可以看出。进一步的证明则是胡杨树的存在，它们有的已经死了，有的还活着。但是，尽管在早上，我那时也看不到什么迹象，使我相信这里有一条活河，仅在不足6个星期之后就变得几乎无法越过。

由于急于找到更多的遗址，3月8日一大早我就出发了。沿着商路，在一片完全光秃的沙砾高地上行走了约3英里，我注意到东南方不远有一处像是遗址突起在地面上。所以我要求队伍继续前往下一个营地，并让蒋师爷和其他几个人带着坎土曼前往遗址处。事实上，前往那里的距离比估计的要远。因为这是一处被长满大量红柳丛和干枯的胡杨的宽阔沙性洼地所切断的辽阔平坦的塞。离开和田后第一次发现的车轮痕迹表明，敦煌的汉人曾远道来此寻找木材。最后，当我来到离沿洼地南边耸立的沙砾高地陡峭边缘前约100英尺时，发现自己已经来到一处遗址（图4）上。

这是一座正方形烽燧（图5），每个侧面向上收缩至顶部，烽燧高现存约20英尺，底部16~17英尺见方。它的建筑技法是用土坯一层层向上垒砌，每隔三层土坯，夹入一层芦苇层，以加强其坚固程度。烽燧上的土坯破损极小，只是在它的北面才能看出破损，而只有这点破损才能使人相信它是座废弃的烽燧。在南面，也就是一年内大部分时间不受风吹雨淋的一面，砌土坯的灰泥仍在原处。烽燧的附近也没有发现任何断墙的痕迹。除了烽燧自身，这里没有任何建筑遗址。随后在沙砾地面进行清理的过程中，也没有任何发现，而且这些堆积也不见有风蚀痕迹。

图 4　敦煌烽燧 T.III 遗址，自东望

　　但是，当我在周围的地面上仔细搜寻时，我很快就注意到，一束束排成直线的芦苇从一处松软的沙砾中冒出来。这些芦苇束位于烽燧北约20码的高地边缘附近。我不用费多大力气就沿此线向东来到了附近的一座小土丘顶上。到那里之后，我能看到这条线笔直地通向视线内3英里以东的另一座烽燧（T.VII）。由此可以看出，这是一条从此处沿沙砾斜坡下行至高地的一个较低的阶地，然后延伸到前面提到的那片洼地上的墙。显然，这就是早期"中

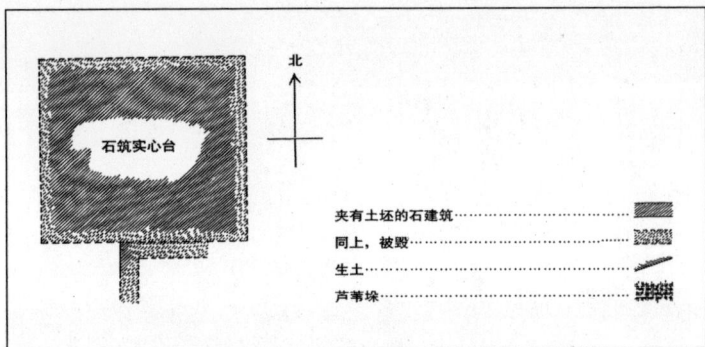

图5 烽燧 T.III 平面图

国长城"的一段，这正是我根据博南的调查而正在寻找的。在那个低矮土丘上稍做发掘，就证明事实上我已经站在了长城的遗迹上。清理朝北洼地的斜坡上的沙砾和细沙堆积之后，我发现了一段很规整的墙。它的建筑形式在我第一眼见到时觉得很奇特，但很快我就对此相当熟悉了。

这里的墙由芦苇束层和夹沙的黏土层交替往上筑，前者厚2~4英寸，后者厚6~7英寸。芦苇束水平放置，而且总是与墙的走向呈直角。它的长度非常一致，接近7英尺。芦苇层的原始厚度很难确定，因为上面一层层往下形成的巨大压力，几乎把它压成一片。但是，就每一层而言，除了盐碱渗入芦苇纤维，它们还具有很大的弹性，表明其年代不会很久远。墙的外面有一个保护

34

层，该保护层完全由芦苇条组成、与墙的方向平行，因而也就与墙内芦苇束垂直。这些芦苇条能更容易地从保护层上拿下来进行测量，因此发现它们也都是7英尺长，每层本来的厚度约8英寸。每两个保护层之间相隔6英寸，每层都用树皮捆绑起来，并用穿过墙体的红柳皮绳固定在墙上。

墙面或者保护层、芦苇束的保存，显然得益于沿墙脚堆积的细沙和沙砾的保护。由于这个保护层变薄甚至消失，在此以上的部分则完全被风蚀。墙体的黏土沙砾层无疑是就地取材，由于随后考察中所发现的盐的黏合作用，它们具有像水泥一样相当牢固的性能。不过，在我们试掘的那个点上，揭露出来的墙体高只有约5英尺。大量沿此断墙下堆积的粗散沙砾及粗沙，原来可能就是现存墙体以上现在完全垮了的部分。

那时我们没有多少时间去调查这段奇异的墙在建筑方式上的细节，也不能有步骤地去寻找一些关于其年代和起源的线索。但是，即便第一次只是粗粗地刮了刮，也使我幸运地发现了一些较古老的遗物。在墙体部分暴露的那个点上，芦苇束里发现了灰色丝织品残片、一块结实的大麻白布片，它们和在楼兰遗址发现的一样。还发现了铁器残片，包括可能属于石弩的箭杆，一段木棒头，以及一段胡杨细枝等。但更让人兴奋的是一小块木片，它长约4英寸，背后有一个榫。正面有5个汉字，尽管墨迹已经很淡，但仍容易识读。蒋师爷当时就认为，这块木标签所标记的物品是"卢定世衣橐"，而释文也已收录在沙畹《文书》里，这里并没有我所期望的年代线索。不过，由于书写方法相当古老，所以尽管完全不懂汉学，我还是斗胆对蒋师爷说这是汉代的，我的猜测后来证明是对的。但是，像我在其他地方所说过的，我这位优秀的文字学家也只是在持谨慎保留态度的同时接受了我的说法。

这件文书和其他小件物品发现于很小的范围内，表明尽管处于沙漠环境中，墙下的某个地点明显被人使用过。那时我很难解释它们是如何由于偶然机会，到了第一次调查的那个点上的墙里或墙下的。最可能的解释是，这些小件物品来自修烽燧、筑墙的民工的营地，它们无意中混入了修墙的材料里面。在我1914年的调查过程中，这个猜想得到了确认。我在同一地点进行了清理，在地表下的生土层发现了更多的丝、毛织品碎片，以及一些动物粪便及其他垃圾。

当时对我来说，比这些细节更为重要的是一直向东远去的长城，以及远处可见的一连串的烽燧。从这个角度来说，是运气使我在这里见到了边防线——我现在已经很有把握地认清它。由于烽燧 T.III 是由这些烽燧护卫的长城大拐弯处的制高点，它本身就为我提供了一个进行初步调查的极佳位置。在此以西约2英里，同一沙砾阶地的最后一个山脚上，耸立着另一座烽燧 T.IV.b。虽然更远，但在西南方向至少还能见到两座烽燧。这里我可以指出，由于这个制高点可以观察到其他烽燧，也由于在这片光秃秃的地面可以看得很远，因此勘察员拉姆·辛格甚至不用望远镜即可凭他那双锐眼测出其中一座烽燧 T.V 离此处的直线距离有9英里，另一座烽燧 T.V.a 不少于15英里，后来的调查证明确实如此。东边3英里外的地方，正好在可见的长城直线上，烽燧 T.VII 可以得很清楚。在它以外的烽燧 T.IX，似乎表明那儿是长城拐向东北的转折点。

那天已经太晚，不能对西边的长城进行调查。相反，我决定调查东边的长城线和烽燧，希望那边的遗址分布在我的队伍向前行进的路线范围之内。这个决定是对的。我沿着随陡峭的沙砾坡延伸下去的古长城前进，并越过界定前面提到的长满灌木丛的峡谷的低矮台阶状地区后，长城残墙越来越高。从这里往前1英里范围内，墙体是连续而没有断开的；而且事实上暴露在地表以上5~7英尺，墙的平均宽度约8英尺。即使不经过任何挖掘与清理，也很容易发现这里独特的建筑方法，以及虽缓慢但不曾中断的风蚀作用过程。图6、7可以帮助我们说明下面将要讨论的观测结果。虽然这是敦煌东北长城的一段，而且这些树枝层里除了芦苇，还加入了红柳枝。

在大多数地方，起水平固定作用的芦苇束保护层被侵蚀了，而其他地方则已经松了。交替往上筑的夯土层和芦苇层也就相应地暴露在外，但是它们仍然保存得相当好。尽管材料很松散，充满着沙砾和小石子，但厚六七英寸的土层看起来黏合得很好。这显然是土壤中碱性成分黏合作用的结果。同时，这些暴露在外的每层所显出的被挖空的外表表明，它们曾受到侵蚀。另一方面，那些捆绑整齐的平均厚三四英寸的芦苇层，则见不到受这种破坏

图 6　烽燧 T.XXXV 遗址墙体结构

作用影响所留下的迹象。由于此前的经验，我很容易地意识到，虽然芦苇由于夹在里面的土被很快吹走而变得松散，但是它们所含的坚韧纤维，可以使之经受风以及由风带来的流沙的侵蚀。

　　继续向东延伸的长城线在许多地方已被侵蚀，暴露地段的残存高度更低。在约2英里以后进入长满灌木丛的沙性洼地，长城又在沙砾地段不断地出现，墙体上的层次清楚，而在其他土壤

图7　烽燧 T.XXXV 遗址东侧位于低矮沙丘间的古代边墙遗迹

松软的地方，墙体已完全毁坏了。因此，长城线在到下一座烽燧 T.VII 的 0.25 英里以内相当直，它位于对面沙砾高地的边上。烽燧 T.VII 的建筑技法不是砖砌，而是用土坯砌成，土坯层之间不夹芦苇秸。但为了加固，墙体里每隔 10 英寸就在四角垂直揳入粗粗削制的野白杨桩，并用粗芦苇绳捆绑起来。由于揳入土内，从东北角露出的部分看到（那里的黏土已掉落了不少），那些木桩仍保存完好。与墙里使用的材料一样，整个墙体明显地显示出，自从墙和烽燧建起来之后，这个沙漠地的自然条件和资源的变化非常小。

当我在烽燧 T.III 的南面看到中线上有一排挖出来的脚蹬直通烽燧顶时，建烽燧的目的也就清楚了。每两个脚蹬之间的垂直距离约 1 英尺，显然是为了帮助人爬上烽燧顶。烽燧上很有规律地排列的孔，指明了当时人爬上去时使用的绳子的位置，这些孔当时就是用来插入木桩。这些木桩总是成对的，每对两个木桩的距离为 3.5 英寸，每两对的垂直距离为 4 英尺，它们很可能是绑上绳子、用作扶手的。离地面高约 22 英尺的顶部再也爬不上去，但这里很小的空间也足以容下一两人负责瞭望、发信号。

烽燧附近找不到任何建筑痕迹，而且由此以外的长城也完全看不见。因此，我越过这片光秃的沙砾高地向东北方向前进，重新回到商路上，并发现它引导我们向东走向远处可见的烽燧 T.IX。我们沿此路只走了不过 1 英里，拉姆·辛格就已看见沙砾地面上，路的北面有一处与路平行的很不明显的隆起。周围的地面上完全没有任何植被，哪怕是枯死的也没有，而唯独隆起处的顶部和侧面可以见到由于盐渍而半石化的芦苇。只需刮几下，就足以确认我们再次来到了长城边。这些芦苇正是长在现已完全被侵蚀的长城最下面的几层上。回头一看，发现长城线还能向西延伸一些距离。但是当我后来再去时，也都没能发现它能与烽燧 T.VII 连起来。这小段不足 1 英里长的长城之所以完全消失，很可能是因为它的走向与敦煌—安西谷地的强劲东风不是平行，而是垂直的。

继续向东，这处隆起最初几乎察觉不出来，随后才有6~8英尺高，形成笔直的一线。稍做发掘，便发现长城就埋在堆起的沙砾和流沙下面。在离烽燧 T.VII 将近3英里的一个点上，我注意到长城南面约24码处有一座矮丘，那里的长城似乎像半月形一样向北拐去。矮丘的东北角上伸出胡杨木，顶上有些石头，表明它可能是被废弃的烽燧 T.VIII 的堆积，随后的发掘证明确实如此（图8、9）。

图8 敦煌亭障包含有烽燧 T.VIII 遗址在内的土墩，自西南望，发掘前

图 9　烽燧 T.VIII 遗址附属房屋 i 内部，发掘前

　　从这里往前，长城线直到当天行程结束时都能很容易地找到，因为它紧挨着道路不中断地延伸。首先，一条露着胡杨树枝和芦苇的隆起几乎沿直线延伸，把我们带到 2 英里外一座坚固的烽燧 T.IX（图 10）。当我第一次在烽燧 T.III 发现长城时，就已远远地看见了该烽燧。烽燧 T.IX 高 25 英尺，保存完好，而且建筑给人留下深刻印象。它建在能够俯视一个开阔洼地的东面和北面的沙砾

图 10　烽燧 T.IX 遗址，自西北望

高地的制高点上。烽燧建得非常坚固而且规则，烽燧底部22.5英尺见方，土坯长14英寸，宽7英寸，厚5英寸。烽燧的外表土坯一横一直交替上砌，为了增强其牢固性，每五层土坯之间夹入一薄层芦苇。土坯里面只掺了很少甚至没有掺入芦苇，但仍然非常坚硬；我想这可能是泥土里或者水里的盐碱所起的凝结作用。因为土坯块已被侵蚀，顶部可以见到胡杨木桩。但是，侵蚀作用只

图 11 烽燧 T.X 遗址，自东南望

使烽燧基部旁边的地表下降不足 1 英尺，这清楚地表明地面的沙砾起到了保护作用。在该烽燧周围没有发现建筑及其他人类活动痕迹。长城在烽燧北约 17 英尺处，呈半月形拐了个弯。

一到烽燧 T.IX 的东边，地面就成一个陡坡，下落至一片长满灌木丛的开阔洼地。尽管这里的土壤主要成分是粗沙，但仍有些地方长满了芦苇和红柳。标明长城线、被沙砾覆盖的隆起带（有些地段有八九英尺高），直到3英里以外的烽燧 T.X（图11）那里都能很容易地找到。烽燧 T.X 位于高出平坦、开阔的洼地约100英尺，在坡度很陡的孤立的黏土山脊北端。该烽燧的建筑方式，与我第一天在长城线上见到的其他烽燧很不一样。我立即意识到，在沙漠中筑长城的人非常善于因地制宜。这里不是用土坯砌筑，而是夯筑。夯层厚1英尺10英寸，逐层上筑并内收。因此，它的整体外形像是截去尖顶的金字塔。由于筑烽燧用的土里含有盐碱，烽燧非常坚固。夯土层间厚2英寸的红柳枝夹层，也由于同样原因而已经几乎石化。这座渗入盐碱的建筑在尘埃中奇异地闪闪发光，就像我们在随后的调查中，大量发现的其他烽燧的外表还带有厚厚的石灰层时闪闪发光一样。烽燧基部约25英尺见方，虽然烽燧的南面和东面的一部分已经坍塌（图11），烽燧高仍接近30英尺。

这种独特的建筑方式表明，那时候附近就有水，现在看来也不远。沿路走0.5英里，有一个盐渍沼泽（水源来自西南方向一条非常咸的小水渠）。走过一片长满芦苇和胡杨林的开阔地，发现我的营地驻扎在一个小湖旁。虽然湖下部的水是咸的，但是它的南岸边来自泉里的水还是可以饮用的。第二天早上，我回到长城，发现它从烽燧 T.X 处沿直线伸向湖床，在南岸中线附近与之垂直相交。离这个盐渍湖岸约25码处，很容易找到由于盐的渗入而半石化的植物残骸。由于湖面只比暴露的墙脚低约5英尺，所以自墙建起之后，湖的"干旱化"进展显然并不快。这就为我们提供了从考古学上来说很重要的证据，而且随后在其他地方考察时也经常有证据支持这个观点。但是更重要的是，我想指出，此湖曾在这条防卫线上起到奇异的墙一样的防御作用。我立即明白，筑长城的人仔细地观察并利用了所有的自然特征，以节约在这片古代已成沙漠的地区的建筑劳力。

第五节　疏勒河沼泽旁的遗迹

第一天调查所获得的考古证据足以使我相信，我已经经过的遗迹，以及继续向东后期望发现的遗迹，属于早期边防体系即长城，对应在地图上也就是甘肃西北边界上的"长城"。前面讨论的与经过楼兰的道路有关的历史文献证明，这个边防体系的年代很可能早到汉代。对它进行全面调查，无论是从考古学上还是地理学上来说，都符合我的兴趣，对我也就显得特别重要。因此，我当即决定，一旦我的民工和牲口从因在敦煌绿洲缺乏休息而产生的疲劳中恢复过来，就回到沙漠中的古代边境线去。同时我们也急需补给食品及交通工具。

在3月9日的旅途中，我们不断发现古代长城上一些我们已较熟悉的情况。沿着小湖多风的南岸，在密实的芦苇丛边行进约1.5英里之后，商路把我引向一处高80~100英尺的陡峭沙砾高地狭窄的南缘，而湖岸又正好在高地的东边。在高地上能俯视两边道

图 12　烽燧 T.XI 遗址及围墙，自西北望

路很远的制高点上，有一座曾经很坚固但现已被严重侵蚀的烽燧 T.XI（图 12），它的大小和建筑方式与烽燧 T.X 很接近。烽燧周围有一圈不大的围墙，从围墙内外垃圾堆积来看，这里可能曾有人持续活动。沿着这里宽不足 0.5 英里的山脊爬上去，就能看到长城呈东西走向延伸，而且露出很有特色的芦苇秸。它西边起自那天早上我最后去过的那个点对面的湖岸，经过山脊，向下延伸到东

边另一处沼泽盆地的边缘。

洼地中小湖以外的视线里，还有两座烽燧。它们的位置和这里的地貌使我确信，长城线或多或少与疏勒河水系的末端平行。与水系相连的沼泽地，凡是能派上用场的地方都用上了，以补充或替代长城的防御措施。这个结论似乎是正确的（并在随后的调查中很快得到了证实），即通往敦煌的路总是在这个水系中或附近前进。确实，从营地出发5英里后，道路把我们引向下一座烽燧T.XII附近。它位于俯视这第二个盆地南部的狭窄高地的末端。虽然长城由此继续北行，但是烽燧附近没能找到墙，而且我们也没有时间去搜寻。

那天其余时间的旅途上，我们左侧灰色水平线上远处的烽燧连成一线，宛若一线黄色篝火。我当时就急于去考察。但是由于去那里得穿过中间一片难以越过的沙地，以及沼泽洼地所造成的大弯路，当时我无法接近它们。所幸的是，由于我们的平板仪相当精确，我们能在它的指引下沿着道路向那边靠近。因此我们可以看到烽燧与烽燧之间的距离相差很大，平均约2英里。这也再次证明，人们在保卫这条防御线时，充分考虑并利用了地表的自然特征。在烽燧T.X附近，我经常见到车辙沿着我们走的路延伸或与我们的路分岔，而其中不少印痕显然是晚近的。据此我认为，虽然这片地区从总体上说是孤立的，但是敦煌的汉人仍不时光顾这里，寻找燃料或有水的牧场。因此，当我行进约10英里后，来到另一处芦苇茂盛、布满泉涌沼泽的长条形洼地的边缘，见到从外形看显然是现代的茅草房和小寺庙时，我一点也不觉得奇怪。

　　洼地里一处高地的咽喉地段，竖立着一座虽小但外观看上去相当坚固的废弃堡垒 T.XIV。图13表示的是从东北方向看到的情况，而图14是从西南方向看到的，西面有一扇门。它的墙夯筑，夯层厚约3英寸，逐层往上筑，相当坚固。现在仍保存得相当完好，高将近30英尺。台基方向很正，高约15英尺，呈正方形，每面外部长约85英尺。堡垒里面没有早期住所，只有少量近期过路人遗留的堆积。但是，建筑的坚固程度，以及东墙和北墙由于侵蚀造成的损坏（图13），足以说明其年代相当古老。

　　从这座堡垒的顶部眺望，眼前视野相当开阔，而且给人留下深刻印象。南面，可以见到沼泽洼地很快融入了胡杨和红柳丛地带；在它以外，一片光秃秃的沙砾缓坡一直伸向远处大山脉的一个同样光秃的山脚，那大山脉的雪山山脊隐在云中。北面，远处至少有4座烽燧出现在视线里，在我们身后被太阳照得发亮。虽然我看到的都是昏黄的景色，而且感觉到长城与平地朝着同样的方向延伸，但是我还是能够辨认出那些烽燧静静地护卫着的长城线遗存。堡垒墙的高度正好可以方便地俯视整段烽燧的连线，也可以使守卒方便地看到沿线上的烽火信号。烽燧以外很远的地方，库鲁克塔格昏暗光秃的山岭呈锯齿状矗立着，而且长期以来不见任何有生命的东西，它们构成了一幅红褐色的大背景。我知道疏勒河水系在远处的山脚下与烽燧线之间的某个地方拐向西行，但是即使从这个制高点俯视，我也没能找到这个拐弯处。随后在古

图 13　玉门的古堡 T.XIV，自东北望

堡 T.XIV 北边勘察时，虽然我已到了离它很近的地方，但是深切
下去的河床仍逃过了我的眼睛，因为它就像这不可逾越的沙砾塞
的护壕一样，深深地隐藏了起来。

　　但是，当我继续在一片不毛之地的沙砾台地上一直前进，直
到当天晚上，我终于注意到，我们沿着道路越来越靠近一个东西
向的开阔沼泽盆地，而这里显然是疏勒河河谷的一部分。我们沿

图 14　玉门的古堡 T.XIV 及西墙上的门

着它陡峭的南岸行进了约1英里，来到岸边附近一座建得粗糙且已严重侵蚀的烽燧 T.XVIII 附近，暮色中我看到，在盆地边上的低矮高地上有一座巨大的建筑(图15)。天黑之前匆匆去看过之后，即可看出其建筑之雄伟与坚固。但是，即使第二天早上，我得以从我们安扎在附近一个泉水旁的营地来考察时，这座大型建筑的性质仍未弄清。

图15 敦煌亭障线上的古仓库 T.XVIII 遗址，自南望

　　这座建筑有3个宫殿似的大厅，正面总长达440多英尺；墙体夯筑，厚达6英尺，尽管有些地方破损严重，但仍高达约25英尺。它建在一处高约15英尺的自然台地上，建筑四周的生土被挖下去，使之成为建筑的台基，这使建筑更显雄伟。周围有坚固的围墙，四角有高塔以拱卫宫殿，外面还有堡垒的遗迹。整个建筑群的位置表明，这处雄伟的建筑不是一个边防站。直到一个半月之后对

它进行系统考察后，它的真正性质才有可能弄明白。所幸的是，我那位经验丰富的驼队领头人哈桑阿洪很细心地在遗址脚下搜寻，并捡到了两枚钱币。它们被证明是汉代五铢钱，而这也就成了证明其年代古老的第一批证据。

直向北不远处是一片开阔沼泽，那里部分地方是盐渍泥沼，部分是芦苇围起的潟湖。在那里，古代也好，现在也好，既无必要也不可能建筑长城。但是，视线所见东北、西北的烽燧，标明了它们护卫的长城线的位置及走向。在望远镜里，我清楚地看到，离我最近的几座烽燧，与沼泽盆地中平地上的诸多烽燧一样，都建在孤立的土脊上。显然，建筑师从瞭望的开阔性和安全角度，充分考虑并利用了这些制高点。

黏土阶地和台地在这里呈东南—西北走向成排排列，再往前则呈南北向排列，并靠近我在拜什托格拉克东部盆地里发现的大型台地。这一很有特征的地貌，立即激发了我的地理学兴趣。这似乎完全是古老的终碛湖床在干旱化夺去这些侵蚀地层上的水与植被之前的景象。随后我有机会于1914年对楼兰遗址东北进行考察，那里的黏土阶地上面及周围的考古发现证明，从公元后最初几个世纪以来一直存在的地表状况，与敦煌长城的这一段旁的地形基本一致。另一个其他地方早已不见的有趣的自然现象是，紧挨着开阔沼泽带里的水道及潟湖旁，生长着成排的胡杨。它们的成活表明淡水的存在，至少有间断性流动的活水。6个星期后再回来时，我才见到疏勒河水在春夏泛滥时，事实上确实流过这个盆地。同时，远处见到的景象使我回想起在前往楼兰遗址的沙漠之路上，穿过的成排枯死的胡杨。

从阿布旦带上的牲口饲料到现在几乎全吃完了，所以我们必须尽可能地少耽搁，直奔敦煌。因此，自3月10日在最后一个歇脚点带上水，到穿越这完全草木不生的沙漠，直抵绿洲边上，这么长的旅途中，我极不情愿地放弃沿途的一切考察活动。路上我们第一次经过一处长达15英里不间断的茂密灌木丛地带，这些丛林一直向南延伸到开阔的洼地。在离道路北边不远，我们经过了两座小烽燧，它们立在孤立的台地上。在第二座烽燧附近，我们遇到两三个中国回民在放牧牛马，这是我们从阿布旦出发后遇到的第一批人。

从此处起，道路向正东方向延伸，直抵从南面高地上像手掌般向北伸出的一系列狭长的沙砾山脊下。它们之间与北边开阔的盐覆盆地相连的洼地里，有些泉涌沼泽。但是这个盆地离我们太远，无法前往调查，以后我们才发现那里有一个湖。在欧洲人的地图里，根据蒙古语标为"哈拉淖尔"（哈拉湖），即"黑湖"。它往往被误认为是疏勒河的终点，我们调查后才知道它并不是。正是由于这一大片水面的存在，它本身就是一道安全的防线，可以解释为何从此向北不见任何烽燧。

连绵不断的狭窄山脊随后消失在一片大洼地里。洼地的北面没有植被，而有大量成排的很有特色的黏土台地。这种台地我在已经干燥或正处于干燥化过程的邻近湖床地区，已经见过很多（图16）。显然，它们代表着诸如道路刚刚垂直穿过的地区那样的早期连续山脊的遗存，由于这个地区盛行强劲的东风，以及粗沙在面前流动，这些山脊被缓慢地切断。这些山脊自身的起源同样也很容易解释。它们的存在显然是由于湿润季节水从南面的山上冲向这片沙砾地区时形成的冲刷作用，并对这片远为古老的湖泊盆地里的堆积形成向下深切作用而形成的。我认为在这里说明这准地

图 16　烽燧 T.XXIII 西侧洼地孤立的泥土台地

质考察结果是有用的，因为它形成的地貌特征，在很大程度上决定了这里古代长城走向的选择。

　　最后，我们从这些台地中间，来到一片向北延伸的开阔平地上。我们第一次从那里看见了约4英里以外的大片深蓝色水面——哈拉湖。宽阔的盐渍边缘表明，在夏季它的水面可能要比现在高，水所覆盖的面积也要大许多。许多形状规则的台地散布在平坦的岸边，并向东北方向延伸，那里植被茂密。它们显然是台地群和山脊长期受到缓慢却不间断的侵蚀作用之后的最后遗存。在湖东岸不远的两处台地上，我看到了烽燧遗址。第三座烽燧 T.XXIII 坐落在从南面伸进平坦盆地的长山脊末端，它正好耸立在此路最后一个向东南拐弯的点上。包含着疏勒河河床和沼泽盆地的开阔洼地，现已被甩在身后。爬过是党河即敦煌河冲积扇的一部分的一片缓慢抬升的光秃高地后，晚上我们到达了一个被罗布人称作"央塔克库都克"的泉涌潭。

3月11日，离开这个舒适的歇脚点后，我们越过了一片被两道干枯的泛滥水道打破的完全光秃的沙砾塞。经过15英里的行程，我们到达了敦煌农耕区的边上。我在它附近的一个汉人小村庄旁休息了一夜，第二天早上，我的营地移到了敦煌县城外，这里也就成了我以后3个月进行古迹调查的基地。

第二章

敦煌绿洲及其北部的长城

第一节　下疏勒河盆地的地理特征

在我的"旅行笔记"中，详细记述了1907年3月12—22日第一次考察敦煌时的印象。那是我第一次完全雇用中国人考察文物古迹，而且在敦煌我很快获取一些克服困难的经验，这是我在那里进行考察所必需的。由于许多幸运的机会，尤其是蒋师爷的帮助，我才可能带回比我期待的更丰硕的考古调查成果。在诸多的困难中，我首先应该强调一点，因为它对我在甘肃，尤其是在敦煌地区的考察影响极大。

我的意思是我完全缺乏汉学训练。在蒋师爷的帮助下，通过和他交谈及他的开导，我尽力不断地练习带湖南腔的普通话，到最后我还能独立地处理一些简单的个人事务。同时，在他的帮助下，我还能赢得官方的善意，时时得到有关文物的线索。但是，我对书面语言仍是一窍不通。也许当我现在记录民工的劳动成果时，我有更多的理由为这巨大的不便感到遗憾，因为这使我不能把这里的考古学和其他遗存所反映的历史进行完整的评价。

敦煌目前仍沿用着古代汉人的名称。这里名闻遐迩的绿洲在我们的书中和地图上通常标为沙州，即沙漠城市。沙州之名始于唐代。在古代中国与中亚关系紧密的各个历史时期，沙州起着重要的作用。即使在晋和唐末势力式微的时期，中国的地方小王朝在极西地区的统治依然存在。因此，关于这个边疆地区的历史资料在各朝代的正史和其他记载中是相当丰富的，但是只有一小部分不太重要的已被翻译过来。如果要根据中国的历史文献对这一地区进行考察，缺乏我能看懂的文献资料是我必须面对的首要困难。因此，我只能使用文献中既能让我理解，又能直接说明与我的考察有关的考古和地形特点的材料。当我继续在甘肃东部考察时，我还不得不面对这一现实。

幸运的是，在讨论对敦煌的历史具有决定性影响的主要地理特征，尤其是解释它在古代中国的影响力最早向西扩展过程中的重要性时，我没有遇到太大的困难。在下面将要讨论的本地地理特征时，我主要依据我自己的观察得出了一个简明的总体印象。在讨论本地的地理特征时，一些条件上的局限性在这里也要引起适当的注意。由沙漠地带的延伸而导致中国古代长城遗迹的延伸，对此我必须前往考察。在我为期3个月的敦煌考察期间，更多的时间必须花在人迹罕至的地方。余下的大部分时间都集中在饶有兴趣而又重要的文物调查上，这使我在千佛洞停留了3个多星期。因此，除了地图所提供的地形特征的调查成果，我很少有机会去密切地关注农业区的经济条件及其在人力、可耕地、水源等方面的资源情况。

但是，除了时间有限，我们还要和其他困难作斗争。一个非常严峻的困难是中国人的沉默，凡是直接或间接地与当地利益可能有关的任何问题，他们都拒绝回答。在敦煌，这种怀疑、保留的态度，比甘肃其他地方更明显。这可能是被一种在当地蔓延的共同感受所刺激的疑虑，从而也使这些以前的帝国西部边陲卫士的后代情绪变得更难以控制。儒雅而善良的县长汪大老爷的遭遇，就很有力地证明了我的这种印象。汪大老爷给了我们很大的帮助，而他自己最终也成了这种情绪爆发的受害者。

修正在这些问题上的结论的另一个重大障碍，直接来自最近造成敦煌一直为外人所注目的历史巨变。像甘肃大多数由此向东的地区一样，敦煌现在还只是缓慢地从当地最后一次大叛乱和1862—1873年大多数当地居民受到迫害这两次大灾难中得到恢复。整个绿洲大面积废弃的住宅和村庄废墟静静地躺在那里，非常雄辩地说明这连续大灾难所造成的破坏有多严重。从历史研究的角度来看，这些证据足以说明问题。但是很明显，由于不能根据可靠的方志资料进行验证，人们对这么长时间的动荡的印象，尚不足以成为判断目前敦煌绿洲的资源状况的充分依据，也不足以说明过去的情况。

敦煌的经济资源对这一绿洲在中国与中亚，尤其是中国内地与塔里木盆地的关系上的确曾产生过重要影响。但从根本上说，它的作用决定于与敦煌在疏勒河流域所处的位置有关的广泛的地理事实。只要看一下地图，就很容易发现，疏勒河下游流域就是从中国内地到塔里木盆地的最早启用也是路途最近的路线。从这条水源来自冰川和常年积雪的重要河流穿过外层山地、折转向西的地方开始，它几乎由东向西直线延伸了200多英里。完全开放的疏勒河下游盆地，是始自甘肃省城兰州和黄河上游的甘肃西向交通线的自然连接点。这条路线沿着南山北麓，穿过包括凉州、甘州、肃州等大城镇的连绵不断的富庶地带，几乎是一条不间断的连接许多小村落的链条。在中国内地—新疆贸易大动脉的肃州—玉门县一段上，这种小村落也是星罗棋布。这条路线穿过一系列宽阔的高原，把这里的水域分割成肃州河（北大河）与疏勒河。

刚刚被勾画出来的黄河与疏勒河之间的山麓通道，比其他任何交通线在中国内地—新疆东部交流中所起的作用都大。事实上，对于军队调遣和贸易护送来说，这是一条唯一可用的通道。它的南面是南山雪山和西藏最北的高原禁区柯林湖和柴达木地区；北面那条虽长却狭窄的地区，被沙漠和几乎同样是不毛之地的蒙古最南端的山地所隔绝。在那里找不到永久居民点或可耕地，可以为长途跋涉、耗时数日的商队提供后援。这种地理事实势必造成这样一个结果：从中国的影响力最早向西延伸的时候起，帝国权威在中亚得以巩固的必要条件，是依赖于对这条天然大动脉的控制。

中国第一次西进的大行动可以从《汉书》中看出。史料告诉我们，公元前121年，匈奴战败并被赶出与南山毗邻的地区，于是汉朝"初置酒泉郡，后稍发徙民充实之，分置武威、张掖、敦煌，列四郡，据两关焉"。

一旦占据疏勒河下游盆地，就有两条延伸到中国的中亚据点的主要道路，时至今日仍是如此。一条经过敦煌直达疏勒河终碛盆地的边缘，它在古代就是一条向西延伸的最直接最重要的通道。正如我们已经看到的，它经过拜什托格拉克谷地，到达干燥的罗布泊，再到楼兰。另一条同样直达的通道，从安西即现在的瓜州向北拐向天山东麓，到达古代的哈密绿洲。正如我们已经提到过的，这也是一条早已开通的通道，它经过哈密的那一段早在《后汉书》里就有记载。这条道路在唐代已经成为沟通中国与中亚的主要交通要道，直至今日仍然如此，而我们在把它与楼兰联系起来考察时，经常要考虑自然条件的变化。在以后的章节中，我还同时必须讨论它及其东西两侧的其他道路。应该指出的是，目前构成安西"区"的那些中小型村庄，之所以在我们的地图上和中国行政区划上，要比大且富裕的敦煌绿洲更显赫，完全是因为它们的位置更重要。它们位于疏勒河与北山—哈密沙漠带之间，即目前的交通要道上。

在汉代则不同，那时敦煌在河西即甘肃西部的四个军事重镇中是声名显赫的，其他三镇为凉州、甘州和肃州。对中国来说，敦煌的重要性在于它的地理位置和资源上的巨大优势，甚至在今天当中国通往中亚的要道最终从这里往北拐，上述优势也显而易见。这里是目前在肃州与和田之间 1 200 英里范围内，能找到的可连续耕作的最大地区，而且在历史时期很可能就是如此。就其可耕地的延伸幅度而言，尽管目前满打满算也不过南北长 20 英里，东西宽 16 英里，然而与之相比，肃州东边的绿洲算是小的，而罗布泊周围的绿洲也不那么重要。因此，我们很容易认识敦煌在中原王朝的影响力第一次到达塔里木盆地时，其价值有多么大，以及为何这条经过楼兰的最直接的道路目前仍然开通着。由于这个军队和商队的重要补给基地在那么遥远的西部，更由于它处在楼兰道进入人类完全无法生存的巨大沙漠地带的关键位置，敦煌的重要性才与日俱增。

敦煌之所以有相对较大的可耕地，是因为这里有一大片能在关键时期有充足可靠的水源而易于灌溉的河口冲积扇。正如我在其他地方所强调的，疏勒河下游盆地的自然条件和塔里木盆地有着十分类似的地方。两地都是具有极为相似的气候条件的内河流域地区，而且很可能像我曾提到过的那样，在某个较早的历史时期曾经一度连成一片。与塔里木盆地一样，这里的基本地理条件必然导致农耕地的延伸完全依赖于灌溉所需的自然条件。

敦煌的这些条件，比东起肃州西至库车这一带的其他任何地方都有利。党河是一条水量很大的河流，它穿过南山西部，水从高山上流向南部一片至少不小于疏勒河所流经的地区。向党河提供水源的山峰中，有好几座的山顶高出雪线，它们给党河带来大量的融雪甚至一定的冰川融水。在我们调查的石包城和昌马之间的大山北麓，情况确实如此，这里的峰顶超过了2万英尺。这里的水主要向南流入党河的支流之一野马河。党河流量之大，在1907年4月5日得到了充分的证明。那天敦煌镇城外的河水流量不少于2 100立方英尺/秒，致使流经镇里以及河口附近的大水渠也都全部泛滥。5月下半月我考察烽燧回来时，它们都一样满，那时经过河床而又用不上的水的流量明显增加了。当然这还只是灌溉塔里木盆地南部绿洲，即和田的河流春季泛滥过去之后水位回落到很低水平的时期。

我想，从这里及其他类似的观察中，可以大致得出这样一个结论：目前党河可用于灌溉的水源，比目前沙漠绿洲所需的水量要丰富得多。如果这一地区向外延伸，包括绿洲内以及向北、东方向超出目前界线的带状地区（这些地区只是在叛乱分子入侵之后才废弃的），灌溉水源依然绰绰有余。当地发生叛乱之后，由于人口减少，绿洲恢复缓慢，而缺乏劳力，又使得这片土地相当肥沃，而且曾经营良好的水渠依然存在的广袤的土地，不能得到很好的重新利用。由于时间不够，我们没有进行更细致的调查。因此，不能给出19世纪60年代废弃至今但仍等待开垦的土地的大致范围。同样，我们也不能确定超出现有绿洲范围的、古代可能曾耕种过的土地的范围。那时候人口稠密，可利用的灌溉资源能够得到充分的开发，而且政治气候也能保障安全及经济发展。[1]

下结论时仍需注意使敦煌地区易于耕作的两个自然特征。冲积扇本身的坡度、土壤等是巨大的优势，使党河带来的充裕的河水能够用于灌溉。这使灌溉水渠工程很容易做到安全可靠，同时土壤的结构也不致因蒸发和渗漏造成水的流失。可是在其他绝大部分地方，水渠经过长距离裸露的沙砾塞，抵达可耕地之前，水都会流失相当一部分。另一个重要优势在于党河冲积扇延伸得相当长，它在右岸与疏勒河相会之前，就有足够的空间来利用那些可以利用的巨大水源中的大部分（如果不是全部的话）。为了支持这个说法，我在这里可以指出，党河支流（即党河左岸水渠的起点处）与疏勒河之间的直线距离约36英里。

就灌溉而言，疏勒河各段也有很大的区别。尽管汇集了多雪的南山山脉的水源，而且山脉既长且高，这使河流的水流量相当

1　与目前绿洲边缘毗邻的地表的独特条件，给探察那些可能找到早期边界的遗迹带来许多困难。东边，土地条件在古代很可能造成这种特点。这里的土地由冲积黄土构成，地下湿气充沛，加上上面茂密的灌木，都不利于汉人村镇里常见的土坯和木材建成的房屋遗迹的保存。安西地区仅仅在19世纪或两个世纪以前废弃的房屋遗迹几乎荡然无存足以说明问题。同样的原因防止了地表的风蚀和"台地"地貌保存在地表。

在北边的党河三角洲，早期遗迹可能因水渠终端缺水而消失。干旱导致土地在某些季节被水冲刷，形成裸露的富盐草原，像地图上标明的那样。1914年3月当我沿着以前未考察过的党河西岸峡谷，考察长城的延伸情况时，我来到的由于党河及其支流洪水泛滥而形成的淡水沼泽地中，仍保存着旧的城堡和废弃的农田。在这里也没有留下任何古代的建筑遗迹或早期水渠的痕迹。

大，但是，从玉门县到安西之间的一系列小沙漠，无论是其范围，还是经济资源，都不能与敦煌相比，尽管它们也从疏勒河引水灌溉。相对而言，这里并不那么重要，这可以从有关更广泛的地区各个历史时期的记载中看得很清楚。疏勒河虽然水量充沛，但不易用于灌溉，而且当地的有关设施无论是在过去还是现在都不能成功地加以利用，这些足以证明为何这里并不重要。从穿越昌马绿洲北面南山最外侧的一个狭口处，疏勒河分成几条支流，它们在山脉陡峭多石的冰川中经常改道，而且也不能用于灌溉比离支流30英里更近的土地。

疏勒河到达冲积扇时，河床深入地切入松软的土壤里，这是疏勒河干流在玉门县绿洲向西大拐弯之后的独一无二的特点。从那里到离安西一天里程的下万山子支脉，河流像一条深管状河床向四周流淌，使之难以用于灌溉。1914年4月，我沿河右岸进行的近距离考察所看到的情况，使我作出这个清晰的结论。从万山子支脉西端至安西，左岸的灌溉渠重新变得有实用价值。但是，由于南部一系列山丘的逼近，可耕地又急剧减少。安西以下不远处，大石河和南面来的其他小河所形成的洪水及沼泽地又阻止了耕作的发展。再往西疏勒河的河床变浅也不很规则，同时向外扩散变成边缘沼泽及潟湖，它们经过到处是沼泽的党河三角洲直至哈拉湖及更远。这些变化加上河水不断变咸，河水无法灌溉。

通过这次快速调查，可以看出与党河下游相比，疏勒河下游对于维护永久性农耕聚落的价值现在很有限，过去也是如此。但从另一个角度看，疏勒河下游也有一个更明显的优势，它是中国最早向中亚延伸的军队和商队一条可以依赖的理想安全保障线。由于中国人似乎一直对地形的观察很敏锐，而且在考虑防御或交流的措施时思路特别清晰，因此，负责开通与维护这条要道的人，从一开始就认识到疏勒河的天然防御作用及其重要性。我1907年的调查和1914年继续向东的补充调查已经证明，从疏勒河在玉门县的拐弯处直至末端的盆地，长城及其烽燧一直沿河而建，以防此路被匈奴进攻，当时它们控制着北部地区，包括天山东段两侧。此地开阔的地理特征十分明显，使我可以非常简明地解释它在安全方面的重要性，而无须深入到一些我们需要更深入地探讨的与烽燧相关的细节中去。

在东边始于甘州和肃州河流交汇处的汉长城，经过沙漠直达北面的大肃州绿洲，首次与在玉门县拐弯的疏勒河相连。从那里起，它沿着河流的右岸即北岸直到离万山子支脉很近的地方。通过维护这段约40英里的北岸防线，那些构筑烽燧的人得到了巨大的好处。除了为他们自己的据点保护水源（在这不毛之处这是相当重要的因素），这条防线还阻止了匈奴突击队可能突破北面的北山沙漠，接近水源并在此放牧。同样，它还防止匈奴接近农耕地，它们一直延伸到河流的左岸。在万山子以上的小湾小绿洲，长城在河流两岸临近的高地的保卫下，延伸到河流的左岸。因此，它们在左岸一带离疏勒河末端的绿洲的距离各不相同。

由于紧靠河流南岸，这段长达160英里的长城的优势更加明显。始于安西并几乎一直延长到疏勒河末端的连绵不断的河边沼泽及湖床带，增加了一道难以逾越的天然关卡，强化了长城的防御作用——因为沼泽及犬牙交错的河床形成一条巨大的城壕，在大多数地方常年不可逾越，在其余的地方春夏季节也难以通过。我们将会看到，由于湖泊和潟湖连成一线，把长城连成一条烽燧线会受到限制。因此，在条件极为艰苦的沙漠里，使这些烽燧作长距离延伸就要花费巨大的努力。

事实上，凭着对南部一大片带状河边沼泽地的控制，匈奴可能从北边接近水源和牧场。但是与此相对，我们必须记住，在敦煌—哈密交通线西部的沙漠里，含饮用水的井和泉在古代极为罕见，至少不比现在多。[1]因此，大自然在这里设置了一片不可逾越一步的干旱的保护带。这一带状地区为防御游牧部落所提供的安

---

1 从敦煌附近党河三角洲东端向哈密一线，是向西与疏勒河下游盆地连接的几条道路中的最后一条，而疏勒河下游盆地可以为商队提供略咸的水的井和泉。这条道路在苦水井与目前从安西至哈密的交通要道相连，而且此后38英里多合而为一。

因此可以肯定，在考吕克布拉克（它本身在楼兰遗址北侧）到拜什托格拉克，疏勒河盆地末端一线以北的库鲁克塔格的沙漠带和高原目前完全缺水，一直到距拜什托格拉克160英里的哈密河末端沼泽地朔纳淖尔，都是如此。除非在冬天用骆驼带上冰，这一广袤的沙漠在目前是不可能横越过去的。

我无法证明在汉代这一地区的自然条件与现在有何根本区别。因此，我相信如果匈奴已沿天山相对定居下来，古代这条长城末端与哈密之间的路线是由大自然保护着，免受人类侵扰。期文·赫定博士确实曾在某次在拜什托格拉克北面考察时，发现了石冢及铁炊具炊片。但这些文物的年代很不确定，而且发现在离拜什托格拉克谷地不远的地方，它们有可能是狩猎野骆驼的人遗弃的。

全保障，要比沿疏勒河水路一直向西的地带更为重要。因为完全没有水、草以至燃料的库鲁克塔格不断向北延伸，使任何从山路突破的企图都不可能得逞。库姆塔格沙漠为楼兰道对付来自南面的进攻提供了同样安全的保障，我们将更进一步看到，在同一侧，长城是如何精巧地被保护着。因此，可以非常肯定地说，古代这段向西通往疏勒河终碛盆地的线路，不必担心受到匈奴的侵袭。

中国古代的政治家也包括军人似乎一直对这种威胁极为敏感，而对此采取的应对措施又远没有对付自然困难那么胸有成竹。当我们在此对决定敦煌及中国最西端长城的重要性等一系列地理条件快速调查作一总结时，这个事实必须予以强调。因为这同时可以帮助解释，为什么汉武帝的将领要把长城及烽燧一直延伸到疏勒河终碛盆地中去，以及为什么尽管有许多难以克服的自然障碍，他们当初仍要依赖楼兰道。

第二节　探寻北部"旧墙"

虽然在敦煌城外停留的10天里，由于有多种任务而一直十分忙碌，但我仍利用最早的机会来考察因千佛洞而闻名的佛教石窟寺。它们位于城东南12英里处，这里是一处由山麓沙丘延伸出来的一片草木不生的断崖岩。我的注意力被洛克兹教授1902年的调查所吸引。他是匈牙利地质调查协会的知名领导、匈牙利地理学会主席、塞切尼伯爵探险队的成员，也是对中国最西部进行地理考察的先驱。他早在1879年就已对这些石窟寺进行了考察。虽然他并不是东方文物与艺术专家，但他还是被这些遗存的艺术价值及其重要性所吸引。他对所见到的壁画和彩塑作了引人入胜的描述，并把它们中的一部分与早期印度艺术紧密联系起来。他的思路深深地吸引了我，这也是我把调查范围继续向东延伸的主要原因。

在"旅行笔记"中，我曾尽力叙述我3月16日第一次快速考察精美的千佛洞遗址时的深刻印象。这里的遗存足以让我相信，它们对于研究中国的佛教绘画和雕塑艺术是一笔极其丰富的财富。尽管我深感我的设备对于完成这重要任务来说是何等欠缺，但我已意识到保护我所能记录下来的这批艺术财产的重要性，而这需要延长我的停留时间。第一次考察得到了虽不丰富却出乎意料的确凿证据。即我第一次从被流放到敦煌的乌鲁木齐商人扎希德伯克那里听来的含糊的传闻（有其真实性的一面），说在这些石窟寺中的一座曾偶然发现过一大批古代文书。这强化了我从其他方面进行补充研究的愿望。

从考察千佛洞计划中派生出来的令人激动的展望，使我更加渴望立即开始考察古代中国长城。根据我在塔克拉玛干考察时对气候条件所掌握的经验，这次任务必须在这个季节开始。为了使我计划中的行动免受不必要的拖延，我必须回到残存的长城和烽燧一线，筹集充裕的向导、民工及给养。所有这些方面的严重困难很快就出现了。尽管从甘肃另一个地区刚调来不久的儒雅的县长汪大老爷，和当地军队长官林达彦，开始时对我的工作很友好地表示出兴趣，而后来对我很关照，对我帮助也很大，但是他们对我渴望考察的沙漠一无所知。我不敢说他们同城里其他有教养的人是否可能有什么区别，但是无论如何，当地中国居民根深蒂固的神秘观念，使我们突然来到附近的河边丛林考察时，不可能从他们中间或东干牧民、猎人中找到向导。

　　未来的两个月中我们将要面对和克服的劳力与交通方面的困难非常大，在其他地方我对此有详细描述。这里必须指出，由于人口减少造成普遍缺乏劳力，由于敦煌地区人民的生活普遍并不坏，因而人们大多很懒惰，由于当地政府的软弱，最后由于所有中国人天生害怕戈壁或沙漠，我们想方设法找到的能保证为我们工作的10多名发掘民工，也都是对生活毫无指望的鸦片瘾君子。这一切对于支持我的官员，都是难堪的事。从那时起，我有很多机会观察这里无能的政府官员与中国这些边远地区的民众之间的关系，和我熟悉的中国新疆地区的这种关系到底有多大的区别。我的感觉从政府官员朋友那里得到了证实：在这里尤其在敦煌人心目中有某种历史影响流传下来，即认为军队征服者保卫着帝国的前哨阵地，同时还存在一种地区独立意识。他们当然要小心谨慎地处理加在他们头上的统治以及严重的地方暴动，而汪大老爷在我离开那里后不久就成为受害者。这一切都证明，甚至像他那样有身份的人也并不总能免遭烦扰。

西部边塞防线和这些遗存留给我的饶有趣味的考古机会，使我能够对敦煌之行产生一些想法。但在我到央塔克库都克之前，我必须离开那里，因此我不知道长城是否也延长到绿洲的北部以及延伸的方向如何。这个问题与扎希德伯克提供的一些关于阔纳沙尔的含混信息，促使我决定向北沿疏勒河谷地进行考察。3月23日，我到达石枣林的第一段行程，看到了大量叛乱分子遗留下来的破坏痕迹，尽管听说他们最后一次到这里已是38年前的事了。我们离城越远，就看到越多废弃的房舍和寺庙。但是，它们周围的土地却是精耕细作的。另一个重要特点是，绿洲上到处见到新近出现的大型寨堡由高而坚固的土坯墙拱卫着。寨堡里的房舍很少有人居住。

这些要塞都是因当地发生叛乱时，由邻近的村民修建或修补的。19世纪60年代，当叛乱分子到达绿洲时，这些分散的避难所一个接一个地成了他们的牺牲品。叛乱分子甚至连妇女儿童都不放过。只有那些逃出来的人在敦煌镇寻求到了庇护，更多人在断断续续的长期的围攻中饥饿至死。那些被称作"堡子"的山寨堡，在我调查过的甘肃各绿洲中司空见惯。建造与维护这种寨堡的想法，仅仅源于中国传统的在高墙后寻安全的策略。但是，这种防御措施在数量或质量上都显不足。这些避难所让我立即回想起，印度西北边陲普遍存在的动荡不已的部落间的帕坦人寨堡——基拉斯。但是，未来的考古学家在研究爱好和平的甘肃居民的性格时，极有可能从这种明显的相似中得出错误的结论，因为他们只能看到这种中看不中用的防御设施的废墟！

现在我们已经走上了前往哈密的马车路。第二天我们向西北前进，穿过因发生叛乱而曾经荒废的连绵不断的沃土地带，这里现已恢复了耕作。看到人们在叛乱分子入侵前的大居民点的废墟上建起这么新的中等房舍，看到这片曾经渺无人烟的地区，一批新近栽种的小树在残余的老榆树中成长，我很受启发。塔里木盆地的那些绿洲，不管是已荒废还是仍有人居住，都曾经历了何等相似的反复过程！然后我们来到了党河左岸，越过一条由此出发的曾经很重要的深水渠。水渠的末端是一大片部分被淹的布满芦苇的灌木丛的草原，这里可以看到一些曾经荒废的土地正在开垦。

扎希德伯克所说的阔纳沙尔，我的中国同伴称作"石板墩"，事实上是一座废弃的镇，但它是一座当地发生叛乱时才废弃的镇。不过，对它的遗存进行调查也能得到一些考古学上的材料。那是一种中国典型的小镇，由土坯墙环绕，以作为防御措施。它坐西朝东，每面墙长至375码（面积与楼兰古城很接近）。这座曾经作为该绿洲北部行政中心的小镇，大约40年前被叛乱分子洗劫一空，随后完全荒废。城墙倒塌，只剩下一个土墩。成堆的各种碎片，连同土坯墙的残垣断壁一直延伸到小镇中部，昭示着以前房屋的位置。所有以前这些房子里的木材全部被运走，大量红柳丛长满在低处的碎片堆里和所有的空地上。但是，城中两条垂直相交的有点像罗马大道的干道仍能清楚地看出来。

由南墙中间的门往北，有一条干道通往一座位于土墩的废弃

图 17　敦煌以北石板墩被叛乱分子破坏的寺庙遗迹

寺庙，那里也就是北门的位置（图17）。寺庙的墙用红砖砌成，墙上有许多中国常见的浮雕，现存高度可达两层楼。这些墙建在一个由土坯砌成的大面积地基上，构成一座独立的庙宇。里面的彩绘已被野蛮地破坏，尽管经叛乱分子的大肆破坏，供品及一个精美的大铜钟却留在原处。有证据表明当地信仰的连续性，仍在周围的遗址中得以体现。随后在甘肃一些地区的考察过程中，我不断发现许多类似的证据。在试图重新使用位于中轴路离南门不远的一处小衙门方面，也许不如保持旧地区神物的连续性那么成功，但其重要性是一样的。小衙门的建筑很坚固，一些房间还能见到倒塌下来的屋顶。一些基层官员在这个小镇荒废后似乎还回来过，也许是想重新使用它。写着吉祥语句的红纸和其他官方文告仍贴在墙上和柱子上。当我沿着残墙走过这片废墟，走过不止一处垃圾堆时，我在想，只要这片土地哪天完全变干，那么在遥远的将来，这里就有着许多丰富的考古遗迹在等着考古学家去研究！

第二天早上，我们继续沿北—东北方向前进，我在小镇城墙的高度上看到一座烽燧 T.XXIV。经过一处 4 英里长的长满灌木的草地，就可到达那里。这片草地有一些表明曾是耕地的标志，而现在这里有一片不小的地方用火烧干净了，并灌上了水，准备耕种。这座烽燧位于一条约 11 英尺高的黏土带上，是一座旧建筑。因为它的建筑技法与那些护卫这片绿洲西部地区的古代烽燧的特点一致，即用那些采自当地的加入盐块的黏土制成的土坯垒砌，而且每隔相同的厚度夹入芦苇和红柳枝条。这座烽燧每个砌层厚约 10 英寸。这座烽燧的底部为 20 英尺见方，高超过 18 英尺。可能是由于盐渗入到建筑材料中产生了水泥的效果，烽燧相当坚固。地基四角下面天然黏土长时间的风蚀对它毫无损伤，这足以证明它的牢固性及其久远的年代。

这里应该有希望见到长城，但并没有见到任何痕迹。当我们费力地朝北—东北方向前进时，我也没有注意到任何遗存，而我原先指望一到疏勒河谷地就能发现些遗迹。我们再往前走过4英里的地方长满了芦苇和红柳。在那里见到了两个用坚硬的碱性黏土块围成的羊圈的围栏，表明这里曾经用于放牧。我随后在遇到的一条低而窄的黏土带上，第一次见到北边有一片沼泽地向北延伸，预示着我已经接近疏勒河。沼泽中央有一连串由西向东延伸的成排的黏土台地。这是一种很有意思的景观，它立即让我想起我路过疏勒河终碛盆地时所见到的风化黏土台地，在哈拉湖也见过类似的台地。

这个台地为我提供了一个关于它们成因的明确的解释。再往前走约1英里，我们来到第一个淡水潟湖，然后被迫涉过一连串向西流的浅水道，它们的水都来自疏勒河。我们很容易认识到产生成排的黏土台地的决定性因素。很明显，由于水流作用于早期更宽的冲积河床，形成了与水流方向一致的东西向平行台地。随后由东北风形成的风蚀作用，又把它们分割成排的孤立台地，并继续侵蚀水面以上的裸露黏土层。这里我结合离开盆地中现已完全或部分干旱化的拜什托格拉克奇异台地时所见到的"证据"，对这个在风吹和水流共同作用下的特定的侵蚀过程作一个明确的说明。我们将会看到，那些建筑长城的人如何巧妙地选择高黏土台地的绝佳位置来建造烽燧。因此，关于它们成因的基本上是地理学的解释将提供一个可用的档案。

从第一条黏土带往前2.5英里，我艰难地向北越过一连串沼泽地带和一系列流淌于黏土台地之间的浅水道。当我费劲地穿过这一条宽约20码、深四五英尺的清水沟后，疏勒河的主河道终于出现在眼前，那里横着一大片冰。但是，这片土地很久以前就被证明，骆驼驮载东西不能通过。因此，人们只有放弃跨越疏勒河到右岸去测绘它的整个末端地区的念头。我们把帐篷安扎在我们到达的第一个潟湖的岸边。第二天早上我又折回，向黏土台地的南端行进，从那里东行开始寻找我急于找到的长城。一些遗迹仍在相当远的地方，不太可能指望它们来引导我们前进。虽然它们在罗博罗夫斯基上尉的地图上标在通往哈密的道路旁边，而我认为这与长城可能会有某种联系。不过，在那个方向上约2英里，矗立着一座塔，而且在昨天行进的路途中已经见到过它，因此我把队伍带向那里。

到达那座塔之前，我们必须穿过那片长满芦苇的草原，田垄和灌溉水渠的存在表明是最近才荒芜的，而烽燧 T.XXV（图18）的结构同样表明它也是不久前才废弃的。它建在一个黏土带北面的低洼处，看上去建筑相当坚固，保护得相当好。塔高约20英尺，塔基约26英尺见方。塔顶有一道土坯砌成的围栏，里面有一座朝南的无顶神坛，神坛前有一段类似现代中国寺庙或宅第前常见的影壁。神坛的墙高约10英尺，上面仍留有大量石灰。对这个建筑进行更近距离的测量是不可能的，因为西边那曾用于往上爬的楼梯已经不见。

大量细节证明，这不是一座早期的塔。塔上的土坯，比我沿西部古代长城测量过那些烽燧上的土坯小许多，每层土坯之间也不见那些很有特点的规则的芦苇夹层。但是，一个很重要的发现是，神坛的墙和围栏的边缘部分，砖是一平一竖交替砌上的，除了在当代和中世纪的建筑上，这种现象我在中国还从未见到过。我对古代墙的寻找没有什么结果，但是在紧挨着塔的南边有一处围成一圈的100英尺见方的低矮土城。根据我日后在敦煌绿洲以外不同地点见到的类似的塔判断，我断定烽燧 T.XXV 是不久前才

图18　烽燧 T.XXV 遗址，自西南望

建的塞外小村落的瞭望所或临时避难所。

由于没有发现更多的烽燧，我对寻找长城的最佳路线感到迷茫，但是仍决定继续向东行进。我们期待着朝那个方向无论如何能找到向北通往哈密的马车道，并因此能根据罗博罗夫斯基发现的遗迹得到前进的依据。前进了约4英里之后，我把平板仪架在一处孤立地隆起于长满灌木丛的黏土带上，在这个水平面上费劲地寻找烽燧和其他标志物，但没有任何收获。然而凭着探险家的敏锐眼光，我发现远处有牧群，于是继续向东。走了两三英里后，我们发现两个全副武装的东干人看护着一大群的羊、乳牛、骆驼和马驹。

事实证明，这次接触是幸运的。牧民看起来很健壮，他们的粗犷很难让独自来到这里的生人对他们产生信任感。但是，他们对疏勒河下游的河边牧场非常熟悉，而且与定居那里的汉人沉默不语的神秘态度相比，他们对自己对当地的了解保持着优雅的自豪。当被问及旧炮台并得到奖赏后，东干人中的老者同意告诉我们如何前往一个既能安营又能见到烽燧的地方。他并没有说谎，沿着他指引的方向向东北骑行约3英里，我们来到了一处位于延伸到河水宽阔沼泽带边缘约40英尺高的孤立黏土台地上。牧民向导把这里称作"清水坑子"。在台地上的高处，向导指向南面和西南方向，我在望远镜里发现至少有10座烽燧大致沿东西方向排成一线。尽管由于它们破旧不堪、距离很远，但在落日余晖的照耀下，它们仍在水平线上泛着黄色光芒。我已没有任何理由怀疑那就是我一直在寻找的长城，而我身边这个强壮的牧民也有理由为我当即赏给他的银子感到满意。

当向导以肯定无疑的口气，脱口说出这些烽燧标示着"从安西到罗布淖尔的汉代古道"时，我仍在用棱镜专心致志地审视着这一连串烽燧。这似乎很奇怪地证实了博南首次提到过的两者之间的联系，也证实了我在一连串古物调查之后产生的一些想法，只是方式有些不同。但是，我目前没有证据来判断对古道的年代的说法是否正确，甚至也不能断定这种想法仅仅是源于聪明的猜测，还是有些什么确定的传说为依据。他所能说明的只是他的一个哥哥由于在这条敦煌至罗布淖尔的古道重新开通后不久，就沿此线在西宁府做买卖，并做了一个奇怪的官，也就是非中原人所做的官。这个细节似乎使我相信，前面已经提到过的运气不佳的马丁，是现代第一个穿越沙漠从敦煌到达阿布旦与和田的欧洲人，但是他没能活下来而记录他的故事。

沿北—东北方向走了很远，并越过了疏勒河之后，我们可以见到一大片建筑的废墟。东干人说它们是异教徒的寺庙。由于河水泛滥，我们不能从营地过到那里去。以后得来的信息使我相信，那些废墟是近期的，属于通往哈密的道路上已弃而不用的一个站。我费尽心机留下这位东干壮汉，给我在这些地区做向导，但这纯属枉费心机。像在其他地方所讲过的，他答应明天早上回来，但是他并没有回来，以后寻找他也是白费力气。从此这唯一能够或者愿意告诉我"旧墙"之所在的人永远消失了。

第三节　首次在烽燧 T.XXVII 发现汉代文书

3月27日早晨，我带着印度助手和六七名中国民工向东南方向出发。我希望在那里到达我已经看到的烽燧线的中部。从我们必须穿越的地势低洼、长满芦苇的平地上，我们看不到那些烽燧。不过另一个隆起的黏土台地帮助指引了方向。走了约2.5英里，我们登上了台地，在上面发现了一个中国伐木老人居住的地穴式小屋。像我们所预料的那样，他对古代烽燧和其他任何事都一无所知。台地前面的地上长满异常茂密的芦苇和矮红柳，而且一条来自疏勒河的水渠里的水向四周泛滥，这一切既挡住了我们的视线，又阻碍了我们向前行进。最后，我们来到一处坡度较缓、覆盖着砾石的塞的脚下，塞里的地上有大量的枯树，但仍有少量胡杨树还活着。随后，我发现前面矗立着一座削去尖顶的古代烽燧，它的外形和结构与以前在西边沙漠中调查过的非常相似。在我朝它奔过去时，我立即看到一线低矮的山丘（上面一些熟悉的围栏暴露在已经风化的地表上）沿着光秃秃的砾石直抵烽燧的东边，然后直接拐向西南。此时我已确定又回到了我的"旧墙"。

烽燧 T.XXVI 用黏土规则地逐层往上夯筑，每层厚3.5~4英寸，夯土层之间夹入一薄层典型的红柳枝，非常坚固。这座坚固的四方形建筑的四面墙缓慢地向内收缩。为了加强凝聚力，夯土里夹入了直立的小棍，这有可能是为了在土墙内与其他木柱相连，其中顶部有一根小棍暴露在外面（图19）。基部20英尺见方，尽管顶部已被破坏，但现高仍有约25英尺。

烽燧护卫的墙经过它的北面，墙外边有一处突出来的像堡垒的防御设施，北距烽燧底部约19英尺。风沙长年侵蚀着底部夹着红柳枝的几层以上的墙身（图20），而这几天我们可是真正领略了主要从东边和东北方向吹来的凛冽的强风沙的威力。墙的底部完全用红柳枝作保护层，说明自墙建起之后，附近一直延至疏勒河的土地上的植被并无大的变化。但从远处用肉眼就很容易看到底层枝条的末梢，明显从压在它们上面的含细沙的黏土和砾石层中伸出来，表明水位曾有过不高但仍明显的上涨。东面的下一座烽燧 T.XXXI，位于直接沿此线向东仅1.25英里远的地方。这座烽燧以外还有3座烽燧 T.XXXII~XXXIV 在视线以内，但我只能留待以后再去调查它们。

回到烽燧 T.XXVI 后，我在紧挨它的地上进行仔细的搜寻。看来不会有任何收获，因为沙砾表面非常平坦，除了烽燧东边偶尔能见到从上面掉下来的黏土片，地面非常干净。但是，一个机会使我一开始就很有信心。在烽燧东南角外约12英尺处，在地表经过仔细搜寻，发现细沙砾中有一些细碎的废料。用铲子在地面刮了刮之后（图19），证明这里是曾堆满各种垃圾的一间8英尺见方的小屋废墟。它的墙是用黏土筑成的，外层涂上夹芦苇的黏土，只是目前仅剩一点痕迹。尽管很小，但这个住房的存在足以保存

图 19　烽燧 T.XXVI 遗址，自西南望

图 20　烽燧 T.XXVII 遗址附近的古边墙遗迹

一些文物。最先翻出来的，而且几乎是从地面上找到的是一块木牌子。木牌长10英寸多，宽接近1英寸，上面整齐地刻着五小栏汉字，它们的下面有一条较粗的线，蒋师爷很快认出这是算术表的一部分。这份文书被沙畹先生在《文书》中引用并解释清楚，它包含了九九数表的一部分。这块木牌和其他两件写有汉字的木片上都没有我急于见到的纪年证据。一件是一个标签的一部分，上面留有非常清晰的汉字。根据沙畹先生的解释，它用来记录小股部队的一把石弩和一些箭，另一件是一枚简上的一块（我在尼雅和楼兰经常见到这种汉文文书），上面只有两个汉字。第四件也是简，保存得要好一些，但是由于盐已浸透木片，上面的许多文字都已无法辨认。

蒋师爷说，这些字看上去很奇怪很古老，而且这些文书虽然很少，但仅凭它们都是木质的，而且出土于一个本以为毫无希望的地点，就可以满怀信心地期待着更多的发现。烽燧附近的堆积已被民工急切地挖到了生土，由于一有发现立即赏给银子，他们已不再懒散迟钝了。但是，除了大量烧制结实、外表饰有模印窄条平行纹的黑陶片，只发现一件涂有黑漆、用途不明的圆状木器，以及一只已被穿破的长纤维丝带鞋，它的详情已列入遗物描述清单。我现在可以确定，陶片和鞋是汉代遗物。不过，当我在烽燧以西5码处地下1英尺深，发现两枚连在一起且已被腐蚀的五铢钱，我就更高兴地得到了年代学证据。当然，对于一个敦煌绿洲的居民今天仍可光顾的遗址而言，这两枚钱币本身还不足以说明它的年代，因为我们知道这种类型的钱币一直沿用到唐代早期。

接下来朝在西南方向能见到的第一座烽燧前进，因为从那里回到营地对于中国民工中的新手来说要近一些。在约0.75英里长的路上，一处满是砾石的低矮高地向前延伸，而且在这段路上我能轻而易举地找到长城的痕迹。由于它的一些部分仍高出地面3英尺多，因此我能确定其建筑方法与在 T.III 附近第一次见到的完全一致，只不过夯土层之间夹的是红柳枝而不是芦苇。往前再行进1.5英里，我们到达了烽燧 T.XXVII（图21、22）。尽管风蚀得很严重（尤其是它的东面和南面），但仍能很清楚地看出它是一座烽燧。它建在一条狭窄的黏土台地上，并同其他烽燧一样呈东西向，其类型和起源也与以前描述的一样。烽燧所在的台地顶部，高出南面风化的地面约17英尺，而且可以见到烽燧建成之后连续风化的清晰痕迹。这种情况表明，烽燧底部当初的面积显然不能精确地测量出来。它的北面现存长约22英尺，西面长约19英尺，因而还不能肯定它是否与其他烽燧一样是方形的。烽燧高约17英尺，用夹着草的并不坚硬的土坯建成。

紧挨烽燧的西边是一大堆相当松软的废物堆积，沿着台地顶部延伸了约15英尺（图23）。随后的清理发现，这是一所小建筑的废墟，它建造粗糙，有一部分还挖入生土，高仅三四英尺。民工们刚一开始清理工作时，就在西南面离地面很浅的地方发现三枚字迹清晰的汉文木简。它们保存得非常完整，大小也和常见的一样。蒋师爷一眼就看出其中两枚有完整的纪年，这可真是最令

图 21 烽燧 T.XXVII 遗址，自东南望

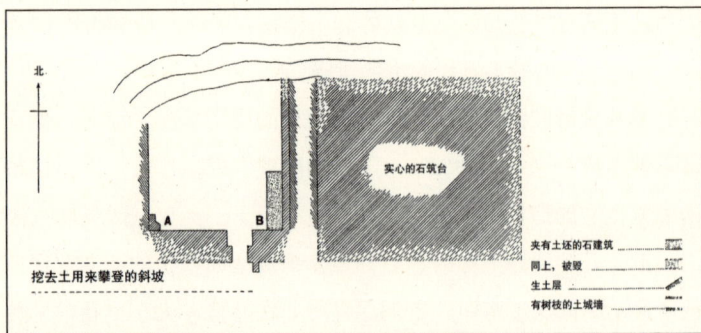

图 22 烽燧 T.XXVII 平面图

人欣喜的发现。不久，又在垃圾堆中部6英寸以下发现三枚带字木简，其中一枚虽然一端被烧坏，但仍有纪年。显然，我找到了一处宝藏。但是天黑之前我们已没有时间再做仔细的清理，而且不参考历史年表我也不能确定上面的年号，我只好赶紧回营地。蒋师爷和我本人花了很多精力，讨论纪年材料所反映的烽燧及其所护卫的长城之间年代的关系。

回到营地，我和蒋师爷在梅耶斯《中国读者便览》一书所附的年代表中，查找这些年号。由于没有确定的线索，从汉到宋期间数百个皇帝都得查一遍。当看到木简上的一个年号"永平"，蒋师爷觉得可以确定下来。但这个年号在公元3—6世纪重复出现，我几乎没有勇气再往回查了。在另外两枚木简上出现的另一个年号建□，尽管写得都很清楚，但我那很有学问的秘书也无法确定第二个字。对中国古文字的复杂性有所了解的汉学家，是不会对他的疑虑感到奇怪的。而我对这位学问极佳而又虚怀若谷的朋友，除了称赞，也没什么可说的。

我在永平前后不远的年号中查找，以给蒋师爷提供找出建□的线索，但是我一无所获。最后我鼓足勇气往前再查几个世纪：有一个始于公元58年的年号永平，而从永平元年往前两年有一个年号建武。当我拿给蒋师爷看时，他立即认出这困扰他多时的第二个字。建武是光武帝的年号，他在公元25年建立东汉，而建武二十六年就是在垃圾堆中发现的那两枚木简上记录的年代，因此相应地证明它的年代是公元50年。毫无疑问，这是我调查过的遗址中最早的一处古边墙，它至少可以早到公元1世纪。因此，我手上的木简文书可以说是迄今为止发现的年代最早的汉文文书。这是一个令人兴奋、激动的发现。这个考古发现让我信心百倍地调查长城古迹，而且现在对考察的成功又增添了新的信心。

3月28日早晨，一阵凛冽的北风吹来，我决定把营地转移到烽燧T.XXVIII处。我在前一天晚上已经见到它紧挨着已成功试掘

图23　烽燧 T.XXVII 遗址及垃圾堆

的烽燧 T.XXVII 的西南。这个位置有利于日后考察西边那些视线以内的烽燧。所有可用的人都转移过去之后即开始清理，很快就在烽燧 T.XXVIII 所在台地的南坡发现了厚厚的垃圾堆。然后，我让助手们继续工作，我自己前往勘察刚提到的几座烽燧。但是，在描述他们正在进行的工作之前，如果我先记录这些遗迹的地形顺序，那么不仅对读者而且对我自己也更方便。我打算在以后深入细致地考察长城的其他部分时，也遵循同样的计划。这种安排将更便于考察长城的地形特征及其与所发现的考古学事实之间的关系。

对烽燧 T.XXVII 的彻底发掘，没有使第一次考察所产生的期望落空。烽燧西边的堆积（图22、23）被证明是一所东西14英尺、南北相当或更长的房屋。由于受侵蚀，北墙已完全消失。西边和东边至少有一部分直接从烽燧下的狭长台地的生土挖成墙，在东边还有10英寸厚的土坯墙面。南墙厚3英尺10英寸，全部用土坯砌成。这里的入口墙内侧宽3英尺，墙外侧宽2英尺3英寸，这显然是为了便于防御。待室内超过3英尺厚的堆积清理干净后，发现地面与烽燧的第一层土坯处于同一水平面上。显然，建烽燧时曾在台地顶部整理出一个一定范围的平面，为建烽燧准备一个足够宽敞而又安全的地基。由此可以顺理成章地推定，台地汉代时的基本形状与现在见到的很可能相同。但是，在烽燧的北面和东面，土坯连同地基均已消失殆尽，这清楚地反映了侵蚀的过程。

烽燧和房屋之间的原生黏土坡厚约3英尺，而且现在仍保持着同样的高度。房屋的东南角有一个涂灰泥的矮台子。它的对面即房子的西南角有一个凸起的柱状物，从紧挨着的墙上一些熏黑的残余来判断，它可能是用来点火的。与现在中国常见的情况一致，烟可能是通过房顶的一个孔通往室外的。有趣的是，入口由一个斜坡通往南边，而且在生土里挖出一个宽约3英尺的口，直通入口前面的台地。斜坡的底部低于室内地面约10英尺，这说明紧挨地面的黏土带的侵蚀过程，至少早在汉代之前就已开始。南边地面下陷的最低处，现在低于房屋地面和烽燧底部约17英尺。但是，我们当然不能肯定这17英尺在多大程度上是由于烽燧建成以后风蚀所造成的。烽燧底部西面约20码外，有一处含有一块芦苇席的粟秆堆积。由于很可能与点火柱状物的年代基本相同，因此几乎从那时起，台地的形状并不规则。

烽燧T.XXVII的第一批文书，发现于前面提到的入口处外面高1~2英尺的堆积中。彻底清理过程中，又发现10多枚带字木简，一些保存完整，其他的要么折断了，要么磨破了。室内还发现7枚木简。这新发现的7枚中的一枚，在现场就清楚地看到上面写着"建武十一年"，即公元35年，表明这些文物的年代又有提前。另一枚文书保存得非常好，年代为公元53年。因此，这个遗址中发现的17枚文书的年代现已证明在公元35—61年，它们已被沙畹先生收入他的《文书》一书并予释读。蒋师爷虽然不想说明细节，但他很肯定地说它们中的绝大多数与兵站或某位军官有关。因此我可以得出结论，而且每个考古发现也可以说明，烽燧旁边的这所房屋曾是保护这段长城的部队中的某位军官或职员的住所。

经过沙畹先生的辨认和确切的解释，这个结论完全得到了确认。我应该在他辛勤工作的基础上，试图逐个对沿着长长的长城边的各遗址所发现的文书重新审查一遍。我将在这里及其他地方对这些有直接的年代、地点、目的以及类似特征的文书作一严格的简单评述。

在烽燧 T.XXVII 发现的文书中，有一枚编号为 No.569 的木简特别有意思。这枚木简字迹清晰，上面还有一条丝带，显然是从一位士兵的衣物中掉出来的。根据沙畹先生的释读，我们现在知道其内容为"万岁显威（也有人释为显武——译者）革甲闓眢各一完"。万岁是一个地名，而且极有可能像其他地名一样，是长城的一部分。木简 No.569 就是在这里发现的，这可以由同样在这里发现的另外两枚木简来证明。这两枚木简提到了万岁属下的扬威燧，以及一位任万岁候造史的军官。在木简 No.614 中，还可以见到公元75年扬威燧护卫相邻的烽燧 T.XXVIII 的记录。烽燧 T.XXVII 出土的3枚木简，为我们提供了守卫这段长城的3个要塞的名称。在公元35年时是安田燧，公元50年是安汉燧，公元53年是高望燧。万岁似乎与宜禾关有某种关系，不过3枚木简并未直接提到宜禾的确切位置。木简 No.570 提到一位燧的长官（孙忠），但在长城"东段"目前也还不能确定其位置。

烽燧 T.XXVII 旁边的房屋里曾经公务频繁，这可由北屋发现的十多捆无字木简来证明。它们的大小完全一致，其中许多已变得很薄，显然是多次使用、多次修整造成。毫无疑问，它们是这间小小办公室里的空白木简存货。房屋内及门口的斜坡上的堆积里，发现许多各种物品的残片。这里我想提及一些陶碗的残片，它们上面的棕釉和灰釉，在长城线上的其他遗址也发现过，表明它们的年代很可能是东汉。不过，尽管由于这些标本太雷同，我带回来的很少，但是同这里所有遗址一样，这个遗址中发现了更多饰有席纹的深灰色陶片。陶片的口部常钻有孔，以便用绳把破陶缸等器物串起来，虽然它们不能用来盛液体，但可以用来盛放粮食等物品。这些粗纤维绳在这里使用就显得特别重要。以此连同其他现象，我们可以想象，如果下级军官不同的话，那至少士兵和低级军官必须在这最偏僻的沙漠边关里度过艰难的日子。

在这里发现了几枚木刻玺印，其中一枚上面仍有一个古汉字，尚未能释读出来。除了两枚与其他地方发现的属同一类型的木质骰子或筹码，还有制作粗糙的木笔，它们对了解曾驻守在这里的人的职业有所帮助。此外，还有两把木勺，一把扫帚，两块编织精细的坐垫。有一件画有线条粗糙的奇怪脸形的木桩，而且在其他烽燧也发现过，但是它的用途目前还不能确定。有一根拨火棍非常有趣，上面有些小洞，小洞形状和排列与在尼雅、安迪尔和楼兰发现的很相像。

第四节　寻找长城上的烽燧 T.XXVIII~T.XXX

烽燧 T.XXVIII 位于烽燧 T.XXVII 西南约 1.5 英里处长有稀疏红柳的低矮黏土带上。如图 24 所示，它风化得非常严重，底部原来有多大已不可能测量出来，或可能像常见的那样，约 20 英尺见方，现存高度约 13 英尺。烽燧夯筑，夯土中每隔三四英寸有一薄层红柳。这里已找不到其他建筑遗迹，但我第一眼就看到烽燧南面地基以下 10~20 英尺的斜坡上有厚厚一层堆积。堆积的宽度近 40 英尺，斜坡底部在松软的冲积黄土的生土层上呈水平堆积，厚 3~4 英尺。它的位置清楚地表明，黏土带在建烽燧时早已隆起，高于周围地面约 20 英尺。因此，这里自然就成为监视北面河边低注地的极佳位置。在古代那里可能被红柳及其他灌木所掩盖，而且可能比现在还要茂盛，所以需要近距离防卫。我认为由于这里独特的地面特征，敦煌长城东段的烽燧之间的距离相对要近些，没有一处长于 1.5 英里，有些地方每隔 1 英里就有一座烽燧。只有烽燧 T.XXVI 位于烽燧 T.XXVII 之间是一个明显的例外。

堆积的主要成分是芦苇秸、红柳枝、树皮和马粪，这些主要来自烽燧的生活垃圾，当与沿长城线的一长串兵站有关。但是，堆积的最边缘可以见到一枚伸出来的汉文木简，它虽小但易于辨认。清理工作一开始，就露出了意想不到的大量木简。这的确是

图 24　烽燧 T.XXVIII 遗址及垃圾堆

一处极其可贵的垃圾堆，而仅在当天结束工作时，我们就已得到70多枚，当然大多数已破碎。

　　这里和烽燧 T.XXVII 发现的各种书信和"公文"（在蒋师爷的帮助下肯定地辨认它们）非常丰富，足以使我熟悉中国古代木片上的文书的外在部分。它们最常见的形式是，长9~9.5英寸，宽0.25~0.5英寸。一些木简上一直行最多有30个汉字，甚至更多，这说明人们书写相当整齐，也希望在一枚木简上写完一整封信或一份完整的记录。不过有时一枚木简的一面上也不止一行文字，因此要背面接着写。显然，总有这样的情况，一封私信或一份官方文件（当然不是指书），需要几枚木简才能写完。关于如何排列一连串木简的方法，下面将会有一些说明。

白杨木是制作木简最常用的材料，这与尼雅和楼兰一样。但是，也有一些纹理清晰的软木。拉姆·辛格一眼就认出是某种针叶树（他是一位训练有素的木匠）。这也和楼兰遗址一样。这种树木当然不可能生长在疏勒河下游盆地这种历史上一直干旱的地区，因此，这种材料发现于长城遗址本身就很有意思。这种材料最近及最可能的产地是南山中西部的北坡，不久后我发现那里仍保留有一片相当大的冷杉林。敦煌西部其他烽燧还发现过削制整齐的竹简，有时还从更远的地方进货，而 T.XXVIII.645 则是在这里首次发现的竹简标本。用于制作木简的其他材料，还有本地盛产的木材红柳。在烽燧 T.XXVIII 遗址的垃圾堆里发现的木简的形状似乎可以说是五花八门：有的是几面削制粗糙的红柳枝，有的还留着部分树皮，有的削成多边形，有的主体较宽一头呈尖状，有的呈奇异的勺状，等等。私人书信的书写格式，显然不像公文那么严格。驻扎在这里及其他兵站的士兵，似乎经常以誊写来消磨时光，因此这里发现的红柳枝木简削制得相当好。但是，所供应的现成木简显然有其价值，而且为了节约，木简往往一用再用。这可以由从常规木简上削下来的"削衣"的数量看得很清楚，许多木简由于反复修理变薄也可以证明这点。

至于烽燧 T.XXVIII 遗址发现的文书的内容，我要提到年代为公元75年的一枚完整的木简，上面提到扬威燧（这个地名我们已经在烽燧 T.XXVII 遗址发现的文书中见到过）。该简提到，属于扬威燧的两人经过西蒲的一位骑兵军官收到过一封信、寄出过一封信。我在其他地方没有提到过西蒲，但考虑到兵站的位置与通往哈密的道路有关，因此它很可能位于那个方向上的长城外。年代同样为公元75年的木简涉及高望燧的指挥官（高望候长）。在烽燧 T.XXVII 遗址发现的年代相近（公元53年）的一枚木简上也提到，高望是西蒲附近的一个兵站。我们更感兴趣的是那件多边形的木简，上面写的是某项命令的传达方向："万岁东西部吞胡东部候长燧次走行。""万岁"可能是包括邻近的烽燧 T.XXVII 在内的长城那段地区的兵站名称，"吞胡"则很可能是万岁西边的那段长城的名称。

在这里以及烽燧 T.XXVI 西南面其他各烽燧处，并未见到长城本身的任何遗迹，甚至连烽燧曾经护卫的兵营也完全消失了。这里表土的特性以及风蚀作用足以说明为什么。不过从他们遗弃的大量堆积，也可以窥见他们的生活条件。这里发现的各种各样的小物品中，木器如勺、梳、多种木杖等是最常见的。还有各种椭圆形小木块，显然是用作骰子或棋子。还有两枚木印（图25），上面的汉字大部分已被磨掉。两枚木印特别有意义，它们显然是用来捺在用丝绳扎住口的口袋或其他容器处的（即封泥）。这种类型

图25　印

的印在长城的其他遗址也发现了许多。T.XXVIII 的两件所属类型的重要性，在于捺印的封泥下面有三道扎绳的槽，其排列方式与我1901年在尼雅首次发现的佉卢文文书护封上的一样。此前我断定在塔里木盆地发现的类似遗物属于中国早期类型，此处发现的印盒为这个判定提供了新的决定性证据。

在小型金属制品中，我要简单地单独列出一件铸铁锄，其他长城遗址也有发现：一件青铜带扣，一些青铜镞。长城沿线各遗址中很常见的其他改进型标本证明它们在汉代很流行。其主要特征是切面呈三角形，每面呈细长叶形，铤部呈六角形；通常一面或几面有小孔。我在讨论守卫长城的各不同兵站及小分队的装备时，经常提到好几种"常规"石弩。对这些石弩进行分类、分组研究是调查工作中非常有意义的事，此事本身也足够写一部小型专著。

T.XXVIII.1~3 是在此处堆积中和地表极为常见的、深灰色轮制陶器标本中的三件，这类陶片表面有的饰压印编织纹。长城线上其他烽燧也常见这种陶片。我曾提到过许多这种边上规则地凿孔的穿孔陶片。这里发现的好几件仍用绳索捆在一起的标本，其中的一种很能解释这些穿孔陶片的标本（图26）。这种做法说明它们的主人是如何珍惜他们的瓶瓶罐罐，不管它们已破成什么样子。这也间接地说明这里和敦煌长城线上的其他兵站，离居民区相当遥远。由于原料十分粗糙，因而无疑也十分廉价，但是，只要考虑一下从绿洲往这里运大件陶器有多困难，就能理解他们为何在经过最简单的修补之后仍继续使用。此外，还有两小块丝织品，其中一件是上好的平纹细布，表明尽管生活相当艰苦，在兵站中对美的生活的追求并未泯灭。

从 T.XXVIII 朝着西南，我注意到了下一座烽燧的方向。前进了 0.5 英里多一点，有一条长约 50 码、高 12 英尺的黏土带。它的中部有一个高约 10 英尺的土墩，让人一眼就看出是一个遗迹。看来它是一个没有建筑遗存的天然哨所。但是，黏土带的顶部很可能存在大量它护卫长城时期遗留下来的深灰色轮制陶片。虽然没

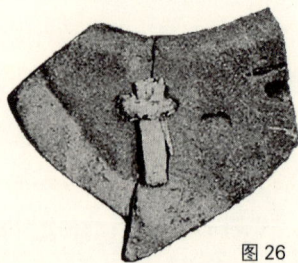

图 26　穿孔陶片

图 27　烽燧 T.XXIX 遗址及晚期围墙，自西望

有烽燧，但是这条天然黏土带也可以是一个瞭望站的理想位置，与我随后在哈拉湖附近发现的差不多。从这里沿线向前延伸的红柳丛越来越稀疏，直到变成四五英尺高。最后到了另一座烽燧 T.XXIX 以外 0.75 英里处完全消失了。

如图 27 所示，这座烽燧也是建在一条小型黏土带上，这种地表优势从来不会被筑"长城"的人所忽略。烽燧夯筑，夯层厚

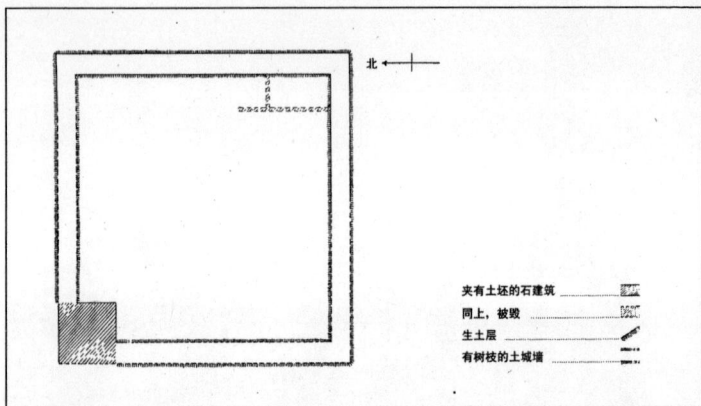

图 28　烽燧 T.XXIX 平面图

（图例）
夹有土坯的石建筑
同上，被毁
生土层
有树枝的土城墙

三四英寸。烽燧底部约21英尺见方，现存高度超过20英尺。夯土层之间夹入红柳枝表明原建筑年代久远，但是用粗土坯建成的约5英尺高的女墙似乎表明在后期经过维修。对顶部进行测量是不现实的，因为除了南侧有一些可能曾经用作立足点的脚蹬，没有楼梯的痕迹。

　　如平面图（图28）所示，烽燧下有一圈保存相对完好的围墙，面积约107平方英尺。烽燧就是围墙的西北角，这加深了人们认为长城上的烽燧晚期仍在使用的印象。墙体用土坯和坚硬的黏土块筑成，每隔约15英寸用红柳枝加固，属于晚期建筑（图27），它的西南角仍保存了近8英尺高。在这个角内保存着曾依东墙而建的几间土坯房屋的地基。墙体一平一直交替上砌。房基上厚厚的堆积中除了大量芦苇秸、烧焦的枝杈以及鸟粪、驼粪，未见其他遗物。西北角外约10码处还有一处面积不小却没有年代学线索的类似堆积。但是，我们在这里地表下很浅处，发现了一件颈部以下保存完好的高约1英尺的大陶缸（图29），器表似乎饰有油彩。这里还发现了一块山羊毛织物。

图29　大陶缸

在围墙内外发现的大量仔细施釉的精细陶器，成了建筑特征之外判断此为晚期遗址的确切证据。不列颠博物馆的霍布森先生仔细研究了这些标本后认为，除了唐宋时期的釉陶，还有一些类似瓷器的标本，以及两件瓷器的标本。由于后两件标本是宋初的瓷器产品，因此可以肯定烽燧连续或间断地使用到那个时期，甚至可能更晚。器表的釉色非常丰富，有黑色、乳白色、绿色、深蓝色、棕色等，并常见冰裂纹及混合色釉花纹。

在这里首次发现的晚期陶瓷器，帮助了我判断清理围墙西南角以西约52码一处小型建筑遗迹时发现的塑像的大致年代。这是一座小寺庙，房屋长11英尺，宽9英尺，南面狭窄通道处的入口已完全破坏。房内堆满了碎砖、芦苇篱笆以及半烧焦的木料。室内主要是一个砖砌的坛，只有南面入口处稍空。坛上沿北墙堆满了大量表面抹上灰泥的塑像碎片，表明这无疑是一座小佛寺遗迹。

这些碎片虽然非常破碎，但都是些坚硬的黏土，表面呈黑色，稍大的碎片中可以见到半烧焦的木芯，这些现象说明寺庙很可能是在一场火灾中烧毁的。标本中出现手和胳膊残段，它们可能分属不止一个原大或稍缩小的塑像。另外还有各种手指、衣饰和装饰品残片。由它们的造型和贴饰的细部，可以看出与希腊化佛教艺术有密切的传承关系。考虑到佛教艺术在中国土壤上非常保守的发展，以及目前缺乏与之相关的年代学知识，我不想对其确切的年代妄下结论。尽管有所保留，我还是倾向于认为这些遗物的年代不晚于唐代。在这方面，标本 T.XXIX.002（图30）颇有启发性和趣味，它有两个小头，上下连在一起，虽然每个只有3英寸高，但塑造精细。上面的头像宁静地注视着前方，下面的头像张着大嘴，怒目圆睁，给人留下机敏的印象。由于下面的第三个头像显然分离了，因此这个塑像显然是想表现佛的神性。我们可以从焉耆地区的明屋遗址中发现的自然主义风格的小佛头像中找到相似的塑像（图31）。

这座小寺庙里发现的遗物，极有可能与附近的烽燧和长城有某种联系。同时可以肯定的是，它们要晚于长城的修建年代。现在的问题是，如何解释它们出现在已由T.XXVII 和 T.XXVIII 所确定的至少已在汉代或以后不久就已被废弃的长城的一个点上。关于如何解释紧挨着 T.XXIX 的围墙内外发现的遗物为什么显然是晚期的，也存在同样的问题。一开始我们推测这可能是由于当地信仰的顽固性（我曾

图30　连头像

图 31　小佛头像

在其他地方举例说明，最近的例子是石板墩的遗存），致使这里的一座小佛寺在长城废弃几个世纪之后，仍保存了下来并加以修复。我在"关内"其他地方考察时的很多相关发现，也证实了这个解释。因为在现代，中国还能见到这种现象。

不过证明这一解释的重要证据，还是我不久后在当地的发现。这就是从敦煌绿洲直通哈密以及天山脚下其他绿洲的道路，直到现在仍路经 T.XXIX 附近。当我从营地返回敦煌时，走的正是这条道路。道路从 T.XXIX 以西仅 0.5 英里处通过，然后又从 T.XXIX

所在的黏土带脚下通过。如果我们现在假设古代这条交通要道在此处穿越长城线（而且这里的地形也证实了这个假设），那就很容易解释 T.XXIX 附近的这座小寺庙为什么能够保存下来，以及为什么直到唐代甚至更晚一直有虔诚的过客对它进行维修。我们也因此可以说明，T.XXIX 下的房屋一直被后来的过客所使用。

我随后在 T.XIV 附近调查时发现了一个类似的现象，即在那里一座相当晚近的寺庙旁，发现了一处类似的唐代宗教遗址（它位于通往西边的著名边塞玉门关的关口处）。另一个类似的现象，见于长城与旧瓜州—哈密路线交会点上，有一座实际仍"在使用"的小寺庙，我们将在讨论安西地区的那一章里详细说明。在后面的一章里，我将讨论从肃州以西的嘉峪关（中国长城上的著名关口）迁至"关外头"的现代中国人的虔诚信仰，以及曾在古代长城线上那些关隘盛行的信仰在当今时代的反映。1914年我沿长城从安西至额济纳河考察时发现，所有通往长城外的道路与长城相接的地方，要么有一处废弃的寺庙遗址，要么有一处沿用至今的寺庙。

虽然当时我还不清楚这些信仰的真正源头，但事实上我也不必到离 T.XXIX 很远的地方，去寻找那些仍旧延续至今的古老地方信仰的证据。我从 T.XXIX 向西南方向绕过一处开阔的盐渍平原，前往那个方向上约1.75英里之外的下一座（也就是最后一座）烽燧 T.XXX 的途中，我看到半路上有几处由盐渍黏土块简单垒砌的围墙，它们显然是用来躲避大风沙的。前面提到的哈密马车道从它们中间通过。其中一处围墙的中部，有一座同样粗糙地建成的小庙，庙已半废弃，但墙上仍可见到彩绘。回过头来看看已经提到过的许多迹象，我确信这座显然晚近的替代寺庙建筑，代表了曾经往返于长城线上的中国人关注 T.XXIX 旁这座小庙的最后迹象。地方信仰难以绝迹，中国如此，其他地方也如此。

　　调查结果表明，烽燧 T.XXX（这是我在这段长城上能找到的最后一座烽燧）是一个高约 15 英尺的正方形夯土台。由于侵蚀严重，它底部的大小已不可能测出准确数字（不过它可能像其他一般烽燧一样，约 20 英尺见方）。在约 12 英尺高的台地上，T.XXX是一个明显的标志。除了前面提到的那种深灰色硬陶片，这里没有发现任何其他遗存。这种地面上也不可能指望发现墙或其他古建筑，因为上半部分风蚀严重，而下部则咸水充沛，这种土壤完全是一种破坏性环境。从台地上放眼望去，虽然视野开阔，但除了我前往石板墩北面的路上已经考察过的 T.XXIV，西边不见任何遗址。因此，我不能白费工夫，到西边去寻找长城遗址。但是我还是倾向于相信，长城在石板墩方向曾很好地经营过，而且在越过党河三角洲之后，与我 1914 年在哈拉湖东南不远处考察过的那段长城相连。

第五节 调查通往安西的长城上的烽燧

在讨论东北方向上发现的长城遗址之前，需要在这里对这段长城周围的地形特点作一简要说明。从烽燧 T.XXX 向东、向南望去，我看见一块草木不生的盐渍地伸向远方。盐渍地里曾生长着高达 8~10 英尺的红柳，可是现在枯树都已经很少见。在回敦煌途中路过这里时，我发现盐渍地发育可能是因为绿洲东部水渠泛滥造成。与以黏土为主要特征的地表以及与烽燧 T.XXVI 以东长城所依傍的沙砾塞相比，这片盐渍地带似乎是一处虽然不深但很明显的洼地。这一印象在我继续往东考察时得到了确认。那是 1914 年 4 月，我从疙瘩井出发，前往调查北—东北走向的长城，途中必须穿越一片那个季节几乎不可能逾越的宽阔洼地。

我由此得出结论，那一大片由东向西延伸的低洼地，一年中大部分时间里是水涝地，其余时间为盐碱沼泽地。从地图上看，那片洼地占了相当一部分。它与北面敦煌和安西之间的长城所在的相对狭窄且高的地带平行。那条隆起地带本身与党河河床边上的沼泽平行，然后在洼地南面与之分离。我们看到，烽燧 T.XXVI 的西面是一边冲积黏土地，地上仍有草原植被，却又和长城烽燧所在的低矮黏土带一样，处于被侵蚀状态。烽燧 T.XXVI 的东面，地表变成了低矮的沙砾高地，而高地的南边是一片流沙地，流沙地又是上述洼地的边缘。这里我们不涉及沙砾高地的地理学调查。不过，我可以顺便说明，沼泽东面和西面的水似乎分别来自安西（即瓜州）和敦煌的水渠，中部的水则来自南山外侧穿越那些绿洲之间的交通要道的急流。

这次在敦煌与安西之间的快速调查足以证明，规划长城线的设计师非常善于充分利用自然地形的所有优势。他们把防线安排在高地地带，使长城高于水面及春夏季的洪水；同时又把它们安排在离河水很近的地方，以便从水井或其他水源获取生活用水。同时，长城附近总有大量的灌木和芦苇，既可放牧又不缺燃料。同样可以肯定的是，从敦煌到安西的长城线全部穿越沙漠地区，绿洲的形成则是在长城建成之后很久的事。长城线两侧或附近其他地方，古代和现在一样，都不能耕作，直到安西"镇"以西约15英里处，才有一个据点可以由水渠引来安西绿洲里的水。

3月31日早上，温度计显示最低温度为冰点以下的39华氏度时，我已从烽燧T.XXVIII出发去调查东边各烽燧沿线。在烽燧T.XXVII和T.XXVI之间的侵蚀地面上，我试图找到烽燧遗存，因为这两座烽燧之间的距离超过2.5英里，其间可能还有一座烽燧。但我一无所获。当沙砾高地又折回烽燧T.XXVI（第一批木质文书即发现于此）附近后，长城从此有长约6英里保存完好，中间不曾中断过。我在这里甚至用不着根据从远处就能看见的高耸在长城旁的四座烽燧，即可辨明方向。我们可以清楚地看到，长城在草木不生的开阔沙砾地上延伸，宛若一块垂直的大幕挡在两座烽燧之间。长城在每座烽燧处向北拐时，就呈现出类似碉楼的半月形。在一些地段，夹树枝的夯土墙仍高约3英尺；在其他地段，则已几乎侵蚀到底部。但即使在那些侵蚀严重的地方，用作基础的厚厚的红柳枝层也能从低矮的隆起的两侧清楚地看到。

从地图上我们看到，长城的总体走向为东—东北至西—西南，与干旱沙漠里长年不断（春天尤为猛烈）的大风的风向平行，这无疑非常有利于这段长城的保存。当然，长城并不全是直线，所有烽燧也并非排成直线，它们的走向有些细微的变化。因此，在烽燧 T.XXVI 旁可以同时看见前面的四座烽燧。由于这种细微的偏离与地形全无关系，所以这种安排也许表明，人们希望在不同的烽燧上同时见到烽火或类似的信号。烽燧之间的间距也有区别，从0.75英里左右（烽燧 T.XXXIV 和 T.XXXV 之间）到1.25英里多（烽燧 T.XXVI 和 T.XXXI 之间）不等。长城线以北是一片草木不生的平坦沙砾，站在墙上可以轻而易举地看到至少2英里开外。

两座烽燧均为夯筑，通常每四五英寸就夹入一层红柳枝条。烽燧底部约20英尺见方，但由于现存状况各不相同，并不是每座烽燧都能精确地测量出来。越往东，受侵蚀的程度就越高。烽燧 T.XXXI 保存较好，高26英尺。在东面一处很可能是一所小房子的堆积中，发现了一件五边形棒状物，其中四面上的汉字仍有待释读。烽燧旁边还发现一件青铜镞，是汉代常见的那种三角形叶状镞。虽然烽燧 T.XXXII 没有那么高，但它前面的堡垒状工事保存完好。堆积中只发现一些木质文物，包括一支粗糙的笔，一根麻绳等。这处堆积可能是从曾经紧挨着烽燧而现在已完全被侵蚀的一个营房中来的。两枚青铜镞发现于烽燧北面地表。

　　紧邻烽燧 T.XXXIII 的南面，有一处由土坯和红柳枝层砌成的约35英尺见方的围墙。尽管大量盐碱的渗入使墙体变得几乎和水泥一般硬，但长年的侵蚀使得现存最高的地方也只有约2英尺，而有的地方则已完全消失。除马粪外，围墙内外没有发现任何遗物。烽燧 T.XXXIV 已被风蚀，坚硬的土坯建筑现仅存南北长16英尺，东西宽12英尺。侵蚀已经切入烽燧底部，另外一条大裂缝自上而下伸入黏土中，但烽燧仍有17英尺高。东边约20英尺处不厚的堆积中，有厚约15英寸的土墙基，以及碎土坯和可能从屋顶掉下来的芦苇捆。这里发现了一件保存较好的木标签，上面提到某个燧的一种特殊的石弩用的弦，根据燧的名称，可以判断属于汉代。除了其他一些小件木质文物，这里还发现了大量火棍（阴性，图32）以及精雕细刻但用途仍不明的块状物（图33）。堆积中生土以上约2英尺处发现一枚五铢钱，表明其年代在公元1—2世纪。烽燧 T.XXXV 没有什么发现，只有一堆红黏土碎渣及烧灰，表明曾有某处建筑被烧毁过。像我们前面考察过的其他烽燧一样，这是一座由以长城为北墙的半圆形堡垒状工事拱卫的烽燧。

　　在这最后一座烽燧以东0.5英里处，长城消失在流沙沙丘中。这些沙丘高达15英尺，显然是从南边侵入的沙带的一个分支。再往前，长城又能见到零星的残段。从烽燧 T.XXXV 处沿着残墙前进约2英里，我来到一片南北均以沙丘为界的开阔的沙砾地带，

图 32 火棍

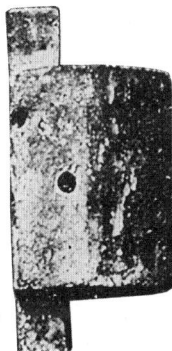

图 33 精细雕刻但用途
不明的块状物

发现一段长达256码、保存完好的长城，在某些地段可高达7英尺。从它目前的保存状况看，在很大程度上是得益于曾经堆得很高的沙丘的覆盖，尽管由于流沙的流动，目前沙丘只高于长城地基3~5英尺。长城两侧沙丘的分布状况一致，表明长城的方向（像前段一样），与最猛烈的盛行风一致。事实上，如果不是沿此方向建筑，长城在强风侵蚀下不可能在这完全暴露的平坦的不毛之地保存下来。

这段长城的中部相当坚固。除顺墙体水平垒砌的护坡不见外，墙的两面几乎没有受到侵蚀。另一方面，独特的建筑方法也很容易看出来。由红柳枝和芦苇混合的厚约6英寸的植物层，和由当地沙土混合的粗土层交替上筑成墙。树枝层和沙土层各八层，高7英尺多。我注意到，每个植物层都以红柳枝条为主，但在顶部芦苇很多。这说明它们是特意夹入的，以便给上一层沙土层铺出更平坦的平面。总的来看，墙体很规整，表明它是用版筑的方法有条不紊地连续往上夯筑，这种方法在中国及中亚其他干燥地区一直沿用着。对建筑而言，水在任何情况下都必不可少，而且可能是取自最近的潟湖或党河支流。

墙顶部的实际厚度是6.5英尺多，底部显然要比顶部厚约1英尺，考虑到顶部因受风蚀而变窄，1英尺的差别应在合理范围之内。由于墙的两面事实上是垂直的，墙体上的厚度当初很可能是一样的。当初的高度也可能更高，因为像我随后要提到的那样，我发现在长城西边的T.XII处，墙高依然高于10英尺。对于这道建筑奇特的墙而言，盐碱到处都是（土壤里、沼泽水里以及沙漠植被里），并已形成了半石化的稳定性；墙体本身以及所有材料与大量的盐霜证明了盐碱的存在。但是，当我把芦苇和红柳枝从墙里抽出来时，它们仍保持着原有的自然弹性。

这些材料的韧性并不高，这主要是因为墙在这个沙漠地区已经长期经受了各种人力或自然力对它缓慢却从未停止过的侵袭。当我看着我对面的一段墙体，即使再压上一门现代野战炮，对它也可能没有多大影响时，我不仅对古代中国工程师修建这段长城的技术深感钦佩，而且也对他们修筑临时堡垒的技术深感钦佩。在随后继续向西的考察以及我1914年东行很远去寻找长城的考察，再次强化了我对他们功绩的敬佩。在一片长达100多英里、没有任何资源，而且大多数地方甚至连水都没有的大沙漠里，建造一条如此坚固的长城是何等艰巨的任务。仅就招募和管理筑长城的劳力而言，就需要很强的组织能力。对于从外地寻求建筑材料而言，计划的重要性是显而易见的。它说明了指导这些计划的人的技术才能和适应性，因为新夺取的地方必须赶紧修墙来保卫，而且他们对材料和建筑方法的选择又必须适应当地条件，还要使工程能够长期可靠。我非常怀疑那时甚至现在，还有其他什么人能够建造一项在持续不断的外力侵蚀环境下能够存在2 000多年的工程。

虽然地势足够开阔，但我沿着沙丘继续前进的1.5英里的路途上，没有见到长城的遗迹，也没有见到其他烽燧。我只能得出这样的结论：在这一地段上，由于持续侵蚀，这类工程完全消失。当我1914年从南边条件更好一些的地方又回到这里考察时，我很难找到长城的遗迹，这使我坚定了我的这个想法。在我上次考察过程中，由于我们的牲口需要饮水、喂饲料，我只好中断考察，转向北边的河流。穿过一片光秃秃的沙砾带，经过7英里的行程，我们来到一条仍有几棵野白杨的干河床，一个竖着死红柳丛的地区。在这里见到了从安西来的马车道，最后来到了一处围绕深深切下的疏勒河床的河边丛林带。根据我所能测出的结果，当时河水流量如果不是更大的话，那也至少是4 000立方英尺／秒。但是西边视力所及的宽阔的沼泽带范围内，河水不可能用于灌溉。

　　昨天晚上，风逐渐加大，变成了刺骨的寒风，此时正由西向东肆虐着，而且在随后对东段长城进行调查的几天里，阴暗的天气一直没有什么变化。至于安西镇，我无论如何日后一定要去访问。因此，我决定先回敦煌，花些时间对西部做些调查。这次对东北部的调查的主要目的已经达到了。调查证明古代长城事实上一直延伸到敦煌以东，与我第一次估计的一样。此外，我还获得了确定无疑的证据，即纪年文书说明长城最早是在公元1世纪建造的。在返回敦煌的3天时间里，在刺骨的强风和流沙之间，我先是沿长城前进，随后路过烽燧T.XXX和石枣。这段经历在我的"旅行笔记"中有详细记录，此不赘述。这段经历使我充分认识了那些曾经驻守这沙漠边关的人的生活。4月3日，我又回到了以前的宿营地。

第三章

南湖绿洲与阳关

第一节　敦煌与南湖之间的遗址

我面临的任务使我1907年4月4日只在敦煌停留了一天。如果不是兰州总督向甘肃最西部各地的行政长官介绍我和我的研究组，敦促我在敦煌的官方朋友努力帮助我，克服当地办事效率低的困难，那么一天的停留时间显然不足以为我到西部沙漠进行考察做好各方面的准备。同时，我发现的早到汉代的文书的纯学术价值，引起了有学问的敦煌县长汪大老爷的兴趣。由于他的及时支持（用高额报酬刺激），我筹集了够用一个月的给养、12名壮劳力、用于交通的骆驼，以及大量坎土曼。这些坎土曼是能从敦煌回民那里得来的极佳的挖掘工具。

我计划走的道路，沿着南山山前丘陵把我引向西南一片小绿洲。根据相关信息，我知道那里有遗址。从南湖向正北前进，我将遇上西段长城的中部地段，并考察途中的地貌。4月5日的第一段行程很短，而且也留出时间对党河以西约1英里、现敦煌镇对面"旧城"的夯土城墙进行了快速考察。据说这里是唐代沙州治所，但是现在已完全废为农田和果园。我没能发现任何能判定此城何时被废弃的可靠证据，但据说原因是其位置不利于防洪。很可能在当地发生叛乱以前很长时间都没有人在此活动过，城内地面上不见任何建筑遗存就是明证。显然，在这种沼泽环境中，类似遗存不可能在地下保存下来。城墙呈规则长方形，南北长1 485码，东西宽650码，一些地方已完全倒塌。它们完全由坚实的夯土筑成，每层夯土厚约4英寸。东南角保存较好，现高约20英尺。从那里到河床西岸仅约150码。南面的一个城门和西面的两个城门仍依稀可见。西北角的一座碉楼现仍有约40英尺高。与现在边长约1 000码的城镇相比，旧城的面积要略小一些。

道路在那里拐向西南，经过几座保存完好的大寺庙后，走了3英里多一点，我来到了现在的农耕区边上。这里有一座据说是当地发生叛乱前的镇藩县（今民勤县——译者）的城址，让人又想起上次当地发生叛乱带来的灾难。从这里起，道路沿着一条现已完全干涸的早期河床的岸边延伸。东边与之平行的地方，横亘着一片风蚀黏土台地，它们表明古代这里曾是一块富饶之地。路的西边，农耕地现在甚至向南延伸得更远，并接受敦煌县以南约30英里处的党河水的灌溉。从镇藩县出发6英里后，路边的现代瞭望塔及其附近半废弃的营房（图34）引起了我的兴趣，它可以说明古代长城沿线瞭望站当时的景象。

　　往西越过一处光秃秃的沙砾塞，我被散布在平地上的墙的遗址所吸引。跨过水道向它们靠近时，我很快注意到它们千篇一律地位于以低矮沙丘为标志的大型长方形围墙的入口旁。我在两处围墙里进行了近距离调查，发现这些侧墙长5~10码，现存高18~20英尺，厚8英尺。墙用土坯砌成，从其外形看显然是古代的土坯。侧墙外的围墙前（通常面向南方，以及其他方向），只有低

图34　敦煌西南道路边的现代瞭望塔和营房

矮的沙砾山脊。在落日余晖下，它们可以看得很清楚。

沿着这些"墙"，我没有发现任何土坯建筑遗迹，甚至也没见到熟悉的成捆的树枝条。其中的一圈四方形围墙长75码、宽70码，围墙大致呈东西向。围墙内都发现了几座低矮的古墓，最大的一座一般都朝向南面的入口，其他的则大致成排散布在各处。一处围墙里，坟丘直径21~45英尺，高5~6英尺。另一处围墙里，坟丘也大致呈圆形，高约8英尺。

和我们同行的当地人对这种遗存的性质熟视无睹。但是，它们是古代墓葬区的想法立即进入我和蒋师爷的脑海。然而当时我们两人都不知道与此密切相关的习惯（无论是古代的还是现代的），故无法来支持这个猜想。只有到1915年我对喀拉霍加及吐鲁番地区的古代墓地进行调查后，才得到了支持这个猜想的确凿证据。我在那里发现了大批唐代古墓，它们都在与此处塞的地表相同的冲积扇硬黏土里挖出墓穴。它们的位置也可由沙砾筑的四方形坟院和院内的圆形低矮土丘来确定，只是入口处不见侧墙。根据随后在库鲁克塔格山西麓营盘附近一处小得多的墓地的考察，我倾向于认为这种可能以家族为单位安排墓地的习俗，可以上溯到更早的历史时期。

对于这个问题，像与我在甘肃的考察相关的其他古迹的特点一样，称职的汉学家很可能从历史文献中找到答案。我当时对敦煌附近及随后对南湖附近的遗址进行调查时所遇到的问题是：即使这些土墩代表着墓地，我也不能得到敦煌人，尤其是那些对坟墓怀有迷信恐惧心理的人的帮助；不能指望他们对外国"野蛮人"敞开心扉，甚至容忍我们的提问；任何这种企图，如果不是更糟的话，都会引起当地人对我们的恶意。而这很可能严重影响我在这沙漠里及其他地方本该是引人入胜、收获甚丰的考古学调查。因此，我对这些墓地保持谨慎的沉默，甚至蒋师爷建议我这么做都不感到后悔。但是，我愿意想办法使这些古墓能引起未来的考古学家的注意。到那时也许"现代进程"使人们不再坚守对死者藏身之地的传统敬畏，甚至甘肃这种保守落后的虔诚习俗也不复存在。所以只有留待将来系统彻底地做这项研究工作，而不致使更多的墓地被似乎正在东边进行开发的贪婪行为所破坏。

　　当晚我们在党河支流岸边的砾岩悬崖附近宿营，那里离敦煌绿洲西部主要水渠从党河左岸分流处约3英里。行进约30英里后，直到夜幕降临，我于4月6日来到了南湖。这段路的前半段一直紧挨着一处沙砾覆盖的台地南面的边缘，这块台地从80~100英尺的高度几乎垂直下降，直达党河的深切河床。这块台地似乎像是一处从其外崖的边上向北延伸的缓坡的巨型黄土堆积。悬崖南面之上是光秃的南山山前丘陵，而敦煌的南面也与此类似，到处是那些难以逾越的流动沙丘。这种情况则说明敦煌何以别名为沙州，即沙漠里的城市。考虑到这些险峻的沙覆坡事实上不可能越过，而且根据罗博罗夫斯基的调查判断，从党河急剧向东南拐入山中的那个地方，没有道路能接近党河的深切峡谷。这种态势使人很容易理解，敦煌何以能有效地防御来自南部高台地的游牧民族的侵扰。在河流的这条支流附近及其大拐弯处附近，都有半废弃的瞭望塔建在左岸悬崖上，俯视深切的河床。但是它们都不是古代样式，我路过施无佛时见到的两座小型砖砌舍利塔也一样，它们都粉刷得很好，而且显然还接受过路人的朝拜。

继续向西南延伸约2英里后，道路经过前面提到的拐弯处附近地区，当时我们正沿着缓慢向南抬升的、光秃山脊的最后一段支脉前进，而这正是我第一次提到的沙砾和石块堤岸。堤岸仅高出光秃的塞四五英尺，如果不是它紧挨着道路沿直线一直延伸5英里，就容易被看作是自然隆起。虽然不那么明显，但我从道路第一次接近它的那点上，可以看到它像平板仪显示的那样，沿着相反的方向可能一直延伸到党河急拐弯处的峡谷。堤岸很宽，它的底部宽约24英尺，而且由于它的顶部很坚硬，所以它曾经有可能用作车道。沿线我没能发现瞭望塔或其他任何建筑遗迹。由于它的南北两面除纯沙砾沙漠外没有其他任何东西，似乎难以相信它曾用于防御目的。但是，我不得不指出，这条堤岸线像地图所显示的那样，形成了一道直接通往由党河这条巨大的天然防线护卫的南湖绿洲的连线。

当这条令人迷惑不解的隆起一直延伸到远处依稀可见的一座烽燧附近，道路最后在那里向西南分岔。就在南湖目前的农耕区周围的植被带边缘约1.5英里处，我的视线被竖立在这平坦开阔的沙砾地面上许多低矮的石块堆积所吸引。它们的大小相差很大，但都是圆形。这些堆积或有一条石块堆积从里向外呈直角伸出，

图 35 南湖东北面古墓地中带茔圈的坟墓

像是把手一样；或前面有一小片由大石子堆成的堆积。这些圆形石冢没有一处高出地面三四英尺的。但是在斜阳下，可以看见地面上有十余处这样的堆积，而且每处奇异的堆积无疑代表着一处古代墓地。在黄昏的余晖中，我发现道路附近的植被带边上，有一处由低矮沙脊围成的四边形遗址，它还带有一段土坯砌的入口。这个遗址与我前一天在敦煌绿洲西南端考察过的遗址类似。我不能肯定它是代表着中国人的遗迹，还是一个文明程度较低的民族的遗存。在遗址里面，我发现了两处比我刚刚路过的石冢大些但形式完全相同的圆形古坟（图 35 是其中之一）。我不再怀疑，古坟和坟院属于同一个民族，而且可能属于同一时期。

第二节　南湖绿洲及其目前的资源

由于盛产上好的木材、清澈的泉水以及远离尘嚣的乡村轻松气氛，只有一些小村落、约30户中国居民的南湖是一个出乎我意料的舒适小绿洲。在我的"旅行笔记"中，我简要记述了大自然为这里的现代居民留下的自然环境和舒适的生活条件，这里有充足的耕地和灌溉资源。这种变化虽然是令人高兴的，但是让我把在这里停留时间延长到4天的，不是南湖令人心醉的乡土环境，而是激发我考古调查兴趣的机遇。不过，在评述我的调查成果之前，我还是乐意简单介绍一下决定当前特点，以及"长城里的中国"极西地区这个农耕定居聚落，曾经占有的重要地位的地形特征。

像邻近的东、南地区由熟悉的"台地"型堆积证明早期就有人类活动一样，南湖的大部分农耕区，都位于前往罗布的"山路"附近的山脉余脉最外边的小型盆地里。如果加上目前所能见到的地下水，或偶发性地面泛滥的迹象，以及所容纳的可耕地或灌木丛，盆地的范围为东南—西北长约10英里，最宽处约5英里。它的东界是从敦煌来的道路经过的沙覆台地，西面和南面是低矮山脊和沙丘覆盖的斜坡带。盆地的西北面，是南湖水系冲积扇逐渐变宽的黏土质草原。这里现在已经没有水，然而在至少9英里甚至更远的范围内仍能见到人类近代活动的大量痕迹，而且再往前一些，只要有水还可以立即耕种。这整个延伸的盆地，是由于一条深切的泛滥河床，从高山上直接下冲至党河流域西部携带的泥沙堆积而成的。由于它可能与于田和罗布之间的昆仑山北坡相遇，罗博罗夫斯基在调查中发现，这条泛滥河床或说断裂带向北延伸相当远，而且他已在地图上标得很清楚。

无论是古代还是现代，南湖绿洲的存在完全是由于这个水系保证了这里的水源。现在它主要以暗河形式出现，塔里木盆地的人们通常称之为泉，亦即喀拉苏（黑水）。尽管这些地区的中国人态度神秘，但如果我从南湖居民那里得到的有关邻近地区的信息可信，那么除了由泉提供水源的水渠，地表水只是在特殊情况下由于夏季山洪暴发才偶尔能到达南湖。洪水据说只在某几年的七八月份才出现过，并且流到在低矮沙丘和红柳丛中沿南湖盆地东端延伸的河床里，而其他时间里这条河床总是干涸的。从地图上可以看到，这条河床被来自敦煌的道路从沙丘的西端，即离下面要讲到的台地地区的最东端不远处穿过。这样的洪水从来不用于灌溉，而且我意识到了由我即将提到的现象所带来的破坏作用。

当前，甚至可能很久以来，灌溉都完全依赖于长年不断地由地下水系提供水源的泉水。从这个角度以及其他自然条件来看，南湖代表了我在策勒与于田之间的昆仑山斜坡脚下发现的诸如达玛沟、固拉哈和阿其玛之类的小绿洲的一个典型。我现在有机会回过头来描述这个地理上相近的地区。地图显示，农耕地的主要部分东西长约2英里，中部宽1英里多，它的灌溉水引自离它的东界约0.75英里处的一座水源丰富且清澈的泉湖水库。这座长1 000多码、最宽处约160码的水库是人工修建的，是在与和田的山崖及塔里木盆地西部其他绿洲完全相对的深切峡谷的最上部筑坝而成。

峡谷逐渐变宽，通过这片小绿洲之后，又加深至七八十英尺。它显然是被沿此线的洪水从松软的冲积黄土中侵蚀而成，而这条线可由一连串向东延伸约0.5英里的泉看出来。经过和田绿洲及其以东地区的"崖"里，经常见到与此完全对应的作用过程，更多的泉集中在由此而形成的峡谷里。由于有了刚刚提到的湖库里的水，以及另一座坝拦截的上部泉水，利用它们就可以灌溉两边的土地，否则它们就将白白流向"崖"里。一条起自上面水库、流经深深切入黄土的小渠，流量约11立方英尺／秒，灌溉了峡谷东边的农耕区。另一条水源来自下面一个湖的水渠，流量约19立方英尺／秒，灌溉着西边的耕地。我发现峡谷顶部足有147码高，而高于底部约35英尺处的宽度为25码多。这条坝据说是我来之前30年修建的，而我发现半淹在湖水中的榆树仍然活着，似乎在一定程度上支持了这个说法。它可能是在叛乱分子侵扰这片绿洲之后，在被忽视的一个古老拦河坝上加高的。

不过，前面提到的水渠的流量可能并没有包含所有可用的水源。因为我发现从湖边流出并吸收了峡谷底部一些泉水的水流并未派上用场，它们汇成了一条流量逾11立方英尺／秒的小溪。通过加高坝使湖面接近湖岸，并使目前的水面高出约25英尺，以使这富余的水用于灌溉，从而使大量目前抛荒的肥沃土地得到灌溉。但是，如果不作细致的水平测量，并对当地灌溉条件等进行长期系统考察，就无法确定目前没用上的水能否引到这座废城附近岩屑覆盖的台地地区，以及这些水中能有多少以这种方式用于灌溉。我们甚至不能十分有把握地认为，这一地区早期灌溉和现在完全一样，即依赖于筑坝人工积聚泉水。现在既没有遗迹，也没有当地传说来证明这个人工湖年代的久远。而这片绿洲目前被称作"南湖"，这一事实直接表明它可能是现代的。

从湖里流出的水量，由于得到峡谷底部沼泽地中泉水的补充而得以加大。而这条水渠也就成了经过位于绿洲主体北部的、两道低矮砂岩山脊之间的岩石峡谷的通道。这道峡谷被切开这一事实，足以证明水流曾经在这里对它形成了极大的侵蚀作用。在离峡谷北端约2英里处，我发现南湖崖的水渠仍在灌溉一个叫水伊的已半废弃的小村，下面我将专门提到水伊村。4月12日我对这条水渠水伊以下1.5英里进行了调查，发现其流量仍超过20立方英尺／秒。这一重要证据表明，一旦有水源，南湖盆地北部以北那些现已荒芜的土地仍可重新耕作。

在回到讨论能说明古代农耕区更大范围的遗址以前，我先谈谈两块农耕区以外的小地区，以结束我对现代自然资源的说明。一个是湖库以南0.5英里仍有人居住的小村庄。它的水源来自东边0.25英里处的一个长满芦苇的低矮台地脚下的几眼泉。我发现流沙侵占了三四处似乎是曾经人口密集而今已半荒废的农场。小村西面一处相当大的台地地区，随后被勘察员拉姆·辛格1907年10月路过南湖时发现。它的水源可能来自其西南较远处即我们发现的几眼现已不再用于灌溉的泉水。

另一个位于水伊以东约2英里的小村，只是最近一些年才处于居住区之外。但是，它值得一提，因为它的命运说明，对于像南湖绿洲这样远离干旱化及人口流失等其他威胁的地区来说，季节性的大洪灾的破坏性有多大。前面提到，位于这片绿洲所在的盆地东部边缘，距目前的敦煌路以北不远的干河床深深切入松软的冲积土壤中，形成一条沟壑似的断崖。逐渐深陷的崖谷底部的泉水汇成小溪，它们可能由于筑坝而用于灌溉南湖盆地里主要农耕区以北约3公里处的小聚居区，那里直到我到来之前40年仍有人居住。但是一次据说发生于1893年的大洪灾冲毁了灌溉渠和房屋，土地被粗沙掩埋。访问这里时，我还能清楚地看到，这次大灾难在毁坏这三四处曾经耕作过的农场的威力。所有在洪灾中幸存下来的树要么已经死了，要么正在死亡，而且正在逐步被砍伐。灌溉渠也已成为陡峭狭窄的断崖，其底部已低于古代的平面约20英尺。水渠本身携带约20立方英尺／秒的流量，曾经灌溉这些荒芜的现代聚落，随后到达距水伊西北6~9英里的地方。

在对南湖绿洲的自然景观作了一番简要介绍之后，我要对影响目前农耕条件的因素作一笼统评述。这个评述必然是简略的，因为我考察的时间有限，而且难以得到很多当地正确的信息。尽管在绿洲的主要部分，房屋很大也很舒适，而且它们散布在上好的榆木林和腧木林中，周围有精耕细作的农田，整齐的灌溉渠旁树木成荫，这一切都给人留下美好的印象。但是，叛乱分子入侵后，人口减少的迹象随处可见。根据我得到的信息，1866年毁灭性的灾难第一次横扫南湖，据说很少能有男丁、妇女、儿童得以逃脱。帝国权威重新确立之后迁来的人，因人口减少而带来的影响十分明显，无论是在耕地方面还是在可用水源方面，都显得"富余"。

但是，这里的条件并不总是很舒适。虽然大多数农民表面上轻松自在，但他们似乎还是在忍受饥饿。因为他们不能确保灌溉水源得到充分利用，也不能保证有足够的劳力，以应付突发性洪灾所带来的危险局面。南湖地区的生产完全依赖于巨大沙砾山脉脚下的泉水，而且水面高度经常发生大幅度起落，这使我奇怪地回想起对达玛沟绿洲的调查。在达玛沟，我曾根据遗址情况及当地的传说，对农耕区的位置及面积反复变化的原因作了调查。我们需要对南面那片草木不生的沙砾山坡进行细致的调查，才能确定南湖水源即喀拉苏的改道在多大程度上受它（即山坡）的影响。这可能与达玛沟地区河床改道的情况相似，我们还可以用突厥语的"塞"一词来说明河床改道的情况。

影响南湖的水源，进而影响其耕作的独特自然条件，使我们难于确定由即将提到的古代遗址所反映出的聚落规模的大幅度缩小，在多大程度上取决于哪些主要因素。其中土地的干燥化是我们考虑到的因素之一，此外还有在多大程度上取决于人的因素，即人口及当地历史相关的环境。现在我只能记下两个初步的结论：一方面，我觉得可以肯定，目前把所有水汇集起来达到超过80立方英尺／秒的流量，可以满足比现在30个临时住所里的劳力所耕作的要大得多的耕作面积；另一方面，我又倾向于怀疑，由它们自身提供的农业资源，是否足以说明古代台地遗存所显示的就是这么大的地区。答案可以从历史与地理环境中找到，而这也可以反映早期南湖在战略上的重要性。

第三节　南湖的古代遗址

南湖盆地留存下来的唯一明显的遗址，是一座当地人称之为南湖城的有城墙的小镇。残墙呈不规则的长方形（图36）。南湖城位于目前的南湖绿洲以东约1英里处，那里的地面上长满了灌木丛，而以前显然是一片农耕区。长约400码的北墙有相当一部分保存了下来，虽然它半掩在高耸的沙丘下，但这恰恰有助于它的保存（图37、38）。稍短些的东墙（图38右侧）和西墙虽然被风蚀所破坏，但仍有一些地段保存了相当的高度。由于附近流沙的摩擦作用，风蚀过程充分地展现了它的威力。南面则非常奇怪，墙体已完全不复存在，虽然它的位置可以清楚地由它下面的土墩看得很清楚。不过，城墙经过了仔细的夯筑，非常坚固，每个夯土

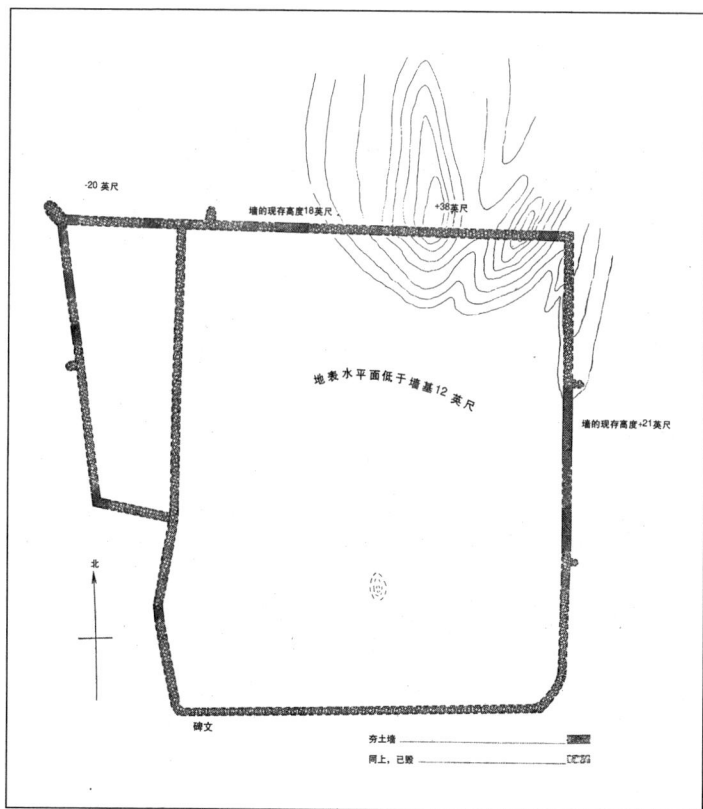

图 36 南湖古城平面图

图 37　南湖古城城墙局部被沙丘掩埋，自城内向东北角望

图 38　南湖古城西北角附近的内墙遗迹，自内向外望

层厚5~5.5英寸，看上去像是早期形态。南湖城的墙基处厚14~20英尺，部分地段至今仍高达18~21英尺。墙体筑在似乎高出城内地面约12英尺的宽阔的黏土带上。但是，正像从图37、38所见到的那样，因为整个城墙里面覆盖长有稀疏灌木的流沙，无法确定地面的原始平面及黏土带的真实高度。在城内西北角有一圈侵蚀严重的内墙（图38左侧），形成一个独立的小围圈。由于侵蚀作用以及墙与墙之间流沙的存在，城门的位置再也无法确定。

南湖城里除了一些流沙覆盖的低矮土墩，不见可以辨认的遗迹。由于从附近的村里能找来额外的民工，我请他们在台地上挖出一些深约5英尺的探沟，这些民工似乎已挖到了生土。但是这里只发现一些非常坚硬的深灰色烧砖碎块，以及两块完整的烧砖，只不过它们是用粗些的沙土作坯，呈黄色。这些砖与长城线上烽燧盛行的土坯规格一样。与一些较大的砖片一样，它们散乱地分布在离土墩顶部不远的地里，似乎是从由它们建成的某个建筑物上挖出来的。像其他有教养而且对古物有兴趣的中国人一样，蒋师爷总是对古代事物有着浓厚的兴趣，他认为这些烧砖是古代的。

但是，拉姆·辛格沿着暴露在外的城墙仔细搜寻，在东面除了发现两件可能是唐代钱币的碎片，还发现一些汉五铢残片，以及属于同一时期的无铭剪轮钱残片。我因此更加肯定它们的年代相当古老。它们都发现于地表以下几英寸的地方。我在南湖城外离北墙和东墙很近的风蚀土中发现的钱币，又为这个判断提供了类似的证据。这些发现包括8枚五铢和3枚无铭钱币的残片，它们可能属于公元4—5世纪的遗物。由于大量流沙的覆盖，城墙里只发现很少有特色的各种小件物品。但在所发现的陶片中，有一片饰有席纹的烟灰陶片，而这种陶片是长城沿线汉代流行的典型的粗陶。还有一件从侧面及边缘来看是浅碗残片，它是烧制十分坚硬的灰陶，霍布森先生认为是汉代的。但是，土墩表面发现的一件小瓷片使我们相信，这座废弃的小镇直到很晚期还有人来过，而且事实上现在仍有人来过。

小镇的北面和东北面，一片风蚀地面向远处延伸。这里的地面具有和田及其他地方台地常见的所有典型特征。它从东至西延伸足有2英里长，而其宽度则为约1英里。部分地表被分立的半月形沙丘占据，这些沙丘起先在东边较小，离小镇越近就越高。毫无疑问，城墙的阻挡作用是造成沙丘逐渐增高，直到约30英尺的原因。所有沙丘之间草木不生的黏土地上，有许多如陶片、石块、玻璃、金属片等坚固物品堆成的小堆积。凡是不见沙丘的地方，这种堆积分布状况完全一致，这足以说明古镇附近曾长期有人居住。南湖人把这整个遗址确切地称作"古董摊"，即寻找古物的地方。无疑，过去的多少代人以来，他们一直在他们熟悉的台地像和田"寻宝匠"一样热衷于寻找古物，特别是大沙暴之后更是如此。

我和助手反复来此地考察，并在这里发现了相当多的标本，我将在下面的表中对它们进行描述。在这些标本中，我要特别提到那些盛行的常常饰有"席纹"的深灰陶片、釉陶片和陶器，霍布森先生认为它们属于唐代或宋代。此外，还有我们在尼雅遗址和敦煌长城常见的那种青铜镞等。特别有意思的是，在这么丰富的陶片堆积中，我们没有发现一块瓷片。我认为这是一个重要迹象，表明此城在公元10世纪后的宋代瓷器盛行以前就已荒废。根据城外的发现判断，我们前面提到的城里地面上发现的那唯一一件瓷片，只能认定是后来的人遗弃在那里。

在同一块地上发现的钱币所见的年代学证据，与台地上发现的小件遗物中所见的年代学证据相当吻合。蒋师爷主要在小城东面仔细寻找过程中，所发现的能够辨认的钱币只有一枚属于1038—1040年的北宋钱币，9枚属于唐开元年间，而不少于11枚属于唐以前。最后还要指出，除了3枚王莽时期（公元14—19年间）的钱币和3枚五铢钱，还包括一枚我在其他地方从未采集到的属于公元前2世纪的半两钱。

在根据中国古代文献对南湖旧城的记载以及考古发现作出判断之前，我还是先提一下在遗址上及其附近的一些发现为好。在古董摊台地上向东北前进0.75英里后，我们到达了一处明显是一座古代烽燧之所在的土墩。它的底部约20英尺见方，目前仍高达约20英尺，烽燧夯筑，夯层厚2~2.5英寸。南湖人为它取了一个很有特色的名称，而且据说它的旁边就是通往敦煌的古道，道路从这里穿过前面提到的干涸河床，直抵塞上的古代台地西端。据说这条道路直到1893年大洪灾之前一直在使用，那次洪灾把干河床冲刷成深深的崖，马车再也过不去了。事实上，我也发现河床已在土壤中被切至深约50英尺，而且两岸十分陡峭，这明显表明它是近期才形成的。在观察它的断面时，我发现红色冲积土层、沙层、细沙砾层交替堆积，而且界线分明，清楚地显示在地质时期，湿润期和干燥期交替作用，影响着这个冲积扇的形成。

在沙地上继续向东北穿行约1英里（在那段路上，红柳和芦苇隐藏了更多的台地遗址，而且在一些地方还能见到古代车道路线的蛛丝马迹），我来到了河边台地的边缘地带。在沙砾高地边缘一个显眼的地方，竖立着我初到南湖时即已提到的一座废弃的烽燧。它的主体建筑由三四英寸厚的坚实夯层夯筑而成，明显地显示其年代久远，同时也可以见到相当晚近的不断用小型土坯修补的迹象。它的底部36英尺4英寸见方，高22英尺。我的"向导"，一位相对来说不像其他人神秘的南湖一个村的老年人称，这座烽燧直到我来前70年仍是护卫道路的瞭望站。我在烽燧东北不远处发现的一座小型圆顶建筑以及一大片堆积物，似乎证实了他的说法。那条古代隆起带（从党河大拐弯处起，这条道路一直沿着它延伸），显然到烽燧就不再向前延伸。这个现象，再加上前面已考察过的穿过台地向小镇前进，并在1893年前一直用作通往敦煌的道路，使我似乎可以确定，早期以来这条隆起带与从敦煌过来的道路的走向有着密切的关系。

这个观点值得让我们对隆起带的起因和性质予以特别关注。根据我与知情者交谈时了解到的当地说法，在经常发生横扫沙漠的猛烈沙暴的春夏季节，旅行者来往于党河河岸，穿越这片光秃秃的沙砾高地时，这条隆起带就可以用作指路标志。有时，这道隆起带还可用作抵御从东北或北面刮过来的暴风的挡风墙。这也可以解释南湖人把它称作"风墙"的用意了。我无法肯定这个名称是否古老，也不能肯定我所听到的解释是否源于某种传说。如果这种说法是对的，那么它就可以作为考古学上似乎可以接受的解释这道奇怪的隆起带的一个说法。当地行政当局在和田东西两侧，都在这条"要道"上竖立一排排相距很近的标志杆，就足以证明旅行者需要路标，以防在疯狂的沙暴来临时偏离道路，迷失在无水的沙漠里。我在塔里木盆地里的沙漠之路上不止一次的旅行经历，使我对此深有体会。

这里还应该提到对这道横跨沙漠的隆起带的另一种可能的解释。就像我们很快将要看到的，南湖的位置很可能就是汉代的阳关。最西边的长城与南湖的联系，可由西南方向从烽燧 T.XIV 即古代玉门关，到南湖早期农耕区边缘的另一条有迹可循的长城来证明。因此，这个问题本身必然提醒我们，是否不必去研究那条用来保卫阳关免受身后敌人袭击的防御线的遗存。人们不能完全否认这种保护措施的作用，因为在前文讨论汉代从敦煌到鄯善即罗布的"南路"时，我曾指出这条与现在敦煌和罗布之间的"山路"相对应的道路，在昆仑山中婼羌部落控制的领地附近经过。与敦煌南路的其他游牧部落如小月氏一样，他们一直是一个潜在的威胁源。这样一个假设似乎并非不可能：这道隆起带可能是一道已完全毁坏的长城的遗迹，李特戴尔先生就是这样想的。

不过，也有一些有分量的证据反对这种观点。我想最重要的一条就是，这些暂且存疑的遗址与长城最西边这一段上的任何其他遗存完全不同。我对这道隆起带反复进行考察，也没能发现敦煌地区其他地段的长城里极有特色的树枝层的踪迹；而这树枝层的原料红柳枝和芦苇在南湖盆地和党河谷地随处可见。此外，除了西端有一座烽燧，整条隆起带上并未见到过其他任何烽燧遗址，这也是一个非常重要的现象。我还需要进一步指出，如果这道隆起带是用来防止通往敦煌的道路遭受来自南面的进攻，那么我们就很有理由相信它始于那个早至汉代的废弃的城堡，而不是离它有相当距离的北面。同样的考察中我还发现一个更有力的证据，即与此线有关的坟区位于南湖边缘的南面。如果这道隆起带用于防御目的，我认为中国守军的墓地安排在它的南面（因而也就在长城外即关外头）的可能性不大。

把所有这些现象联系起来考虑，我发现当地的说法更易于接受（它毕竟有当地传说为证），这道宽阔的沙砾隆起带不是用于防御，而是一道路标。无论如何，在沙漠中建造这样一道近12英里长的隆起带，是一项浩大的工程。我们似乎可以有把握地假设，这项工程可能从未进行。除非在南湖绿洲及其人口都比现在要多得多的某个时期，甚至仅仅因为那里的聚落，即古代边防站阳关具有特殊的重要性。

在阐述我之所以认为南湖就是阳关之前，我想扼要地对我第一次去南湖的路上考察过的那片墓地作进一步的说明。除了考察散布在一条低矮把手状沙脊附近，高出地面仅几英尺的小型圆形土墩外，我还考察了前面提到过的四边形坟院。坟院的北墙附近有两座古墓并列，它们的"把手"朝正南指向入口处。不过，作为坟院墙的沙砾隆起太矮，太阳直射的时候几乎看不清。西边那座墓的四周隆起约3英尺，中部稍微下陷（图35）。整个墓的直径约25英尺。构成南向"把手"的低矮沙脊长约75英尺，最宽处约2英尺。圆形墓的北面中央，有一个小型的圆形石块堆积在红土上。这里的红色土与下面要谈到的入口处土坯的原材料相近。对这座低矮古坟进行的直达沙砾和硬黏土生土的发掘，未能发现任何遗迹。我现在后悔没有对"把手"部分进行同样的发掘，因为根据我后来在吐鲁番发掘唐墓的经验，在这个地方挖至生土下，是有可能发现一具或多具尸体的。

南边的"门"由两段残墙组成，它们厚约5英尺，由粗沙土坯砌成。我当时认为，这些土坯可能是由取自附近的干涸河床里的冲积土，或者挖坟坑时挖出的土制成。入口处西面的墙破损很严重，但东面的墙仍高达约14英尺。它长约5.5英尺，并继续向东延长约3.5英尺，但厚度减小了。该墙的北面和南面附近是台地似的窄平台。我已经说明我无法对这些墓地进行发掘的理由，而不做实际发掘就无法断定它们的年代。不过，把它们的外表特征与我1914年在吐鲁番地区考察的墓地相比较，我倾向于相信南湖附近的这些墓葬不会晚于唐代。

第四节　阳关的位置

在南湖实地考察了这些古代遗址之后，我们还要考虑《汉书》中不断与更著名的玉门关相提并论的敦煌西部边防站阳关，实际上是否就在这里。在一座小寺庙南面与一个为南湖的水渠提供水源的人工湖之间，我发现了一块由敦煌的一位有学问且对古物有兴趣的官员立的石刻。石刻可以帮助确认我的推断。地貌考察、古物调查以及我对敦煌长城的考察，使我当时就认为阳关的位置可能已经清楚了。现在经过对我手上能找到的中国典籍的翻译材料的考证，我对此深信不疑。只要我们充分考虑我沿极西长城段的考察，包括考古调查和文献考证已经确认了玉门关的位置，那么就可以正确地运用《汉书》中那些与玉门密切相关的有关阳关的材料。对于这些结果的讨论必须留到下面的一章里去。因此，对阳关位置的考察，从晚期的中国记载开始可能要更方便些。

这些记载虽然不多，但其中有一条很准确且很有帮助。根据沙畹先生所引的《旧唐书》中的一段，阳关在寿昌县以西6里，而玉门关则在此西北118里。我们从这段文字中还得知，寿昌就是汉代大致位于敦煌西南的龙勒。根据《敦煌录》的记载，我们可以肯定，寿昌就是目前的南湖绿洲。这是一篇关于唐末敦煌地区地理的简短记载，由吉尔斯博士从我在敦煌千佛洞里发现的大量写本中的一篇翻译过来，而且我下文中将不断引用它。我们从这段记载中发现，敦煌河（这里叫作"甘泉"，即现在的党河）被说成是从西南方向经过寿昌县境进入敦煌地区的门户，而只要一看该县的地图，就知道寿昌县应该是现在的南湖。在历史时期，党河河道附近没有其他通道来证明有像这样一个假想中的县的居民区。

寿昌县就在南湖已由吉尔斯博士根据其他中国文献得到了充分的证明："寿昌县，由镇南寿昌湖得名，公元521年建在古代龙勒的废墟上，但是几年后并入鸣沙县［后周（公元557—581年）时期敦煌地区的行政区］。公元619年恢复，后来时建时撤，并在唐末前消失。"这里提到镇南的湖特别有意思，因为这证明，寿昌县应该与废弃的南湖镇在同一位置上。而且，我在这个遗址所收集的考古学证据，与吉尔斯博士前文所引、公元967—983年间编纂的《寰宇志》中所说的"消失"了的寿昌县完全相符。在接受南湖现存的城镇遗址与《旧唐书》中的寿昌县有关系的说法后，我们有理由认为阳关应该就在现在的南湖绿洲西部边缘附近。

如果我们要根据沙畹先生从《旧唐书》引用的那段记载来验证玉门关的位置，那么我们就发现它与地形学及考古学事实完全相符。玉门位于寿昌县西北118里，而地图显示，考古和文献材料已经证明是汉长城上的玉门的烽燧 T.XIV，几乎正好位于南湖镇西北约36英里处（直线距离）。我们将在下文讨论足以使我们确定古代长城上玉门的位置的一些发现。同样，我们将在恰当的地方来解释，我们发现一道长城辅线。它在烽燧 T.XIV 处偏离长城主线，正好沿着以 T.XVIII.a、b 为标志的南湖灌溉区终端方向，穿越沙漠向东南方向延伸。这个发现更加证明阳关在南湖的位置。按照现在我们知道的阳关的位置，我似乎非常肯定，这条长城辅线及其烽燧的目的，在于保卫联络这两个重要"关"——阳关和玉门关之间交通线的安全。

从《汉书》的记载中，我们可以清楚地看到，这两个边防站之间关系密切，而且距离很近。尽管只是对它们本身的记载，而且也没有在遗址上进行考古调查的佐证，这些记载也足以使我们准确地确定它们的位置。在《汉书》中，"玉门"与"阳关"相提并论，被分别视为通往我们已经讨论过的西域的两条道路的起点。正如吉尔斯博士所正确地认定的那样，这两条道路离蒲昌即罗布泊都是约300英里，这意味着两条道路相距不远。同一卷中只记载了这两个"关"在汉武帝公元前121年征服甘肃最西部，并把这片新征服的地区分成包括敦煌在内的四郡（其余三郡为武威、酒泉、张掖，统称河西四郡——译者）之后不久建立的，而没有记载地形情况。但是《汉书》的另一段提供了一条重要资料："龙勒，有阳关、玉门关"，也就是我们前面已经证明的，在南湖地区。

根据我所能得到的翻译资料，《汉书》里并没有说明这两座边防站在这一地区。但如果认真研究我们调查得来的地理学事实，就会发现其中另一段记载清楚地表明，阳关就在目前的南湖绿洲的南部或者南面不远处。从《汉书》卷九十六中我们得知："出阳关，自近者始，曰婼羌……去阳关千八百里，去长安六千三百里；

辟在西南，不当孔道。"我们随后被告知，婼羌山区领域直达鄯善即罗布和且末。据此，这个游牧部落占据了阿尔金山南部的高地牧场，尤其是现在被蒙古人控制的祁曼塔格山大峡谷。同样无疑的是，从敦煌一侧前往他们那里最直接最易行的道路，是目前从敦煌沿阿尔金山北面高坡并且事实上经过南湖的"山道"。这条道路上，历史时期唯一耕种过，而且当地资源能够得以评估的土地就是现在的南湖绿洲。[1]这一事实完全可以说明阳关的位置，就是现在我们根据相关证据得以确定的地方。

从敦煌通往西域的古道上，"玉门"和"阳关"这两个边防站并肩存在的事实，一直是众多学人考察的课题。但是，和其他类似的问题一样，只有充分注意经过考察得来的基本地理学事实，并辅以考古学实地调查，才有可能得出明确的结论。公元前2世纪末，汉朝行政管辖延伸到敦煌以西之后不久，由于这两条通往西域的重要分岔路地势平坦，需要监护，这两个主要边防站即西北面的"玉门"和西南面的"阳关"就显得很有必要。其中更重要的一条前面已经充分讨论过，沿汉代长城最西段行进的古代楼兰道。我们将会看到，这条道路已经由玉门，以及由它控制的小些的烽燧有效地监护着。另一条现在罗布人所称的山道，向西南

1　在"山道"南湖以外的一段索莫托，只有一小块有一两户中国人居住，而且水不足以灌溉更多的农耕区。它的存在只能由从蒙古包里用安南坝的物产换取羊毛的商人路过才能得以解释。

方向沿阿尔金山山坡前进。对于用于护卫它的边防站阳关而言，基于地理上的各种考虑，南湖是一个理想的地点。

　　为汉武帝中亚扩张政策出谋献策的将领，对地形的观察非常敏锐（这可由长城的走向得到证明），他们不可能忽略南湖在战略上的优越性。这条沿阿尔金山光秃的高坡，经过一片缺水又无牧场地区的道路虽然长年都可通过，但是仍然相当难走，几乎和罗布沙漠旁的道路一样难走。为了验证我这个说法，我参考了现代第一位沿此路旅行的欧洲人李特戴尔先生的描述，也参考了公元938—939年从敦煌出发、路经这些沙山抵达罗布即且末出使和田的中国使节留下的记载。对于那些希望沿此路从罗布或柴达木前往敦煌的人来说，南湖是第一个能提供充足的水和牧草的地方。控制了南湖，事实上就有可能防御任何来自阿尔金山方向对敦煌有所企图的部落的侵扰。从最后一处拥有真正牧场的地方安南坝至此地的距离相当遥远，而且其间还有资源匮乏的沙石塞。因此，如果不在南湖为其牲口补充饲料，任何人都不可能从那个方向抵达敦煌。考虑到我们所知道的婼羌及其后裔仲云，中国人通过建关以控制这条道路的重要性就显而易见了。[1]

　　这条道路的南湖段，由目前的绿洲西、南两面的天然障碍得

　　1　公元938—942年中国派往和田的使者的报告中，特别强调了敦煌地区的中国人受仲云部落疯狂侵袭的灾难。当时他们认为仲云是古代月氏即后来的印度—塞西利亚人的后裔。值得注意的是，使者出使的时候，南湖县可能已经不复存在。

到了很好的护卫。在这两个方向上，尤其是在西边，有一片高耸宽阔的沙丘，它们覆盖了沙砾地区上低矮山脊的斜坡。这些沙丘连绵不断，对于索莫托和南湖之间的道路来说显然是障碍，而且事实上马匹也不可能由此继续向北前进。这些高耸沙丘也使勘察员拉姆·辛格1907年从党河终碛盆地前往索莫托的努力失败。因此，南湖是防御西面来犯部落的天然屏障。而由于再往西并无这种屏障，匈奴及其他侵扰的部落，就试图绕过前面提到的沼泽盆地转向长城的西面。我们将会看到，这个地区的防御措施主要由在那个盆地的末端建筑长城来实现。在公元938—939年经过这里的中国使者的报告中，我们发现，南湖西面和西南面的大片沙丘带被特别冠以"阳关沙漠"之名。这个名称的应用特别有意义，因为它是一个相对晚期把阳关与南湖联系起来的当地传说。

现在我只需就我能找到的中国文献中，对这座古代边防站的名称阳关作一简要说明。在《汉书》《后汉书》以及沙畹先生集释的历史文献中，我没能找到这个名称的来源的说明。但是在我前面提到过的由吉尔斯博士翻译的一篇有关敦煌地区的小书《敦煌录》里，我们看到如下奇怪的一个段落：

州西有阳关，即古玉门关，因沙州刺史阳明诏追拒命，奔出此关，后人呼为阳关。接鄯善城，险阻之水草，不通人行。其关后移州东。

考虑到这段话的真实含义，人们就会想起这本小书是在从敦煌西行的道路上这两个边防站建立将近一千年之后写成的，而且它也主要收集有关这个地区的各种有趣的传说，而不是一部可信的历史文献。

对于阳关之名的来源的这个说法，吉尔斯博士自己已经正确地指出这"似乎并不是一个十分可能的出处"。另一部中国文献《图书集成》的编者事实上似乎也相信了一个类似的误导，因为吉尔斯博士从中找到了这个故事的反映。吉尔斯博士从中国文献《通典》中引的一段话对此有另一种说法，使我们对这个当地十分流行的"通俗词源"更加怀疑。这段话是这样说的："玉门在（龙勒）县北，而阳关在玉门南，这就是它为何名为阳（阳光充足且温暖的地方，即南面）。"如果允许非汉学家在此问题上发表意见，我似乎可以认为这是一个充满学术味的语源解释。

我们仍需对《敦煌录》中的两种说法加以考虑：一种认为阳关在敦煌城西，另一种说它"与古代玉门关是一回事"。对于前者而言，由于没有说明距离，我们不可能确定敦煌当地公元9世纪末的传说中的阳关是在南湖还是在离敦煌镇更近的某个地方。无论如何，从那时起，这个昔日的边防站早就失去了它当初的重要性。甚至在初唐时期，帝国西部的边关玉门关建在瓜州北离目前的安西不远处。因此敦煌地区已延伸到关外，即长城以外，玄奘的传记已讲到这个情况。我们发现这个变化在前文所引《敦煌录》中的结论部分也已注意到。

　　我从这个记载中特意单独提出第二个说法似乎表明，在《敦煌录》的写作时期，敦煌当地流行的说法是把阳关看作是玉门关。如果不深入到与玉门所在相邻地点的问题中去，就无法讨论《敦煌录》的这个说法。因此，我将根据我沿最西段长城考察中所得到的考古证据，确定所能找到的玉门关最早的遗址。这里必须指出，从能够证明阳关和玉门关的初始目的及其位置的地理、考古事实的角度出发，我无法相信《敦煌录》的这个说法有特殊的史学价值，而吉尔斯博士则在评论中倾向于这种看法。

第五节　南湖北面的村落遗址

　　4月11日，我离开南湖去重新寻找经过沙漠向北延伸的长城。集合10名补充的劳力（这是这片小绿洲中所能找到的最大数量的闲余劳力）花了很多时间，因此直到中午才出发。在前面提到的那位老村民的引导下，我们离开南湖最后一片田地，来到一处低矮的碎石山脊，它也就是一条从西边延伸过来的南湖"崖"切开的峡谷的高岸。一座底部约23英尺见方，高20英尺，用土坯砌成的烽燧就成了它顶部明显的标志。烽燧上每四五层土坯之间夹入一层红柳枝，表明它的年代相当古老。我们在这里遇上一场猛烈的沙暴，它使我们很难看清前方，甚至无法睁开眼睛。因此在行进了约5英里之后，我们被迫在水伊一座半荒芜的小村里住下。

在我的"旅行笔记"中，我记录了这些沙暴对敦煌西边的沙漠地表的影响。细石子和粗沙粒从地面刮起，掀至空中。但是由于没有大量的细沙吹上天空，也就没有形成塔克拉玛干沙漠或柴达木盆地西部绿洲那种暗无天日的沙尘。因此，透过地上的黄雾，还能看见太阳。

无奈中在水伊三个半荒芜的农庄中的一个农庄停留一个晚上，虽然耽误了时间，但仍由考古学的调查得到了补偿。在第二天的晨曦中，我清楚地看见不仅有单个建筑倒塌后的堆积，而且它们周围还有农田和草地，它们成为一种荒废的明显标志。农田虽然仍在耕作，但已被流沙侵蚀。灌溉不足以抵御低矮沙丘从西面移动过来——虽然是零散的，但这些密集的高耸沙丘仍从西边蔓延过来，把整个南湖洼地割裂得七零八落。流沙已经掩埋村外约300码处为我们提供避难所的成排的树的最下部，引水的浅渠似乎也将要被填塞。在别的地方，我能看到地里长满了荆棘丛，脱粒场周围是矮沙丘，曾经仔细规划过的果园已被流沙沿栅栏堆了数英尺厚。灌溉所需的水沟，看来也被完全弃而不用了。西南方约0.5英里处一排大树表明，那是西园绿洲的延伸部分，据说那里有两块地仍在耕作。它与水伊之间的地区看来直到近期仍在耕作。但是即便从远处也能轻而易举地看到，由于大规模的砍伐，树木已不再有人灌溉了。

原本用大量坚硬木材建得富丽堂皇的房舍已经开始没落，这只需从倾斜到危险地步的墙体、半破的房顶等就可能清楚地看出来。这个主要房屋不远处，一座小寺庙的门上仍保留着油漆。房梁已掉下，房屋里的流沙几乎已使墙上华丽的绘画装饰变得毫无生气。一种毫无希望的破败景象充斥着整个水伊，只需从古物学角度稍加想象，就能浮现出沙漠一旦完全占据之后这里的景象。因此我想丹丹乌里克的村舍或尼雅遗址在废弃前几十年里也应该经过这样一个过程，直至完全荒废。两三千年后的考古学家清理水伊的垃圾堆积时，将会得到有价值的发现。这里的现代中国人仍然保留着把写过字的碎纸片装进特别的容器里再烧毁的习惯——想到我身后多少年的同行们，我也开始有意识地不再烧毁我的废纸！

衰败的迹象极为明显，连这里的村民都无法否认。但是由于他们躲躲闪闪，甚至完全沉默，我无法从他们那里探听到关于破败原因的任何肯定说法。他们并不认为是由于缺水或水源不稳定，但是又含含糊糊地说是难于对付流沙的侵蚀，以及当地发生叛乱造成的灾难。缺乏足够的劳力来保护南湖绿洲伸出来的这部分耕地即便不是主要原因，那似乎也是重要原因。劳力的缺乏（不管有多严重）长期以来一直是这巨大灾难的一个因素，这点可以说是肯定的。因当地发生叛乱导致人口减少的幅度，在这天的考察中得到了很好的证明。这天的调查也证明是一堂很有益的古物课。

我对此几乎没有做任何准备，因为如果不追问，南湖人闭口不谈。那我也就不可能知道这里有条向北穿过沙漠的道路，也不可能在沿路上发现遗址。但是，我们沿着那条把南湖"崖"里的水引向前面提到的水伊耕地的活水渠，又前进约1.5英里后，就发现在它的东岸不远处有一大片散布的房屋群被小沙丘围了起来。沙丘脊部没有高于约8英尺的，但是从那些曾经砍下来用作棚架或农田围栏的树干，以及房屋被拆毁的情况看，这里的居民点无疑已经荒废了。我此前在绿洲里考察的向导，以及现在负责管理民工的老村民蒋襄现在承认，他对上严家、和我们沿北—西北方向再前进约1.5英里之后见到的下严家的村落一清二楚。他肯定地说，这两个村子是同治四年即1865年叛乱分子大举侵袭的灾难过后废弃的，那时南湖被洗劫一空，大多数人被杀害。此后来到绿洲的，大多数来自中国内地。当他们需要木料及干柴时，就来到这些荒废的村里运走房梁和柱子，而村子周围曾经长大的树木也因同样目的被砍伐。

我惊奇地看到，明显是由风化黏土和黄土构成的细流沙，是如何堆积在那些曾经耕种过而且现在仍然肥沃的土地上。显然，树木、围栏、围墙以及其他障碍留住了它。而水渠西面的一片肥沃土壤，很早就被吹刮得干干净净，此后留下沙砾塞，因此那里现在的地表是更早期的地层。我在上严家附近测量时发现，这条沿着早期耕种带流淌的长长水溪，目前流量仍达约22立方英尺／秒，完全能够满足这片地区的灌溉需要。下严家不远处，水溪流入一片长约1英里、宽0.25~0.5英里的水面，这里目前成了南湖流过来的泉水的终碛盆地。这个湖以前可能要大得多，因为它现在只占据一个界限清楚的干燥洼地的中央部分，而且低于平坦的沙砾"塞"的水平面16英尺。

当我来到离水伊约6.5英里处的另一个荒村南面边缘时，发现水源很可能来自南湖镇东面（即目前那条干河床里的泉）的那条水渠，向北流向了更远的地方，而且应该在当地人的脑海中留下清晰的印象。因为我那位南湖"向导"知道那个荒村名为"关左"，而且宣称，根据当地流传的说法，它在我到来之前约60年早于严家荒废。组成这片聚落的小村落，只不过是散布在西北方向上将近4英里范围内三五成群的农舍，而且已经处于荒废状态。南边的一组房屋绝大部分已被高6~8英尺的流沙所填满，其中有些还保留了大量木料。在我参观的一座农庄附近（图39），我发现有些地方没有被沙覆盖。在那些散布在地面上的小片堆积里，我发现并采集了一些看来很晚近的瓷器、青铜器等物品的残片。这里发现的铜钱有力地验证了当地关于废弃时间的说法。这些钱币中，除了一枚咸平年间（公元998—1004年）和一枚康熙年间（公元1662—1723年）的，还有两枚乾隆年间（公元1736—1796年）的。这个农庄附近低矮沙丘里耸立的一根高约12英尺的红柳柱，明显代表了比目前这个村落废弃的时间更为久远的时期。它也表明这些废弃的农舍建在一个此前多少个世纪都不曾有过人烟的地方。这些情况表明，这一地区很可能经历过多次周期性的使用、废弃的变迁，就像我在达玛沟周围所见到的那样。

我看到从沙丘里冒出一些干枯的树干。我相信这些树木原本是长在果园里，长在灌溉渠岸上，但在农耕区荒芜之后被砍伐（看

图39　南湖以北废弃在荒漠的农庄和篱笆

到这个景象，我莫名其妙地回想起1901年对老达玛沟的考察）。那条走向清楚的灌溉主渠道（在相当长的距离上它的两岸各有一排树干）清楚地表明，这处聚落的水源来自西南，也就是现在那条经过南湖镇东面及邻近台地地区的干河床。继续往前，沙丘不那么常见了。在一片光秃秃的泥土地上，一小群房舍建在一处几乎不见沙的地面上（图40）。像所有这些现代遗址一样，它们的土

图40 南湖以北甘州的废弃房屋

坏是小型的，很有特点地一平一竖交替上砌。东北约0.5英里以外，可以看到一座小庙。从曾经考察过的关左村向西北行进将近4英里后，我们发现了两处分离的建筑遗存。从图41中可以看到，这是一处大型农舍，院里有厚厚的堆积。一座超过20英尺高的大沙丘，连同它凹陷的斜坡耸立在房屋北面附近，而且还覆盖了房屋的延长部分。被侵蚀的墙脚附近，发现两枚乾隆朝钱币，表明它废弃的年代与这片大聚落的其他部分一致。

所有一切都表明，关左这个典型遗址即将向后人诉说19世纪早期敦煌地区村民的生活条件。所有我路过或看到的农场，都分布在狭窄地带上。我觉得，与目前敦煌绿洲手指般向北辐射的最外围山脚地带一样，这里很有可能只从一条水渠得到灌溉用水，也就是前面提到的来自古董摊下面的水渠。我认为这里最近的一

图41　南湖以北甘州的废弃农庄

次干燥化过程似乎已经得到确认。因为南湖镇东北那条干河床部分地段里，泉水所能供应的可用水量，在我测量的那座被1893年洪水冲垮的小村附近只有20立方英尺／秒。在这个水易于渗漏和蒸发的地方，这个水量是不够的。那个小村与关左最北边的农场之间，直线距离足足有10英里。我们不难设想，关左在1840年废弃之前，是唯一接受南湖洼地所有可用水源的地区。因为可以很肯定地说，这个主体绿洲里，当时耕作区至少和现在一样大，而且同样也包括上严家和下严家。足以令人惊奇的是，关左废弃的时间，正好是达玛沟灌溉区从老达玛沟转移到目前的主体村庄的时候。但是，遥远的距离隔开了南湖与达玛沟。我已经调查达玛沟独特的自然条件对农耕区的影响，并详细说明过。这些都提示我们，必须从这些相似的变迁中得出自己的结论。

再往前行进，光秃秃的干旱草原上再也没遇上农耕遗迹。但是一片界限分明的浅洼地向西北方向延伸，洼地里长着红柳，还可见到看来相当晚近的水侵袭迹象。这说明从山上冲向南湖干河床的洪水从这里经过，冲向沙漠。离最后一个农场约2英里处，我们来到一处破败严重的烽燧。它成了光秃秃的平地里低矮隆起于地上的一个明显标志，南湖人似乎把它叫作一个类似瓦石墩的名称。[1] 烽燧底部约23英尺见方，现存高约19英尺。与我沿古代

---

[1]　在敦煌及其以东地区，墩似乎是用来指所有烽燧的专有名词，古今都如此。

长城考察的几座烽燧一样，它由坚硬的夯土筑成，夯层厚约2英寸。现在我后悔当初没有更仔细地察看，以确认是否有规律地每隔若干层夹入一层树枝。北面更远的地方有另一座烽燧出现在视线里。

当时似乎很难弄清这些烽燧的位置以及建烽燧的目的。但是随后的发现表明，它们可能与我发现的从标明古代玉门位置的废堡 T.XIV 处，沿南—东南方向延伸的长城辅线有关，而且无疑是为了护卫玉门与阳关即南湖之间的交通线而建的。同样，也只有在考察了这些后来的发现之后，我才充分认识到，这段长城辅线的重要性在于，它护卫着沙漠中长城最西端延伸部分，也就是阳关一侧的最后一块耕地。它在关左最北部边缘附近，离玉门约22英里。这应该使长城线上的烽燧补给和援救变得更加快捷。

我本来打算越过沙漠朝北—西北方向，向废堡 T.XIV 进发。就像我早已推测的那样，它可能就是玉门关。但是自称为我们向导的蒋寰，在仔细察看他称作"醪糟井子"的可疑的井之后，径直把我们引向西北方向。直到从 T.XVIII.a 处走了约13英里之后，我们来到一片宽阔的红柳和灌木带的边上。一路上光秃秃的黏土地表先是变成一片片沙砾，然后变成连绵不断的塞。当时我很惊奇地注意到，有许多模糊的旧车道向北西及东北面延伸，我不知道它们是否可以追溯到关左仍有人居住的时期，也不能确定那里的居民是否沿此路前往河边丛林地带砍伐木材。我只是在随后沿长城进行调查的过程中才意识到，沙漠里完全不长草木的沙砾土

图 42 敦煌烽燧 T.XII 遗址,自西北望

壤,对于人类活动痕迹保留几个世纪是如何有利——甚至这里沿
长城进行巡逻和其活动的痕迹也能见到。

　　继续向前行进约3英里,穿越一片错综复杂的红柳丛后,由
于天黑,我被迫在沿路遇到的第一处胡杨林旁驻扎下来。在那里
我发现了3座最简陋的半地穴式茅屋。无疑,它们曾是牧人的居

所，而且那时附近可能有水。但是，我未能发现能够说明它们年代的迹象。对于那些必须考察缺乏年代学依据的古物的学者所遇到的困扰来说，这是一个很好的例证。一些看起来似乎不是很久以前被洪水冲刷而成的小水渠从不同的地方穿过丛林。4月14日上午，当我们向北穿过这片红柳和芦苇地带时，我再次注意到许多地方有车轮的印迹。在光秃秃的黏土表上还有裂痕，看起来像是大洪水过后太阳晒裂的。当我们由东向西穿越一条细长的光秃沙砾带时，我发现更多有裂痕的车轮痕迹。

随后我们遇到一片宽阔的盐渍洼地，它的中部有一片还能见到水面的沼泽地，它的水无疑来自南湖冲积扇的地下水系。我们此前在前往敦煌途中曾经路过附近，但是勘察员和我自己都没能发现这么一大片沼泽，这足以说明这片地表具有易于迷惑人的特点。当我们最后越过一处刚好能让驮上行李的牲口通过的沼泽地，抵达一个沙砾斜坡上的时候，我很快发现自己对面有一座古代长城线上废弃的烽燧 T.XII（图42）。再向西前进5英里后，我又把营地安扎在一个四周长满芦苇的小湖边。在沿长城进行了第一天卓有成效的调查后，我在那里住下了。因为那里有足够的饮用水和饲料，人和牲口都可以得到休整。

第四章

中国长城的尽头

第一节　长城的最后一站

　　4月13日，我非常满意地发现我又回到古代边防线的西段。一个多月前，我从罗布出发曾快速通过这里，并在一些地方做了一些简单的调查。现在我可以有时间进行系统的考察了。那次我只是对能标明长城线走向的少数几座烽燧和其他遗址做调查，大多数烽燧只能在几英里之外看见，因而也只能凭猜测判断长城就在这些烽燧的连线附近。我随后的调查结果，消除了所有对长城的性质及其年代的疑虑。目前似乎有理由相信，在以此为起点的至少60英里长的边防线上的遗址里，有更多文物等我去发现。

　　我那时还不能预料考古调查的收获将会有多么丰富。但是，要考察的线路非常长，同时考虑到这片沙漠地区下一个季节所面临的自然困难将不断加剧，因此，我从一开始就充分意识到最大限度地利用我的时间、可用的劳力、交通设施及给养的重要性。同时，考虑到我还渴望到其他地方去考察，我又有了一条要特别节约时间的理由。为了达到这个目的，在对长城沿线遗址进行发掘之前，就有必要由勘察员拉伊·拉姆·辛格及我自己分别对长城的不同地段进行地形学的考察；同时还需要根据路途、水源等情况的变化，调整劳力的安排。这样做的结果，使我在长城西端考察的日程与沿线遗址的地理顺序不相吻合。

我对长城的考察始于长城线最西段现在能确定的尽头。这一地点正好位于边防线接近党河终碛盆地内沼泽地带的地方，该地又正好是极为有效的天然防御屏障，这一切都使这里成为极佳的起点。因为我们已经充分认识到，在人们规划、建筑这道古代边防线时，已经充分考虑这一重要地段的地面特征及其战略意义。如果看一下地图，我们就会发现长城线在一处狭窄的沙覆高地上，从 T.VII 处向正西方延伸。我们还会发现，当它抵达 T.IV.a 时，只是向前延伸了一小段，就直接拐向南面，直抵沼泽地的边缘。

在地图上所见到的明显的地理特征，足以解释这个地点何以被选为长城的终点（起点）。长城在这里抵达巨大的疏勒河终碛盆地的最东北角，盆地的面积有三四百平方英里。盆地里到处都是小湖，一年的大部分时间里人畜无法通行。因此，从这里向西南约30英里范围内，长城可以安全地建在马贼无法逾越的高地上。从这里再往南，一处寸草不生的沙砾塞继续扮演着天然屏障的角色，再往前则是安南坝北面阿尔金山前的巨大沙丘。

我们将会看到，即便在这里长城也处于严密监视之下，以防任何可能遭受的进攻。我们看到一连串的哨所和烽燧一直延伸到这个终碛盆地的南端，而且我们还可以从地图上看到，盆地的西南部有一系列狭长谷地伸入到沙砾高地中，这个现象又强化了这道防御线的功能。在历史时期，这些可能促使峡谷形成的泛滥河床，可能和现在一样干燥，只有极少数时候山坡上下雨才有点水。但是极少的降水毕竟带来一点地下水，而且在盆地边缘形成泉水，再加上峡谷里茂盛的沙漠植被，这些条件可以使人在此生存。一些黏土山脊从高原上像手指般伸出，将这些峡谷彼此割裂。山脊都很高，有些高出盆地平面约200英尺，建在上面的哨所视野开阔。因此，为数不多的哨所就足以有效地监视中国西部边陲漫长的边界线。

现在来谈谈长城的城墙。从地图上可以清楚地看到，长城最西端的一段始于烽燧 T.VII，经过烽燧 T.III，抵达烽燧 T.IV.a。长城的墙建在盆地里最北部狭长谷地南面的山脊上。它南面的谷地里，只要挖井就会有水，而且牧草、燃料充足。疏勒河下游河段始于长城真正的终点烽燧 T.IV.a，向西北流去。它先穿过大盆地的最东北角，然后又穿过把高原与疏勒河床分离的舌状狭窄高地，最终到达托格拉克布拉克。马车从烽燧 T.IV.a 可以毫不费力地通过这个长不足0.5英里、高五六十英尺的高地。[1]

在托格拉克布拉克，我们看到了目前通往罗布的商路。古代烽燧连成了一条长城线上的防御线，根据它的走向我们可以断定古代楼兰道在那里与现代商路的某些路段一致，向西北方向延伸。敦煌—罗布之路正好在托格拉克布拉克远离疏勒河地面水系的地方。因此只需粗粗一看就会发现，这里也可以作为长城末端的理想地段，而当初建长城的目的就是要护卫敦煌—罗布之路。但是反对这个观点的人可能会指出，疏勒河流经的这条又深又窄的峡谷，只有极少能长草木的地方，而且两岸的沙砾高地完全草木不生。作为长城的终点，以及穿越沙漠前往罗布的桥头堡，其地理位置极为不利。

现在我要描述我对这条边防线最西段附近烽燧 T.IV.a~c 的考察结果，以及我对烽燧 T.IV.a~c 护卫下的地区的考察结果。4月30日我就把营地安扎在开阔的沼泽洼地里，由于离水源近，又有

1　疏勒河在这里离它的终碛盆地北部边缘非常近，而现在它流入终碛盆地之后仅仅向西延伸25英里就消失了，这是地理学上一个有趣的现象。一个类似的奇怪现象在赫尔曼德河下游可以见到，但那条河的规模要大得多。在鲁德巴厘以下，赫尔曼德河流到济里盐沼北岸8英里处。但是现在继续向北流淌近100英里之后，消失在锡斯坦的哈姆翁沼泽里。可是在发生大洪水的年份里，它还继续向前延伸130英里，它从南部地区穿过，又回到济里盐沼的西岸。如果把赫尔曼德河、塔里木河、疏勒河、额济纳河的末端河道进行比较研究，必将得出很有意义的结论。有意思的是，这几条河我都有机会进行了或多或少的考察。只是这里不是讨论这个问题的地方。

防范蚊虫等骚扰的措施，整整一个季节我的营地都没挪过地方。当我仔细地察看这片洼地边上那一道宽阔的黏土台地时，发现最显眼的烽燧是 T.IV.b，它耸立在高约 120 英尺的黏土崖壁边上。前面已经提及，这道崖壁所属的舌状狭窄高地，从烽燧 T.III 处逐渐向西倾斜，直达洼地。我站在这个制高点上见到的景象非常开阔。向北视线可以尽览整个大盆地，可以看到盆地尽头的芦苇丛，可以看到盆地外的沙砾塞。周围找不到比这更好的瞭望点，因此它自然而然地成了边防线上的一段。不过长城建在约 1.5 英里以西的一道孤立的黏土台地上，这个台地位于盆地东北角，其高度比狭窄高地的末端略低。由此可以看出，台地受到过侵蚀。

这个台地的顶部东西长约 100 码，它的西端是破损严重的烽燧 T.IV.a。烽燧由黏土夯筑而成，底部约 16 英尺见方。由于保存状况太差，我已很难把烽燧和作为地基的高约 7 英尺的生土区分开来。烽燧的附近除了发现一件青铜扣饰和许多铁器残片，还发现了 6 枚木简，多数是残片。但是，与这些为数不多的发现相比，更有趣的是发现长城在这里的走向有些变化。为了弄清详情，1914 年我再次来到这里进行考察。

站在能够瞭望四周的台地上，我清楚地看到，长城线延伸不到 2 英里后，沿着 171a 号营地所在的台地直接拐向南面。在烽燧 T.IV.a 南面地势仍较高的山脚下，刚开始拐向南面的这段墙保存完好，其中一段长约 16 码的墙体高达五六英尺。和西段长城的其他地段一样，这里的墙体由夯土层和植物枝条层交替上筑，每层厚约6英寸。以芦苇为主要成分的植物层与墙体走向垂直，墙体外侧用成捆的芦苇枝条包裹。墙体底部厚约8英尺，与其他地段相当。

自从进入盆地的平坦地段后，长城在湿润的土壤和植被的作用下破坏严重，变成一段低矮的隆起带。不过站在瞭望站往下看，仍能看见这段很直的长城约1英里长。再往前在茂密的灌木和芦苇丛中，这段垂直的隆起已经很难找到。随着土壤越来越像沼泽，长城逐渐趋于完全消失。我们已经解释过，此处往西独特的地表特征（即到处都是沼泽、盐碱泥塘和潟湖），使得长城已无必要再往西延伸。但是我总在想，长城可能事实上已延伸到我的营地所在的黏土台地上，或者说当初计划把长城修到那里。这个台地正好在烽燧 T.IV.c 正西面，它的周围正好是哨所监控下的一片四方形地区。这里已比较安全，再加上烽燧 T.IV.a 和 T.IV.b 之间的长城屏障，这一地区便成了长城最西端安营扎寨十分理想的安全地带。不过，因为我在营地周围没有发现遗址，古时候这个台地实际是否曾经被人利用过，至今还是一个谜。

从烽燧 T.IV.c 来看，我清楚地认识到，当初人们对这里的防御极为重视。从图43可以看到，烽燧位于高出周围洼地120英尺、侵蚀严重的黏土台地顶部西端。四周低陷的洼地里长着灌木丛和胡杨林。烽燧虽然建得粗糙，但很结实，土坯显然是就地取材，土坯层之间夹入芦苇和胡杨树枝层。在现存13英尺高的烽燧上，我能够分辨出有10个土坯层和树枝层。烽燧的底部，当初可能有

图 43　敦煌烽燧 T.IV.c 遗迹，自西北望

18~20英尺见方。烽燧附近的地面上没有发现遗物，但是在离烽燧约40码处的台地北缘，能依稀见到一座小屋的蛛丝马迹。小屋是夯筑而成的，并加入一些垂直竖立的芦苇束。我们在这里发现一枚剪轮五铢钱，以及一些毛料和熟皮的残片。在我看来，建烽燧 T.IV.c 除了拱卫烽燧 T.IV.a、b 屏障南面地区，不可能再有其他目的。烽燧 T.IV.c 与西南面 T.V 间的距离，比烽燧 T.V 和 T.IV.

b 之间的距离只近约 0.25 英里。因此，从烽燧 T.V 发出的烽火等信号，烽燧 T.IV.b、c（甚至是 T.III）都可以同样看得很清楚。因此，烽燧 T.IV.c 建在长城线后面肯定是针对其他什么目标，而且是一个非常明显的目标。

关于烽燧 T.IV.b 在长城线上的位置，我在前面已经交代过了。这座烽燧保存得很好，现存高度约 23 英尺。烽燧用土坯建筑，每砌三层土坯夹入一薄层芦苇。拉姆·辛格绘制的平面图（图 44）显示，烽燧底部长 21 英尺和宽 18 英尺。但我 1914 年所做的近距离测量的结果表明，长和宽都是 18 英尺。在紧挨烽燧东面和北面的地方，我们发现了一些高出地面约 2 英尺的土坯墙，以及一些驻

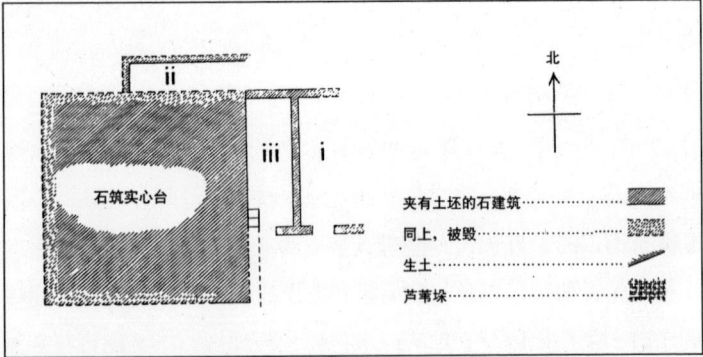

图 44　烽燧 T.IV.b 平面图

军营房的遗迹。在一间小屋里，我们发现一个楼梯曾经通往烽燧顶，每级梯高9英寸，极窄。现在我们还能见到其中的两级完好无损。

在清理这些中型营房时，我们发现了10多件文书资料，除一件外，都写在木片上，有几件保存得相当完好。我注意到，一枚字迹清晰、保存完整的木简，正好发现于通往烽燧顶的楼梯旁，上面写着："扁书亭隔显处令尽讽诵知之精候即有烽火亭隔回度举毋必。"简文内容其实就是一个命令，而根据它出土的地点判断，这条命令似乎得到了不折不扣的执行。其他简文都是有关军队行动、收到来信和军饷等事情。其中两件值得注意，因为简文中含有特别的考古信息。那枚大的木简很有意思，因为简文表明它是大煎都的下属，而且上面有纪年。沙畹先生推测是太始三年，而蒋师爷当时也认为是太始三年（沙畹先生、蒋师爷可能释读有误，简文当释为"元始三年十二月己未大煎都丞封"——译者）。关于大煎都的记录，在烽燧T.IV.b、T.V共发现过9枚，而其他地方只在烽燧T.XIV发现过一枚。大煎都所指的可能是包括最西边的烽燧在内的这段长城，而这些烽燧则护卫着长城的西南侧地区。

关于纪年问题，我们必须考虑前面提到的纪年简。如果读为太始三年，则表明年代为公元前94年；可是沙畹先生后来又释为元始三年，即公元3年。考虑到这一地区发现的文书都属于公元前1世纪，而且在一枚年代为公元前96年的简上也提到了（大）煎都（简文为"大始元年十二月辛丑朔戊午煎都亭"——译者），因此我倾向于相信前一个说法。但是，我还必须提到这里发现的另一件写在红布标签上的文书。上有"河南郡雒阳"字样，按沙畹先生的解释，它应属于东汉时期。有了这些证据，我们可以设想，虽然长城一侧单个的哨所也许早已废弃，但是长城最西端的这几个哨所可能一直至少沿用到东汉初期。同一个哨所发现的文书年代相差一个世纪的现象，在其他地方都曾见到过。在这种情况下，我们也必须指出，狭窄的通道 ii 早已废为垃圾堆，而房屋 i 仍在使用，那块红布标签就是在这里发现的。在 T.IV.b 堆积里发现的遗物中，有一件青铜镞和大量丝织品碎片。

当我站在烽燧 T.IV.b 所在的位置向四周瞭望时，发现周围低矮的地形尽在眼前。我不禁自问，那些修筑长城的人为何不把拐弯处设计在这里。当时，我立即被两道直线延伸的土丘所吸引，两道土丘之间还有第三道土丘把它们连起来。它们都向西朝着最后一座烽燧 T.IV.a 的方向延伸。站在远处往下俯视，它好像是侵蚀严重的堡垒遗址，而且由于它正好位于长城的拐弯处、最后两座烽燧的中间，所以立即让人想到这可能是一座军营。当我还在其他地方寻找遗迹时，拉姆·辛格早已带领民工前往烽燧 T.IV.a 清理遗迹，他已注意到这些土丘互不相连；而当我随后考察那座烽燧时，情况就更清楚了。

从烽燧 T.IV.b 下来，从最后一座烽燧沿西—北西方向，我发现硬土坡上长城遗迹不多，但很明显都还保存有芦苇层。再往前走，我已无法再在茂密的灌木、芦苇丛中找到长城；当我路过那里时，蚊子和其他虫子像乌云一样紧追不舍，因此我也就不可能进行仔细的考察。好在1914年3月17日我再次来到这里，这次条件不像上次那样恶劣，因此取得了一些具体成果。

从烽燧 T.IV.a 所在的黏土台地脚下起，长城线走向相当清楚，就像是一条4英尺高的狭窄的土丘，穿过一片长满芦苇的平地。长城线先是沿南105°东方向延伸约480码，随后转成南94°东又延伸了390码。在这里，长城上的夯土和树枝条都已风化成松软的土壤。几乎就在烽燧 T.IV.a、b 连线的中点上，长城边上有一处堡垒式的遗迹，长约250码，高出地面近15英尺。它面向正西，隆起线虽然并不直，而且还高低不平，但一看就知道是人工建筑。紧挨着这处遗址的南面，还有一处面向正东、长约400码的遗址。北面还有另一处面向正东、长约280码的遗址。也就是说，后两处遗址是互相平行的。

在这处四方形遗址的东面，地面非常平坦。但是，由于这面完全没有隆起的土丘，似乎表明这里原有的土丘被完全风化了。正是在东面，风蚀作用极为明显。这种作用可以影响更结实的同类堡垒，甚至地面上长着大量植被也无济于事。一个典型的例子就是桥子南面废镇的城墙（图45），在那里外墙的东面几乎已完全破坏，和楼兰遗址一样。我还应指出，我发现这些土丘上长满了红柳及其他灌木，有些地方还偶尔见到胡杨的枯干及枝条，可是土丘里面尽是沙，植物很少。由于地下水位高、土壤呈碱性等因素的作用，我们不能指望在这样的地面上能保存什么建筑遗迹。

图 45 锁阳城遗址，自东北望，前景上是内侧东墙，远处右侧是西北角楼的塔

事实上，8 个月后我在巴格拉什湖盐渍湖岸，研究了渗水对遗址所引起的后果。

把这里以及烽燧 T.IV.a 和 T.IV.b 之间的长城以南地区的各种情况都考虑进去之后，我得到这样一个印象：我现在面对的是一座早期边防堡垒，而且这里又正好是楼兰道向西走向关外头的地点。这里位于一片高地脚下，地理条件优越，地表沙漠植被丰富，

因此不缺牧草和燃料，还可以避开肆虐的北风，只要愿意挖井，饮水也不成问题。在这里设立一个大型兵站的必要性在于，长城最西端暴露在外的一角必须得到有效的防卫。但最重要的一点恐怕在于，这里是中央集权控制的范围，最后一个能够长期住人的地方。对于出关前往楼兰和西域其他地方的中国军队及使节来说，这里是最后的歇脚地。对于那些还能回得来的幸运儿来说，这里

是进入关里头的第一站。因此，对于穿越罗布沙漠的艰苦卓绝的长途旅行而言，这个兵站起到了补给站、桥头堡的作用。这与我1914年2月发现的楼兰 L.E 遗址一样，它在楼兰道上就起着这样的作用。

在考察这里的地形特征之后，我倾向于认为这里就是都护井之所在，关于这个名称前面已经有过说明。据《魏略》记载，它位于玉门关和最北面的三陇沙之间的中路，即楼兰道上。前面已经说明，三陇沙指的是伸向拜什托格拉克东南的三道沙丘。我们下面将要讨论的考古材料和文献资料可以证明，在《魏略》时代玉门关就在烽燧 T.XIV 处。由烽燧 T.IV.a~c 护卫的这片地区正好位于玉门与三陇沙的中点上。如果根据地图测算，这里到两头的距离都是约25英里。附近的托格拉克布拉克现在取代了古代补给站的地位。商队从那里到两头都要分成两段走，在汉代肯定也是这样。因此，我毫不犹豫地认为都护井就在这里。

在离开长城最西端之前，我还想说说1907年5月2日沿楼兰道在西北面所作的调查。虽然长城并没有延伸到那里，但是调查结果可以证明，3月份我第一次前往托格拉克布拉克途中遇到的烽燧，年代和附近的长城同时。它们离现在通往罗布、古代曾通往楼兰的道路很近，这些烽燧显然是用来向沿线各站发布信号的。这种例子在长城线上的烽燧常常可以见到。烽燧 T.II 是迄今所找到的最远的前哨阵地，由于它离烽燧 T.IV.a 有7英里多，所以从那里发出的信号可以在有效的时间内接收，以为报警、告急等。

对于这段长城的西北角而言，托格拉克布拉克的沙砾高地是建立哨所的理想地点。现在的交通线在这里穿过深切的疏勒河床。但是这里没有发现烽燧，而且我在河左岸做了快速调查，也没有发现任何古代遗迹。也许将来的旅行者做更详细的调查会有所发现。目前疏勒河流经的峡谷比塞的平面要低五六十英尺；由于既窄又陡，我们只有走近跟前才能发现。5月2日洪水泛滥，我们也无法越过沼泽地，到达3月7日安营扎寨的地方。往前走不远，我发现河道变宽了，水也不深，可以涉水过去。河里当时的流量约1 800立方英尺／秒。这个观测结果很有意思，因为它可以说明在最终消失于托格拉克布拉克终碛盆地之前，疏勒河在流经哈拉湖附近的沼泽地时，由于蒸发和渗漏的原因，流量减小了多少。1907年4月1日，我在疏勒河与党河交汇处不远进行了测量，当时党河的流量超过4 000立方英尺／秒。4天后我在敦煌对党河做了测量，结果是如果不包括流入绿洲引水渠的水，流量为2 100立方英尺／秒。因此，流到托格拉克布拉克的流量不到流入哈拉湖的三分之一，而且这还是在南山冰雪融化造成流量加大的月份里测量出来的结果。

从托格拉克布拉克往前走约2.5英里，就见到第一座烽燧 T.I。它位于一处高出目前已干涸的疏勒河床足有70英尺的悬崖边上，从上面可以俯视它所在的开阔洼地。很可能早在修筑长城的时候，这条河的水来源于季节性洪水，或者至少有一部分来自可以饮用的地下水。这条河的支流从托格拉克布拉克流向古代的终碛盆地。

1907年我在烽燧 T.I 附近看到的那个干盐池，7年后已是一片不小的水面。洼地里大部分地方长满了茂盛的芦苇，说明疏勒河的末端还常发生季节性泛滥。

尽管因流水冲刷而形成的小峡谷把附近的地表分割得零乱不堪，但是烽燧仍然在一处几乎完全孤立的土岭上保存下来，而且高约20英尺。它的底部约16英尺见方，烽燧夯筑，夯层厚三四英寸。风蚀作用已把它的东北角切去约3英尺。烽燧西面有一处建筑，但目前只留下土坯砌的墙脚部分。这座建筑长约20英尺，宽约15英尺。由于烽燧下坡度很陡，因此几乎不见什么堆积。不过，我还是在极少的堆积里找到三枚简的残片。其中一枚是有关于士兵制土坯的记录。我在烽燧附近发现了一些大石块，它们起初可能是放在烽燧顶，用作防御工具，和我在甘肃极西地区的现代瞭望塔及碉楼上常见的情况类似。

烽燧 T.II 发现于同一片沙覆高地西缘，这里高于一片长有芦苇丛的开阔洼地约50英尺。烽燧保存得较好，现存高22英尺，夯筑，夯层厚约3英寸。烽燧顶上仍然见到大石块，它们的用途前面已解释过了，还有一些掉在了烽燧上半部分的裂缝里。风蚀作用使烽燧南北两侧的地面凹进去两三英尺。烽燧附近既没有发现任何建筑遗址，也没有看到其他长期活动留下的堆积，不见陶片也是一个同样重要的现象。但是，在附近的地面上，我们采集到了一些金属碎片，包括青铜与铁合铸的汉代箭头。

从烽燧 T.II 处起，我又沿着罗布路向西南方向调查了约4英里，都没发现炮台。在这个地区，缺水可能使古老的哨所难以保存下来。

第二节　长城的西南翼

在叙述我们沿长城线向东所进行的调查之前，最好还是先交代一下临时新加进来的考察及其发现，那就是护卫长城侧翼的不在同一条线上的五座烽燧。这里地势开阔，而且长城的建设者也从军事角度考虑到这个因素，把沼泽密布的疏勒河终碛盆地视为天然防护带。我这里阐述的情况将有助于对此进行详细说明。

5月31日上午，我离开营地，向南—西南方向前进，穿过一片沼泽地之后，首先来到长不足2英里的低矮宽阔的台地。勘察员拉姆·辛格以前曾报告说在此发现过居住遗址。我来调查之后证明，这些居址可能是当地发生最后一次叛乱之后甚至更晚的，而且显然是牧民定期前来暂住的地方。这里的堆积虽然很厚，但我没能发现任何古代遗物。不过，从地形上考察，这个地点有可能在建长城时就有人居住。烽燧 T.IV.c 与它西南紧挨着的烽燧 T.V之间的距离超过7.5英里，远远超过烽燧 T.V 和 T.VI.a~d 几座烽燧中任何两座之间的距离，而它们同属这个终碛盆地沿岸的长城侧翼。这些烽燧之间的距离都在5英里左右。从地图上还可以看到，台地和居址离上述烽燧及烽燧 T.VI.c 之间几乎呈直线的连线

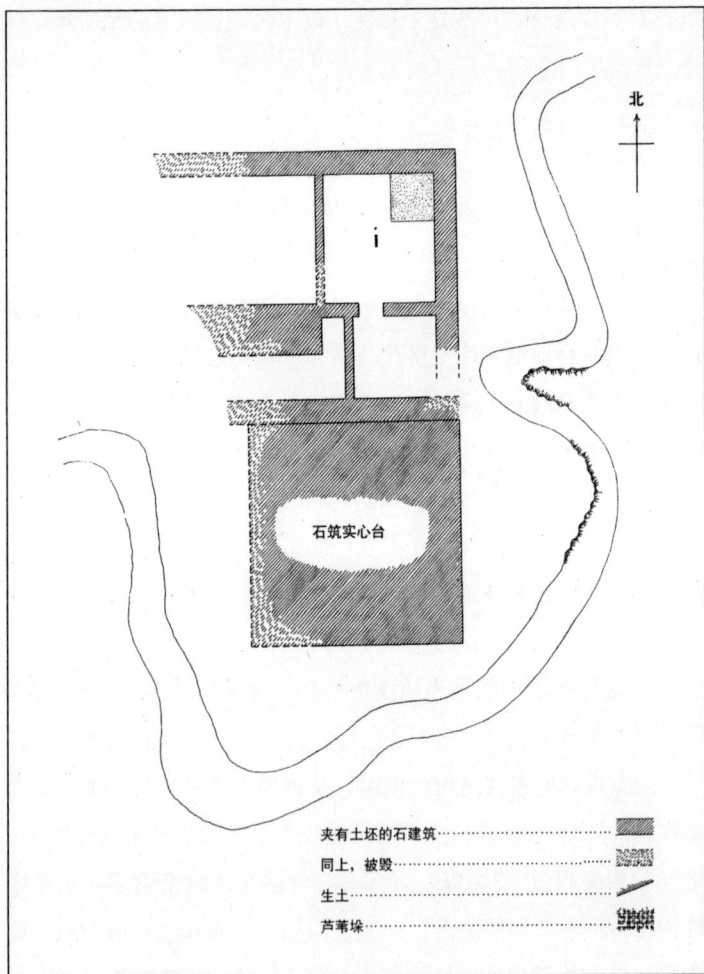

图中文字：

北

i

石筑实心台

夹有土坯的石建筑……………………………………………

同上，被毁……………………………………………………

生土……………………………………………………………

芦苇垛…………………………………………………………

图 46　烽燧 T.V 平面图

很近。站在台地上可以看见烽燧 T.VI.c 和 T.V，因此这个台地很适于用作两者之间的信号站。不过，由于缺乏直接的证据，这也仅仅是猜想。

从台地往西，穿过茂盛的胡杨林，我来到一个长长的舌状高地。它的西南边缘附近，耸立着烽燧 T.V（图46）。沙覆高地地表，以及长城侧翼烽燧间连线附近的其他地方，没有发现任何迹象，以证明长城曾延伸到烽燧 T.VI.a 的南面附近。这座烽燧所处地势高，加上它自身的高度，即使从远处看它也非常显眼。虽然西部有些地方已倒塌，但它仍高达30多英尺。它的底部19英尺见方，顶部还保留着密密的胡杨木桩和低矮的土坯砌矮墙。烽燧由夯土筑成，夯层厚约3英寸。它的北面有小型营房建筑，墙的厚度不一，但都是用长城沿线常见的土坯砌成。

在平面图上的小套房 i 里，发现几件小木牌，大多数保存完好，其中一件的纪年为公元前39年，另一件则是同一年的日历。这些文书的内容主要属于军事方面，我注意到 No.436 上有"大煎都燧长"的内容，这验证了我前文对这个地名与长城西南地区的关系的说法。营房里发现的其他物品较少，其中包括这些烽燧里4件常用的木支架（图47），它们被用油漆涂成不同的颜色。它们的大小差别很大，而且纹饰也有些区别。但是每件都有用于钉在墙上的榫和一个挂钩。支架下部的漆多被磨掉，表明这些支架曾用来挂衣服和装备，如果够大，还有可能用于挂兵器。烽燧下的斜坡上有大量垃圾堆积，说明它曾长期使用，但是堆积中只见马粪、

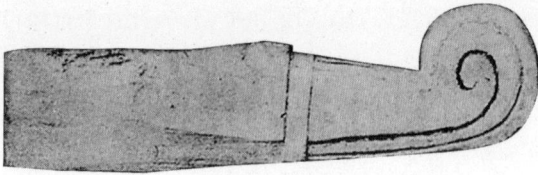

图 47 木支架

驼粪、芦苇秸等。

　　烽燧 T.V 所在的地点，在这个大型沼泽洼地西南沿线上发现的烽燧非常典型。在 T.V 和 T.VII.a、c、d 这几座烽燧中，每两座之间的距离都是 5 英里左右，表明它们主要是用作沿线上的烽燧，而不是用来抵御入侵者。在这里，即长城的西南侧，用于保卫沿线安全的是事实上不可逾越的沼泽。但是，即便如此，从减少麻烦和费用角度考虑，如果不是这里的地形使信号远处就能看见，烽燧就不可能离得这么远。

　　我前面已经扼要地讲到过，这个南湖南面冲积山岭脚下的沙砾高地，在此变成了一系列放射状延伸的山脊。它们像伸入深海湾的岬角一样，伸进开阔的疏勒河沼泽终碛盆地。从图 43、48 的远景相片中可以看到，它们很陡，高于中间洼地 120~200 英尺，成为可以眺望远处的制高点。因此，这些山脊也就成了建造烽燧的绝佳自然场所，而长城的建设者对地形了如指掌，自然要充分利用它们。正因为如此，这里的烽燧都能从远处看得非常清楚。

尽管直线距离足足有15英里远，但是我一到烽燧 T.III 处，就能够断定远处的 T.V 和 T.VI.a 是烽燧。当我继续在西南方向进行调查时，我惊奇地发现，远处的 T.V 和 T.VI.a、c、d 几乎连成了以 T.III 为起点的直线，似乎人们特地用屈光镜来确定它们的位置。

关于这片独特的内陆"沿岸地区"的一些自然特征的准地质学调查结果，我在其他地方已经作了充分的说明。因此，这里只需简单地对其中的两个特征作一说明，因为它们直接影响到烽燧的走向。前面提到的呈岬角状伸进沼泽盆地的黏土岭，一律呈东南—西北走向。从地图上可以清楚地看到，它们的成因是水流从远处的山上冲下来，流经目前已完全荒漠化的沙砾地区时发生的侵蚀作用所致。我们随后对经过沙砾区的深地河床的上段进行了调查。调查中我们发现，即使在现代河床偶尔也被洪水冲刷过，尽管几次洪水之间的间隙可能有许多年，但无论如何，我发现了一些重要的证据，表明泉水的地下水系确实存在于盆地的洼地里。地势稍高的地方，水是可以饮用的，但是一往下，到沼泽地区附近，水立即变咸。因此，我们有理由认为，烽燧 T.V 和 T.VI.a 建在常见的黏土岭的中部而不是远端，完全是基于水源的考虑。

至于最后两座烽燧 T.VI.c、d 的位置，应该是基于同样的考虑。它们位于离"沿岸线"不太远的两处孤立的黏土台地上。这些台地本身就是影响这一地区目前地形特征的另一个更强有力的原因所留下的结果，也就是长期以来风蚀作用的结果。无疑，这些孤立的台地带都是由于风蚀作用形成，它们位于更开阔的洼地里，而且与附近的高地山脊平行。两组台地群里都有大量小型台地，但是由于显而易见的原因，只有一小部分能够标在地图上。

流水作用于冲积高地而形成的狭窄土岭，又由于风的切割、摩擦作用被切割成台地，而且这些台地的走向或多或少地从东北或东面与土岭呈直角。在那些仍未被切断的土岭的顶部，仍能不时见到风力的切割、摩擦作用的痕迹，而且这些痕迹都始于东北

图 48　敦煌烽燧 T.VI.a 遗迹，自东望

面。图48的前面可以看到这种作用的明显痕迹。图43左侧是一条类似但更完整的沟。它把T.IV.c所在的土岭末端完全割裂，形成一个黏土台地。图49～52所呈现的是因风蚀作用而形成的相同的切割现象。正是这种水的冲刷和风蚀的交替作用，才能最好地解释为何古罗布海东北沿岸地区、拜什托格拉克东边干燥的疏勒河终碛盆地，以及哈拉湖周围到处都是孤立的黏土台地。

我们考察了风蚀在这一地区所起的重要作用，它就像地质变化对地表进行的大规模塑造。这个考察结果，使我们能够更加易于评估风蚀作用对人类工程的影响。在考察长城的过程中，我反复指出，建于两千年前的长城至今保存得很好，而且它们总是与盛行风的方向保持平行。尤其值得注意的是，穿越洼地的长城，往往能够避开横扫塞的暴风袭击。另一方面，当长城经过没有任何遮掩的地面，并因而成为挡风的障碍或者流沙或细沙袭击的目标时，风蚀作用对长城起到了摧残作用，或者使之完全消失，烽燧T.VII北面那段长城就是这样。不过，我们仍应记住，风蚀对土壤本身的作用过程相当缓慢，例如我们对烽燧下隆起处的测量结果显示，风蚀作用的程度只超过2英尺。这里所能找到的考古学证据对地理学家特别有价值，因为它可以用来确定一个确切的长跨度年代表，界定风蚀作用对地表造成破坏所需的时间。

1907年和1914年我考察长城的时间都在3月至5月。尽管在这期间进行考察困难更大，但使我更能认识到，一年中风力可能最大的春天，最猛烈的狂风主要来自东面及东北面。因此，我看

图 49　敦煌烽燧 T.XIV.a 遗址西侧的泥土台子及沼泽洼地

图 50　敦煌烽燧 T.XIV.a 遗址，自西北望

图 51　敦煌烽燧 T.XIV.a 遗址西南的古边墙遗迹

图 52　敦煌烽燧 T.XX 遗址，自西南望

到，无论是在疏勒河末端的河岸边，还是敦煌绿洲及安西绿洲，所有树木一直向西弯曲。横扫疏勒河下游盆地以及始于蒙古南部的北山沙漠的狂风，使往来于哈密的旅行者望而却步。中国人很恰当地把它们与安西之名联系在一起。在罗布沙漠和塔里木盆地最东部地区，他们已经充分感受到了这些狂风的威力，而我也早已充分记录了我对这里的考察结果。

沙漠里的总体风向极有可能是由于一种动力的作用。春天，当罗布沙漠东北面草木不生的辽阔沙石高地仍很寒冷时，罗布周围及其东西两侧温度相对较高的气流刮过来，形成了强风。在西亚地区也可以见到极为相似的气候现象。在春夏两季的大部分时间里，气流有规律地从波斯东北山区刮向下锡斯坦盆地（伊朗、阿富汗交界处——译者），形成著名的"百廿日风"。从物理学角度来看，赫尔曼德河（流经伊朗、阿富汗两国——译者）终碛盆地的情况与罗布盆地、疏勒河终碛盆地极为相似（尽管后者缺乏确切的资料）。因此，我完全有理由提出这样一个带有推测性质的解释。

从前面提及的最后一座烽燧出发，越过两个盆地中的宽阔高地，以及它们中间一道侵蚀严重的土岭，我们来到了烽燧 T.VI.a 处。从图48中可以看到，它位于一座陡峭、狭窄的土岭东北边缘的制高点上。烽燧的北面破损严重，揳在里面的胡杨树干和枝条已暴露在外。因此，这座烽燧的外形与其他烽燧有着明显的区别。它的基部原本为约18英尺见方，尽管顶部残损严重，但现在的高度仍达近15英尺。烽燧用土坯砌成，每隔三层土坯夹入一层芦苇。胡杨树原木（现高仍超过13英尺）包在烽燧里，以用为垂直扶持。同时还有一些甚至更长的圆木水平地夹入烽燧，用以构成牢固的框架，使烽燧更加牢固。烽燧的东面有一道宽约1英尺的梯子，梯子最下面的四级还保留着。烽燧附近有一处仅一土坯宽的围墙墙基，它包含了5个长仅三四英尺、宽两三英尺的小隔间，这些小隔间显然是用来存放物品的。在北面和东面，风蚀作用已使原生土岭变成了陡坡，其他建筑的遗迹也已完全消失。西边的一大堆马粪却幸免于难；但无论是在粪堆里，还是在烽燧下，都没有发现任何遗物。在烽燧南面约200码处的沙砾高地上，我发现一些芦苇束和胡杨树枝从粗沙中冒出，形成一条断断续续长约40英尺的连线，像是一堵围墙。

第三节　古代烽燧 T.VI.b 及其文书

　　紧挨着烽燧 T.VI.a 所在土岭的南面，是一条宽约20码的深切干河床，再往前便进入一块被小型高地和孤立黏土台地割裂的长满低矮灌木的地区。走过这片地区，一座狭窄的沙覆土岭高出周围洼地约100英尺，像其他地方一样，它的西端分裂成一系列孤立的尖状台地。土岭的中部和它最后一座突出的台地上，都有烽燧。这种情况在长城的这一侧司空见惯，但仍能立即引起我的注意。

图 53　敦煌烽燧 T.VI.b 遗址及营房，发掘前，自东南望

　　由于两座烽燧之间的距离小于 3 英里，而且土岭上的烽燧 T.VI.b（图 53）位于长城线后面，因此，它不可能仅仅是烽燧。紧挨烽燧东面的堆积似乎表明，它可能是一处比常见营房要大一些的营房。因此遗址本身足以使人相信，这可能是监控这段长城侧翼的一处主要边防站。

　　散布在遗址周围沙砾坡上的堆积，可以划分为许多层，似乎可以验证上述推测，至少可以证明此处长期以来一直有人驻守。毫无疑问，这个位置为设立据点或者说主要边防站提供了得天独厚的优势。虽然土岭只高出洼地约100英尺，但是此处仍是俯视这片沼泽盆地南面及东南面开阔地带绝佳的制高点。盆地一直延伸到远处一连串完全被大型沙丘覆盖的低矮丘陵地带。从高处可以看到，这些大沙丘是从南湖方向延伸过来，并继续向西延伸到很远的地方。盆地边缘沿线的高大沙丘带，似乎拐向开阔的沼泽盆地的西南端，并继续伸向拜什托格拉克谷地侧翼的大型沙岭。显然，任何入侵者如果企图从疏勒河末端洼地的西面和北面进犯，就很有可能被困在沼泽边缘与这些无法越过的高耸沙丘之间。那里的空地只剩下一道狭窄的缓坡和完全不见草木的沙砾塞。因此，穿越盆地西南角、直达那些高大沙丘的一连串烽燧，既受制于主要边防站 T.VI.b，又得到它的支持，它们就能有效地保卫长城和重要的交通线，使之免受外侧游牧部落的侵袭。

烽燧 T.VI.b 处于被破坏状态，现存高16英尺，如图54显示，其基部约21英尺见方。烽燧用土坯砌成，中间夹有若干层芦苇。在发掘紧邻烽燧南面的土墩的过程中，发现了一些保存完好的营房基址。它们周围是一圈厚约3英尺的坚固围墙，房屋布局上有一些有趣的细节。北面入口处有一条宽仅2英尺的门道，两侧仍保留有结实的木门柱。两侧的墙上有约4英寸见方的榫眼，表明这是当时插门闩的地方。前室有一道通往烽燧顶的宽约2英尺的楼梯，楼梯现存六级（保存完好），每级9英寸高。营房内的隔墙

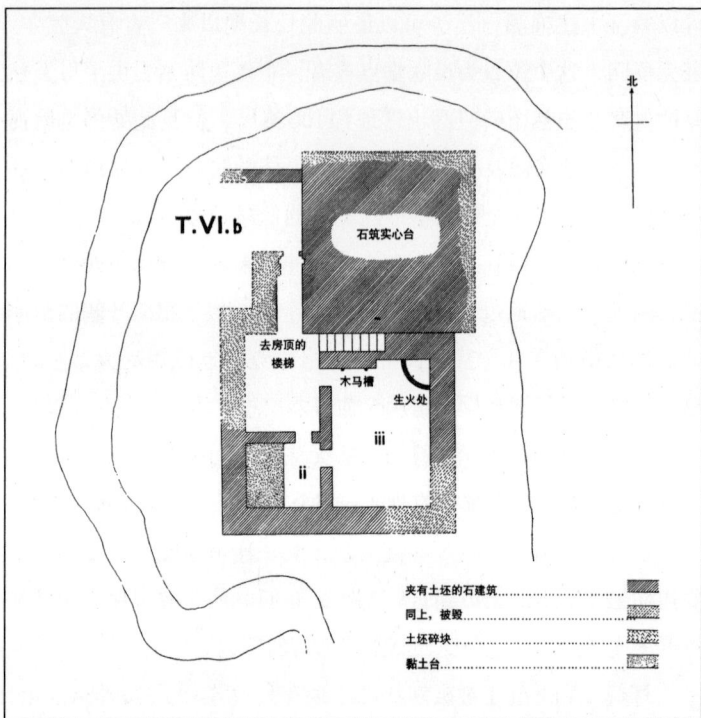

图 54 烽燧 T.Ⅵ.b 平面图

为单墙，厚1.5英尺，用土坯砌成，墙面涂石灰。其中一个小房间，即图54中的 ii，长9英尺，宽7.5英尺，里面有一处灰泥夯成的低矮卧榻。它可能曾经用作办公室，因为这里发现了8枚带字木简，其中一些保存完好。其中文书 No.255，上面记载了一位军官到此

图 55　木漆碗

地的确切日期，即公元前 68 年 5 月 10 日。

　　东边较大的一间（iii）长 17 英尺、宽 12 英尺，很可能是士兵的居所。我在房屋东北角发现了一处灶址，它用一道已被烧成红色的圆形薄土墙与房子的其他部分隔开。灶里的烧灰和垃圾已堆至约 4 英尺厚。这个灶当时如何使用已不得而知。但是，我很惊奇地注意到，这个灶是长城沿线上所有哨所中发现的唯一长期用于生火的设施。在其他地方，可能是在室外生火或使用便携式火盆。另一个仍留在原地的设施是一个用胡杨木做成的宽约 1 英尺的架子，上面有一块涂上石灰的芦苇席。除了这里发现的文书，在清理其他堆积时，我还发现了更多的文书，下面我将叙述这里发现的各种文物中的一小部分。

　　它们当中有一枚双刃铁剑的剑头，一只饰有涡纹的木漆碗，（图 55）等。两件木器很奇怪，其用途仍不得而知。其中一件（图 56）黑漆的楔状木器，长约 11 英寸，上面有两三个汉字，同类型

图 56　楔状木器

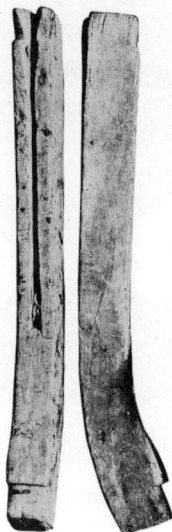

图 57　对木棍

的还有另外两件标本。它宽的一端有一圈绳索，表明这件木器可能是挂在某个地方。我的中文秘书对它的用途有一种推测，我把它写在下面的注里。[1] 更让人不解的是两根木棒，长 2 英尺，显然

1　蒋师爷认为 T.VIII.1 宽的一端两个大红漆字只能是人名，除此之外别无他解。这个现象，再加上总能在宽的一端发现绳索，使他回想起他在楼兰和其他要塞上见到的现象。在那些地方，当士兵服役期满后，获准离开哨所时，他们总在身上别着一块显眼的木牌，上面写着他们的长官的名字，以此作为他们的"通行证"。这样的通行证可使他们免于被盘问他们的离去是否得到过许可；如果一次只发一件这样的木牌，也可避免很多人不断申请离开哨所。我觉得我那饱学的秘书的这个天才的推测多少还有其价值。

是一对（图57）。木棒窄的一面挖出一道长凹槽，里面还有一根皮线，让人觉得这凹槽里可能是有一根绳索或其他薄的东西在里面滑动。也许它可能是弩或其他类似装置的一部分，其中一件上有几个漆写的汉字，但已无法辨认。

我一到达这个边防站，附近的垃圾堆积立刻给我留下深刻印象。烽燧所在高地周围的沙覆斜坡上，到处都是灌木树枝、芦苇、马粪等堆积，足以让人相信里面会有重要发现。当天傍晚我们就选择了烽燧东北几十码处，一个木柱伸出地面的地点（图58）进行试掘，立即在一处大型堆积的下部发现了40多枚常见类型的木简。绝大多数木简未被折断，但是由于暴露在地表附近，而且由于千百年来这一地区虽然雨水稀少，邻近地区的地下水位却很浅，导致木简表面在这种湿润环境中受损严重。这一发现令人鼓舞，尤其是我们当时就发现它们的年代在公元前63—前57年。不过，我已没有时间，必须等到第二天早上才能继续采集标本。当我们在西南1英里处的营地处理一个即将塌方的水井的时候，我派蒋师爷先去继续清理。我一小时后回到了遗址，蒋师爷已经发现了近百枚带字木简，尽管由于湿润环境的影响，一些已受到轻微损坏，但绝大多数是完整的，而且字迹可辨认。另外还有近百件，要么未写字，要么字迹已完全褪色。所有这些都是在略超过2英尺见方的面积内发现的（图58中民工拿着木头所指的就是这个地方）。这些木简没有一枚发现于距地表1英尺以下的地层中，而事实上芦苇秸、木片及其他物品的堆积厚也只有约1英尺，下面

图 58　烽燧 T.Ⅵ.b 遗址后堆有垃圾的斜坡，发掘前

便是原生沙砾。

　　沿着斜坡往下，堆积逐渐变薄，直至原生的大沙砾地面。这片斜坡的凹陷处从图58的背景中可以见到，就在民工的身后。在这一带清理的过程中，又发现了近50枚木简。在发现大宗木简的地点周围继续仔细搜寻，发现的木简总数达到310枚。另外还发现了约100枚空白木简以及字迹完全褪色的木简。很明显，一个

小型公文档案的材料被扔在了这个斜坡上的垃圾堆里。经过沙畹先生仔细的考证，这里的纪年木简都在公元前65—前56年。我们因此可以大致推测这10年或11年间，这个古代办公室里"废纸"的数量。

烽燧下其他斜坡上的堆积虽然面积很大，但是发现的木简极少。木简也只是发现在上述地点附近。在烽燧以西10多码处的另一处大型堆积中，发现了3枚木简，以及两件长方形小木片，其中一件显然刻画过。在烽燧西北约16码处有一个奇怪的发现。这里发现了一大堆木刨花，上面写有汉字，而且总字数很可能超过1 000个。如果不是蒋师爷当时就注意到，这些字显然是一人写的，而且一些词组反复出现，我们就有可能错过了一个重要发现。毫无疑问，他已正确地认识到，这是某位军官或文职职员练习、提高书法水平时所用的木片。他写满一面后，用刀削下来，又在新的表面上继续练习，如此反复多次。他所用的木料红柳和胡杨树枝，在附近沼泽盆地里到处都是。

沙畹先生在他著作的第一部分中，根据木简文字是否可以辨认、内容是否重要，一共选录了708枚汉文木简。其中不少于256件，也就是总数的三分之一强出土于烽燧 T.VI.b，这足以说明这个遗址发现的汉文文书资料有多么丰富。它们中的相当一部分保存比较完好，而且它们又都属于同一时期，年代又确定，即离长城建成后不久。这为这条古代边防线的军事组织及沿线的生活状况提供了当时的原始资料，因而其重要性也就不言而喻。如果从整体上考察带字木简所提供的信息，那么这个边防站所发现的资料远比其他任何一处遗址中发现的要丰富得多。不过，为了与整个考察计划相协调，我在这里不便对此作过多的评述，尽管这个地点及其附近的长城有不少直接的考古学发现。

首先，这里发现的大量纪年文书很值得讨论。它们的年代在公元前68年—前56年之间。此外，文书 No.9~24、25~35、36具有重要的年代学价值，它们构成了完整日历中的某些部分，并记录了每个月的甲子记日表。沙畹先生经过辛勤艰苦的考证和天才的分析，确认它们相对应的年份是公元前63、前59、前57年。它们无疑提供了地方当局公文往来、记账等方面的准确时间记录。这么多的日历牌出土于烽燧 T.VI.b，而长城上其他边防站发现的类似遗物总共也只有3件。由此可以推断，这里曾经有一个相当重要的办事机构。

从烽燧 T.VI.b 处发现的4件文书，也可以得出同样的结论。这四件文书引述了朝廷下达给这道边防线以及保卫它的军队的敕令。其中第一件记载了皇帝的敕令，具有重要的历史意义。皇帝命令在敦煌地区屯田，并颁布了建筑边防长城的方法。文书 No.60这件极为重要的文书上没有纪年，但是朝廷敕令的内容本身足以证明它的年代在长城刚刚延伸到此处之时。根据前面提到的公元前68—前56年间的纪年文书，我似乎可以确认以下推论：烽燧 T.VI.b 所属并防卫的这段侧翼长城的年代，可以早到公元前2世纪后半段，即敦煌以西长城最西段的建筑时期。事实上，我们是根据前面讨论过的意图得出这样的推论，它决定了长城侧翼防线的延伸。长城一旦延伸到疏勒河终碛盆地，并以此为终点，它就必然要监护疏勒河盆地的东端地区。

要确定长城末端西南侧这些烽燧废弃的准确年代是相当困难的事。所有这些烽燧发现的最晚的纪年文书，是前面已提到过的T.V.2，它的年代是公元前39年。可能更晚的下限，可以从一块小木片推测出来。它的背面有中国著名辞书、编纂于公元前48—前33年间的《急就章》的内容。沙畹先生指出，这里抄录的一些内容，但显然是书法练习。据此书进行书法练习，必然要在书成之后若干时间才可能形成风尚，尤其是在中国最西部边陲更是如此。这一风尚的存在，还可由此书中所收的我发现的另外7件碎片得到证明。因此，我们可以推测它可能接近王莽篡权时期，即公元9—23年。我将进一步解释，由烽燧T.IV~T.XII组成的最西段长城此后可能被废弃了。同时，还有这样一个明显的事实，即在烽燧T.VI.b发现的大量木简中，没有一枚存有年代晚于公元前56年的证据。因此，我们应该考虑到这样一种可能性，即从烽燧T.V~T.VI.d的侧翼烽燧线一直沿用至长城最西段仍在发挥作用，即可能延续到公元1世纪的头25年。但是，位于此线后面的烽燧T.VI.b可能早在半个世纪，甚至更早以前即已被弃而不用。这可能是因为来自南部山区的匈奴及其他游牧部落的威胁减少了，它的重要性也就随之降低的原因。

与涉及长城建成时间的文书同样重要的，是另一枚木简记载了关于凌胡燧、厌胡燧和广昌燧建制的朝廷敕令。在烽燧 T.VI.b 发现的木简中，提到凌胡燧的很多，而且与之相关的地方记录也相当明显。因此，我们自然而然地得出这样的结论，即边防站烽燧 T.VI.b 是由凌胡燧驻守的。厌胡之名再也没有见到过，但是厌胡之名则不断见于木简上，表明它是与附近烽燧 T.VI.b 有特殊关系的一座烽燧。在文书 No.138、139（T.VI.b.i.19、235）上，我们看到了给负责厌胡地区的守士吏的命令；文书 No.49（T.VI.b.i.91）则包含了厌胡燧长送交这位军官的报告。鉴于烽燧 T.VI.c 发现的一枚文字简短的木简 No.268 也提到了同样的燧名，而且我正是在这里发现了早期粟特人的木简残片，这就不由得使人认为，邻近的烽燧 T.VI.c 是一个由厌胡燧和与之相关的国外雇佣军驻守的地区。

烽燧 T.VI.b 发现的大量文书使人相信，这个边防站很有可能在行政事务上与前面解释过的大煎都关系密切，而且受制于它，而大煎都的管辖范围也可能与长城最西端的烽燧 T.IV.a~c 一段相符。因此，No.51、137、138、168 直接传达了大煎都候长的命令。我想，如果还不能确定为事实，那也极有可能，即在烽燧 T.VI.b 发现的木简中提到的另一个地点也可以确定。我指的是步昌燧。No.58、83、144、145 虽然没有提供地形上的证据，但是提到了此处的长官及"守士吏"（即步昌候和步昌士——译者据简文注）。但是，根据我们对此地地形的认识，我们可以从保存完整、简文清晰的 No.95（T.VI.b.i.162）上可以得到所有更准确的信息（简文为："三人负粟步昌人二反致六囊反复百八十八里廿步率人行六十二里二百尹步。"——译者）。此简记载了烽燧 T.VI.b 这个孤立的边防站上三个人所担负的艰巨任务，他们被派往步昌去领取粮食。在连续两次行程中，他们总共取回六袋粟。"百八十八里廿步率人行六十二里二百尹步"，按照古代"军事八步"来计算，每 360 步为 1 里，我们可以计算出一个来回的距离为 62.66÷2=31.33 里。由此可知，烽燧 T.VI.b 和步昌之间的距离为 15.66 里。

如果我们查看地图，并考虑地表特征，就可以看得很清楚，为烽燧 T.VI.b 提供粮食的固定哨所只能位于长城主线一侧，而且沿路都能通马车。这一侧离烽燧 T.VI.b 最近的烽燧便是 T.VI.a，两者之间的直线距离只有 3 英里。我发现在中亚地区，1 英里约合 5 里，那么 3 英里正好相当于 15 里。木简上的记录与到步昌的距离完全相符，考虑到路途的实际距离要稍长一些，因此我完全相信步昌一定就是废弃的烽燧 T.VI.a。此外，我们从另一件清晰的简文 T.VI.b.ii.7 中发现，步昌和凌胡（即烽燧 T.VI.b）两个哨所相提并论，并记录了从广武传给显然是邻近哨所的消息。由简文本身可以知道广武的位置在北面最近的烽燧 T.V，但是由于这个名称再也没有发现过，因此这个推测无法加以证实。

这里我只简要地介绍在烽燧 T.VI.b 的堆积中发现的各种文物中的一部分。尽管我们搜寻的范围很大，但收获远不如我们期望的丰富。T.VI.b.i.001~004（图 59）是形状奇特的尖状木器，这种器物在长城沿线其他地点发现很多，其用途仍未确定。其形状像

图 59 尖状木器

图 60 麻绳鞋子

常见的扎帐篷用的楔子，其横断面为三角形；顶部砍得较粗糙，并画成人头状。从尖部的磨损情况来看，可以有把握地认为它们是揳入地下的。但是，如果用作帐篷楔子，它们又显得不够结实。在这完全暴露在狂风里的地方尤其不够牢固。T.VI.b.i.009、0011是两只主要用麻绳编成的鞋子，而且与图60中所见长城其他边防站发现的属同一类型。如果从同一遗址发现的木简 T.vl.b.i.102 的简文来考虑，这些鞋的材料中的纤维经受了更严酷的考验。它记录了三个被派去采集麻的人的艰辛。由于每人来往的路途只有10

里，说明这种植物应该生长在离哨所相当近的地方，而且很可能长在沼泽地里。[1]

在各种纺织品残件中，T.VI.b.i.0013的材料需要引起注意，哈诺塞克博士经过仔细分析，鉴定出是某种桑科植物的韧皮纤维："极有可能属于楮属，即中国和日本的楮树。"由于根据发现的地点，可以很有把握地把它的年代定为公元前1世纪。因此，这种纤维织物的发现具有重要的古物学意义。因为这一发现证明，蔡伦在公元105年发明纸之前，他可以根据楮属韧皮织物，来使用同种纤维浆造纸。根据中国古文献，我们知道楮树皮、大麻和旧渔网是蔡伦发明纸时所用的三种原料。在中国和中亚，这种韧皮一直是造纸最常用的原料。因此，在烽燧 T.VI.b 的发现是一个重要证据，证明早在蔡伦发明纸之前一个多世纪，楮树就已经用于纺织。这个事实再次证明，早在更早时期，中国人造纸的意图与这个国家的纺织业有着密切的联系。[2] 这里我想指出，尽管在烽燧T.VI.b 发现了大量文书，但是在堆积中没有发现一张纸片。这一事实是证明中国造纸史的准确资料，尽管它是反面证据。

此外还应该提到的是六处半石化的柴垛，它们发现于烽燧所在的高地边缘与烽燧东、东南面之间，离烽燧不远处二三十码范

1　在此我想指出，生长于塔里木西部的麻经常被罗布人用来做绳、线等，而且是各绿洲出口到西方的产品。

2　蔡伦发明纸之前，中国人早已使用楮丝来制造某种纸。

围内，每个柴垛里都夹有盐粒和粗沙。每个柴垛都码放得很整齐，一薄层胡杨枝条和一薄层芦苇交替上垒，每一层里的枝条平行摆放，同时与上下层呈直角。无论是树枝还是芦苇，平均长度都是7英尺，因而方形柴垛原本大小都一样。由于风刮起来的沙的侵蚀与摩擦，柴垛现存高度相差很大，从几英尺到一两英尺不等。我此前在最西部长城沿线的其他哨所发现过保存更好的类似柴垛，从柴垛的材料本身可以明显看出，它们的主要目的是用于点燃烽火。

我沿整个长城发现的柴垛的广泛用途，即用来传递信息，而且中国在不同的历史时期都是如此。显然，这种易燃材料是迅速升起火焰的最佳选择，而且周围的丛林带里材料十分丰富。在烽燧 T.VI.b 发现的木简中，可以不断见到点燃烽火和见到烽火的记录，采集木柴也是这个哨所上士兵的苦役之一。

柴垛里树枝的长度与用于筑长城的树枝的长度一致，这引人注目。我第一次在烽燧 T.XII.a 和 T.XII 发现这种柴垛时，我想它们最初可能用于抢修长城。由于沼泽盆地一侧烽燧间连线上并没有城墙，这里发现的柴垛推翻了我的猜测。但是，在有长城的地方，它们还是很可能用于修补长城。无论如何，柴垛中树枝的规格与标准的墙内树枝有某种联系，因为它们正好与墙的厚度一致。

第四节 长城上的最后两座烽燧

我对长城线外的烽燧 T.VI.c（图61）的考察，可以作为对烽燧 T.VI.b 的建筑形式考察的补充。烽燧 T.VI.c 位于烽燧 T.VI.b 以西约3英里处一个完全孤立的小台地平坦的顶部，这是一个理想的位置。这里高出周围低地足有150英尺，完全可以俯视整个大盆地。在这个盆地里，台地附近长满了灌木和胡杨，离台地以西0.5英里之外，则是一片不时可见水面的盐渍沼泽。台地的陡坡像城墙一样险峻，因此，除东端外，从任何其他方向都不可能爬上顶部，甚至在那里我也必须用手攀登。台地顶部东西长80码，南北宽不超过30码，像是一个天然要塞的房顶，而且相对来说易于防守。但是，对于那些规划这一系列烽燧的人来说，最重要的考虑是，这里能不受遮掩地俯视南面和西面。

由于台地的高度及其孤立的位置，使之能够免受流沙及潮湿的作用，因此烽燧 T.VI.c 保存状况良好。从图61中可以看到，它的底部约20英尺见方。在这块小型天然黏土台地顶部，烽燧基部高于东面和南面紧挨的营房地基约3.5英尺。营房墙上的土坯与烽燧上的土坯一样。烽燧逐渐向上收缩，到16.5英尺高的地方，有一个7.5英尺见方的小房间，显然是卫兵的藏身之处。在随后的考察中，我在长城线上其他烽燧的顶上发现过类似的小型瞭望间。

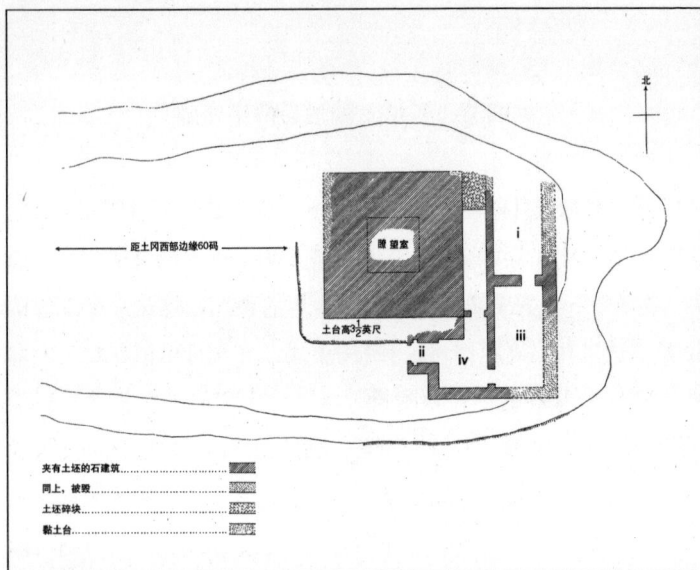

图 61　烽燧 T.VI.c 平面图

只不过由于破损要严重一些，它们的痕迹很少像这里这么清楚。烽燧东面有一个浅窝，它很可能是卫兵用绳索爬上烽燧顶部的脚窝的位置。

　　烽燧边的营房破损要严重一些，它们的外墙最厚，但没有一处的现存高度高出地面4英尺。在千篇一律的堆积中，可以看到从房顶掉下来的夹入芦苇和树枝的碎块。在烽燧废弃后，堆积中仍保留有一些小件文物。营房里房间的安排明显与烽燧 T.VI.b 处一致。小型前室 iv 的前面，是一段沿烽燧南墙脚建成的狭窄门道。门道两侧有凹窝，看来是用于插入厚重的门闩。在沿烽燧东墙脚建成的狭窄门道上（这个门道似乎是用作梯子，却不见任何梯子的痕迹），烽燧上原来的白灰仍保留在坚硬的黏土土坯后面，而它是后来在门道末端砌起来的墙的一部分。最里面的一间 i 可能是长官的居室，这里除了发现一件精美的漆碗残片，还发现了好几枚带字木简残片。

在可能用作士兵宿舍的房间 iii 里，发现了两副木支架（图62），它们是用于挂衣物、装备等物品的支架。那里也发现过一件奇异的楔状木器，与在烽燧 T.VI.b 发现的类似器物有密切联系，上面刻有两个汉字，但已无法辨认。奇怪的是，在前室 iv 里的堆积下面，发现了大量看上去很新鲜的马粪，以及切成段的绿色芦苇。房间宽不足 7 英尺，马匹几乎不能在里面转身。这些窄小的营房既让人联想到小板船上的生活，也可以用来说明在这种连动

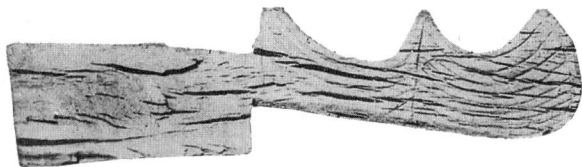

图62　木支架

图 63　皮质舌状物

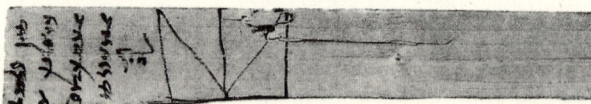

图 64　薄木牌，上端为粟特文

物都能感受到的恶劣气候条件下，人们对藏身之处的需求。我在其他地方也对马厩进行过类似的考察。在房间 ii 的门道里，我见到了一件装饰精美的皮质舌状物（图63），它很可能是一件马鞍带的尾部，也可能是木锁的一部分。

但是，最有意思的发现是在门道里几英尺处的发现。它是一块保存完好的薄木牌（图64）的右半部，现存长10.5英寸，宽约1.5英寸。它的上部有四短行看上去像是阿拉米文，只不过当时还不能确认。这种文字我第一次在楼兰遗址的纸片上见到过，随后又在长城烽燧 T.XII.a 发现的重要纸文书里见过。这一发现首先由考利博士辨认了一部分，随后由戈蒂奥认定为早期粟特文。这位天才合作者英年早逝，解读这一简短文书的所有希望也随之化为泡影。但是，它出土的地点和它的形制，可以帮助我们认识到，它是在早期引入这里来的。

我想首先应该强调的是，这枚木简发现于远离古代贸易交通线的长城之外的烽燧。因此，任何把这件西亚文字写本看作是从那边来的商人或仅仅是旅客带来之物的假说，都不能成立。此外，木简所用木料是当地所产，所以我当时就怀疑，在长城线外的烽燧 T.VI.c 发现这件文物，可能是由于这个要塞上有从中亚的伊朗、粟特以及邻近地区招募来的士兵。据此，我已经把写本和它的语言联系起来考虑。

在烽燧 T.VI.b 发现的木简中，有些是厌胡燧守士吏发出的命令或者他们收到的命令，这些文书支持了我这个推断。前面我已阐述过，此燧由 T.VI.c，或离它很近的 T.VI.b 来护卫。因此，文书 No.138 所说"三月癸酉大煎都候婴齐下厌胡守士吏方承书从事下当用者如诏书"，就是大煎都候婴经过信使下达给厌胡燧守士吏的命令。No.139 是下达给厌胡燧守士吏的极其相似的命令，只不过没有提到守士吏和命令发布者的名字。尚未完整释读的 No.51 是另一份同样发自"大煎都候婴"的命令，为某位守士吏监视这个关作出指示，但是，守士吏和"关"的名字还没考证出来。在不完整的简 No.49 里，厌胡燧的长官涉及守士吏，这显然是他自己发出的命令。这些步昌燧的军官于 No.144、145 中再次提到；而在 No.140 中，我们见到了下达给某位"中中二二子"的命令（简文为"四月庚子丞吉下中二中二千郡大守诸侯相承书从事下当用者"——译者），他是那里的一位守士吏。

长城沿线发现的文书中没有直接的信息，使我们探明这些守士吏及其属下，可能多从远处招募而来。但从"关外头"招募外国雇佣军帮助驻守长城，显然与当时的政策完全相符。根据两汉与唐代正史中的大量记载可知，古代中国在处理西域事务的过程中，只要希望把朝廷的控制范围有效地向中亚扩展时，就会实行这个政策。[1] 即便在当今，这种政策也在实行，例如从吉尔吉斯招募类似的雇佣军，驻防边界线上突出的边防站，如中国帕米尔以及向西南方向越过昆仑山的某些路段即是如此。我们已经掌握了一些有关后汉时期极其类似的政策的文书资料；因为前文讨论的文书中提到，在楼兰遗址里的中国要塞上的士兵中，有月氏人，即印地—塞种人。

讨论这种猜测性解释没有多大用处，因为我们目前所掌握的知识，足以使我们联想到，早在公元前1世纪的前半段，敦煌边防线上已经使用了粟特士兵或其他来自东伊朗的士兵。但是我想提请人们注意一个非常有趣的历史事实。伯希和在部分地参考了我在敦煌搜集的写本的基础上，经过研究认为，在公元7世纪罗布地区存在一个首领来自撒马尔罕的粟特侨民区。此外，正如他

1　公元78年，大将军班超在给皇帝的奏章中用意味深长的话总结了这项政策："以夷狄攻夷狄，计之善者也。"（《后汉书·班梁传》——译者），班超在提出这条重要建议的同时，还提议朝廷在政治上加强对塔里木及其以西地区的控制。

所补充的，一些同样可靠的证据表明，此后粟特侨民区继续向东面和北面延伸，到达吐鲁番、喀拉巴尔加桑，甚至西安府。因此，如果日后的发现与研究证明，我对这枚粟特文木简 T.VI.c.ii.1 孤例的性质及其重要性的猜测是正确的，那也没有什么理由对此感到惊讶。

我可以补充说明的是，这件木牌的特殊形制使人相信，它是更古老的遗物，因为它正是在这段边境线上写成，并给这里的人看的。从图64中可以看出，它显然是一件大的刻字木牌的一半，以用作符节。这不仅可以由它削得整齐的边缘得到证明，还可以由文字下方的花押（即签名）以及对称图形的一半得到证明。这片木牌很有可能从中间劈成完全相等的两半，而且就像我往常见到的那样，它无疑与其他精心设计的古代木质文具一样，经过精心设计制作而成的。

5月7日，我从营地出发，考察了烽燧 T.VI.d，也就是这段防线西南的最后一座烽燧。由于两地中间是一片难以逾越的沼泽，因此我们必须向南拐一个大弯，骑马足足跑了10英里才到达那里。当我路过一系列周围长着稀疏芦苇的可饮用泉水时，我遇上了终碛盆地的开阔岬角带。有意思的是，这里有一些高约15英尺的流动沙脊，排列在通往大沼泽的泉水水道旁。水道的存在是由于狭窄的灌木植被带阻止了流沙的前进，并使泉水水道里常年有水。这些固定沙丘虽然不大，但可以说明大型沙岭的成因。在整个考察过程中，我曾经常提及此事，在塔克拉玛干沙漠和罗布沙漠里，河流要么已经干涸，要么仍在沙丘旁流淌，要么消失在沙漠中。

虽然烽燧所在的孤立黏土台地高度没有超过40英尺，但烽燧T.VI.d仍可完全俯视周围开阔的洼地（图65）。它的顶部只能容下20英尺见方的烽燧。烽燧保存完好，高约30英尺，夯筑，夯层之间夹有薄层芦苇。烽燧顶部13~14英尺见方，保存有一圈土坯砌女墙；但由于没有辅助工具，我们无法攀爬上去测量。烽燧东面，可以见到浅脚窝，它应该是人用绳爬上烽燧顶部时用的。同样在东面，离地约10英尺处，伸出一些胡杨树枝，上面有一些土块，也可能是供人继续往上爬时的歇脚处。

在烽燧东面，黏土台地已凹进去一定的深度。但是，即便在这里烽燧仍然几乎没有损坏，这充分说明由于某种植被及沼泽地表的保护作用，这一地区风蚀作用相当有限。台地北面是坡度不

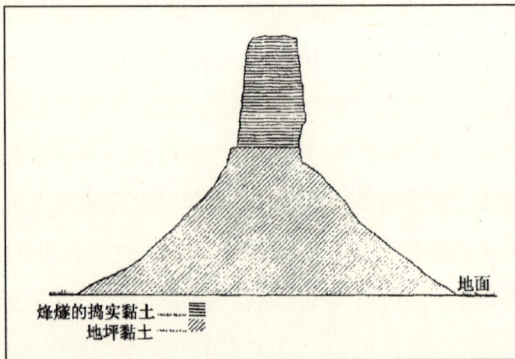

烽燧的捣实黏土 ……
地坪黏土

地面

图65　烽燧 T.VI.d
正视图

大的松软黏土，不像其他地方，北面往往被风蚀切得十分陡峭，这同样也说明这里风蚀作用不大。我认为烽燧 T.VI.d 之所以与别处不同，是由于沼泽带从东面和北面保护了烽燧，使盛行的东风和东北风不能以其最锐利的武器——流沙的摩擦作用对烽燧造成损害。由于没能爬上烽燧顶部，也没能发现烽燧边原本应该有的营房的遗迹，我只能满足于烽燧底部黏土屑堆积中采集到的一些丝织品小碎片，这也就成了这里发现的唯一一种古代文物。

虽然烽燧 T.VI.d 的南面和西面视野开阔，但我仍未见到可能存在任何其他烽燧的迹象。勘察员拉姆·辛格此前根据指示对此地进行过调查，并深入到烽燧正西9英里处，又从那里继续向西南前进，也没能发现任何烽燧的遗存。因此，我很有把握地认为，这座烽燧是长城的盆地侧翼上最边远的一座烽燧，任何从此处以远前来进攻，或从"关内头"向外逃跑的企图，站在烽燧上就能轻而易举地监视到。这个开阔盆地的"岸线"一律向南逐渐降低，而不见东面和北面以"岸"为特征伸入盆地里狭长的山岭。烽燧 T.VI.d 的西面除了附近有一处能够俯视它的小型矮高地，远处不见任何突出的山岭或孤立台地。从"岸线"的低矮黏土台地边缘起，沙砾塞逐渐抬高，像是南面巨大沙丘屏障的缓坡。当我站在烽燧 T.VI.d 脚下俯视时，这片2英里外的沙障脚下光秃的地表一览无遗。我再一次深深体会到，中国古代长城的设计者绝不会对各地地形特征熟视无睹。

我在结束这里的探险之前，派勘察员拉姆·辛格带上队里的大多数骑手，从172号营地出发前往西南面调查，并期待他们能找到从这些山里通往南湖的道路。只有这时，我才意识到南面那些巨大的沙丘是多么难以逾越。拉姆·辛格在那片干旱的荒地里跑了3天后返回，在3天的时间里他被25英里以外成群的沙丘群所困扰，虽然他又向前行进了约10英里，但他不得不回来，以免马匹精疲力竭。如果说南湖（即阳关）与长城西南翼上的烽燧之间有直通道路，那也应该在更北面，穿过那片沙砾塞。但是我有理由怀疑它的存在。

第五章

最西端的长城

第一节　从长城的最西端到烽燧 T.VIII

我们现在从长城真正的最西端，沿着长城和烽燧，向东边的烽燧 T.IV.b 前进。烽燧周围的地面被几条小峡谷打破，除了烽燧 T.III 可作明显标志，很难确定长城的走向。在此之前，长城沿着附近高地的北缘延伸。再往前约 1 英里，长城几乎不间断地向前延伸，高仅数英尺的墙体，大部分因为掩埋在松软的沙土和细沙里而得以保存下来。

前面我已经详细描述了烽燧 T.III 及其附近长城城墙旁的发现，以及我第一次在长城沿线考察的成果。因此，这里也就没有什么可以补充的。我还发现，那段保存极好的长城从这里向下一座烽燧 T.VII 方向延伸了 3 英里多。

不过，我要在这里描述一个有趣的发现。这是我最近回到以前考察过的长城，再次经过这里时才发现的。当时，在从身后射来的午后斜阳下，我清楚地看到一条长达数英里的印痕，从烽燧 T.IV 延伸到 T.VII 附近的小型洼地里。我看到墙内侧有一条奇怪的笔直犁沟状印痕，始终与长城保持着八九码的距离。我第一次注意到与长城平行的浅沟，是在烽燧 T.VIII 东边的洼地里。从图66中可以看到，那里有一段很高的墙。后来我在其他地方，如烽燧 T.XII 附近与 T.XIII 之间，也发现过这种现象。仔细观察后，我发现这些印痕的宽度在1.5~2英尺，并深入到地面上坚硬的沙砾以下约5英寸。

经过多次观察，我相信这条虽然奇怪却很有规律的狭窄印痕，是几个世纪中沿长城巡逻的士兵踩出来的。这不可能是我个人的错觉，因为不仅在1907年，而且在7年后再次回到这最西端的长城探险时，探险队的不同成员在不同的地方也发现过这种印痕，对其性质亦有相同的看法。同样重要的是，这不寻常的奇异印痕不断见于远离商路的长城边，如烽燧 T.III 和 T.VII 之间，这表明它不是最近形成的。另一方面，我们也很容易解释，它们何以能在这一特殊地区保存下来。这些印痕只发现于长城受侵蚀较少的地段，以及没有完全暴露在风中而且与风向平行的地段。因此，长城墙体与印痕都得以保存下来。

尽管如此，如果不是经常有机会在几乎不受雨雪影响的荒芜沙漠沙砾地上，看到脚印或车辙能很好地保存下来，我可能对这

图 66 延伸到敦煌烽燧 T.XIII 遗址东面的古长城

种简单的解释持怀疑态度。当时的农牧民喜欢用马车从敦煌向长城沿线各地运送粮草。我们经常发现，洼地里运送粮草的车辙可能多年前即已消失殆尽。但是，在通过塞时，即使独轮车留下的车辙也相当清楚，而且没有间断。因此，我立即想起1914年再次经过这里时，发现同类独特的车辙一点都没变。7年前我对它们给予了特别的关注，而且现在还能记起当时的情形，因为我无法解释它为何要穿越长城线。所以我倾向于相信，那些不断出现在诸如烽燧 T.III~T.XIV 一线南侧荒芜地区的车辙可能是长期形成的，而其中那些痕迹不清楚的，年代可能更早——一个世纪甚至更早以前。

1907 年四五月间，我第一次沿长城前往敦煌的考察过程中，已经在烽燧 T.III 和 T.XI 之间紧挨商路的道路上惊奇地发现，我们自己和马匹两个月前留下的足迹仍和刚踩过的一样（虽然我还是领略了几乎每天都横扫这片沙漠盆地的风的威力）。因此，1914 年 3 月当我再次来到烽燧 T.XV.a 和 T.XIV 之间的长城时，对于仍能清楚地认出 7 年前自己留下的足迹，我再也不感到奇怪了。虽然并不经常，但我还是能分辨出那段旅途中我忠实的伙伴——猎狐犬的脚印。类似的考察结果对地理学家来说是司空见惯的，而且人们也经常能见到地点不同但地表情况类似的考察结果的报道。瓦尔特教授引用了两个例子：他在加利福尼亚的沙漠里发现 11 年前的脚印和新的一样；1892 年在撒哈拉沙漠里清楚地见到了 1877 年的骆驼脚印。我现在无法断定，在埃及、突尼斯等地的沙漠地区，是否也存在性质与敦煌长城沿线发现的巡逻道类似的古代遗迹。不过，那里的气候条件足以让类似遗迹保存下来，而且考古发现也和长城沿线一样丰富，今后足以建立它们的年代序列。

前面我已经详细描述了烽燧 T.VII。该烽燧能够完全俯视那片从烽燧 T.III 处延伸过来的道路横穿过的洼地。随后对它的近距离调查，只发现了少量陶片和一件保存完好的青铜带扣（图 67）。前

图 67　青铜带扣

面我也交代过，长城消失在烽燧 T.VII 处以外约1英里的范围内，我又如何在烽燧 T.VII 东北面的沙覆高地上重新找到它。现在从罗布来的商路正好通过这里，因此古代长城在这里完全消失就显得很奇怪。

我从烽燧 T.VII 出发，沿着这段由长城残段形成的隆起继续东行近3英里，发现长城南约24码处有一座小土墩（图68）。一些木料从东北角的堆积中伸出来，上面还有石块，这表明这是一处破损严重的烽燧。4月14日，我一回到长城就开始发掘，很快就证实了我的推测。土墩高约10英尺，底部直径约45英尺。从图7中可以看到，我们最初在东北角的土坯堆积中发现的胡杨原木桩，土坯中夹有大量芦苇束。我们的发掘很快就证明这是一座烽燧的堆积。烽燧倒塌下来，完全压坏了附近营房的墙体及房顶，并覆盖了这些营房。由于我们的民工没有受过训练，而且都是瘾君子，所以清理工作便成为一项艰巨的任务。但清理工作结束之后，我们发现了一些很有意义的现象，完全弄清了烽燧及营房的平面布局。

从图68中可以看到，烽燧底部23英尺见方，燧身用土坯砌成。从发掘后所拍摄的照片（图9）可以看出，东北角的土坯墙仍高约6英尺。营房正对着烽燧的北面和东面，烽燧的墙面仍

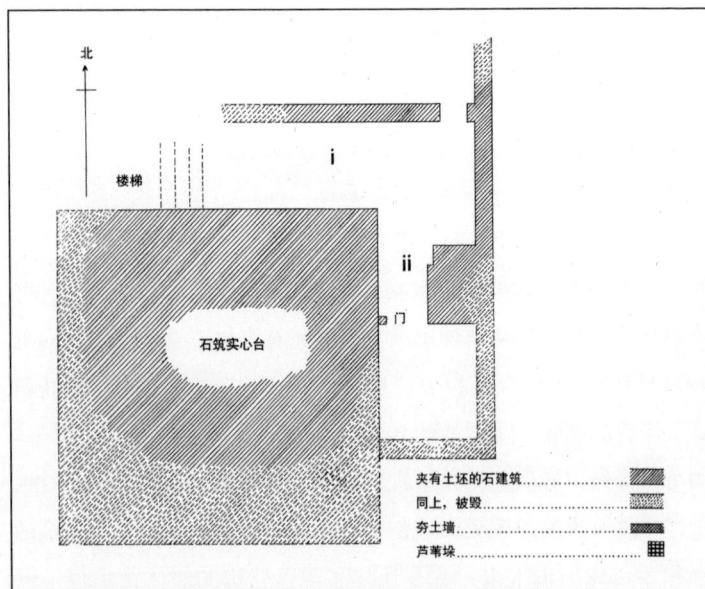

图 68　烽燧 T.VIII 平面图

保留有厚达2~3英寸的灰泥和白灰。拉姆·辛格分辨出了不少于13层白灰涂层以及四五层灰泥涂层。这里的发现很可能验证了发现于烽燧 T.VI.b 的大量文书里的记载，这些文书详细记录了墙面装饰的程序。可以肯定，烽燧的墙面不断粉刷（所有使用土坯建房的亚洲国家中常见这种现象），不仅是为了修复墙面，而且可以使烽燧在光线暗淡或者天空中沙尘过多时也能从远处看得更清楚。但是，对于烽燧 T.VIII 而言，我们当然不能确定在营房建成前后，烽燧各粉刷过几次。图9所见到的是烽燧东北角最外层粉刷的情况。

营房区北面所保存的墙体包括两间房屋，每间长约20英尺。紧挨烽燧的房屋 i 宽约6英尺，此间外墙外的那间已经无迹可寻。房屋 i 的西端保存有几级梯子，可能用于爬上房顶，并从房顶爬上烽燧的顶部。这间房屋的东端有一段狭窄的通道 ii，从此可进入另一间长8英尺、宽7英尺的小房间。这个小房间可能是后来补建的，因为通道两侧的墙里有木桩，而且墙上还有用于插入门闩的榫眼，表明这是从外面进入屋内的通道，而不是两间房屋之间的门。营房的围墙大部分破损严重，但是从图9左侧仍可看出，墙的砌法很独特，墙外侧是一横一直交替上砌的。

前面提到烽燧倒塌下来的土坯等，至少压垮了部分营房，而且掺有芦苇束的房顶碎块压在胡杨木桩上面。这个现象可以解释为何这个废弃的兵站所发现的遗物，要多于那些几个世纪以来一直暴露在外的废弃兵站里发现的遗物。不过，营房区内没有一个地方在废弃前就变成垃圾堆，因此这里发现的带字木简并不多，总共只有10多枚。其中几枚对说明它们的地方联络及其他问题有重要意义。残简 T.VIII.ii.2有确切纪年即公元8年，因而与 T.VIII.i.9上的年代证据相符，那枚简上把敦煌称为作"敦德"。这是王莽时期敦煌地区的名称。值得注意的是，这两枚简都发现于这个兵站的房屋里，而且不可能是在兵站废弃前很久遗留在那里的。我们随后将会看到，所有发现于玉门（位于烽燧 T.XIV）以西各兵站的文书，以及在烽燧 T.XIV 发现的文书中，没有一件晚于王莽时期。这表明长城的最西段可能荒废于王莽之后不久。

与这座烽燧物品有关的两件文书很奇特，也很重要，因为它们透露了驻守在这里的部队名称。带字盒盖 T.VIII.5 特别有意思，我很快就认识了它的价值。该木片长约6.5英寸，宽约3.5英寸，上有加盖封泥的凹窝以及捆绳的线槽，与我在尼雅和楼兰发现的长方形佉卢文木简完全一致。木片下面有小凹槽，表明这件独特的"信封"所盖的不是木牌，而是一个盒子。用于加盖封泥的凹窝里刻着工整的大字，说明这件容器曾经是显明燧的药盒（"显明燧药函"）。

我们显然在这里发现了尼雅和楼兰所见木简约300年前的真正的祖型。这个发现极为可能证实了我的推测，那些木简的设置，以及佉卢文书信和文书的捆绑方式，都是源于中国方式。但是，除了这个关于古代木质文具的重要证据，木简 T.VIII.5（应该补充说明，它发现于堆积房屋 i 的梯子上的堆积中）在古物学上有其价值，因为它证明常规药盒已经列入汉代军事装备之内。

木简 T.VIII.6 提供了可能并不奇怪但同样有价值的考古学信息。木简正面写着"玉门显明燧"；背面写着"亩矢铜镞百完"。无疑，这说明木简是附在装着这些供应给显明燧的装备的袋子或小盒子上的，同时也说明当时驻守 T.VIII 的就是这座烽燧。显明燧被视为"玉门的"，这很有意义，也与其他地方所发现的更多文书上提供的信息相符。这表明"玉门"一定守卫着长城的最西段。但是，这不足以帮助我们确认这个著名边防站的确切位置，我们下文将对此进行充分讨论。另外唯一一枚提到显明燧的木简 T.XII.10 说它属于"官吉"（应是"官告"——译者）。这足以提醒我们不要把这类军队的名称看得太重。这些名称可能经常仅仅指的是指挥部临时所在的地方。因此，我们一定要与其他材料，尤其是地志材料和考古材料结合起来进行仔细分析。应该补充说明，这些材料都证明"玉门"从来不曾位于烽燧 T.VIII。在这里长城南面是一片既无水又无植被的沙覆高地，因而完全不可能把"玉门"这么重要的指挥部长期设在这里。

关于烽燧 T.VIII 发现的其他带字残件，我只需简要提一下 T.VIII.2。这是一块较大的彩绘木板，上面记录了各种装备，包括两个箭筒。这些装备早在烽燧倒塌前很久就移到了营房里，以后又被掩埋在里面。从遗物清单里可以知道，这里发现的没有用处和价值的各类遗物远比其他烽燧要多。T.VIII.0018、0022、0029 等彩绘木片显然是家具残片，这表明营房倒塌时，这些家具仍留在原处。前面已经讲到过的那种用于悬挂装备的彩绘木支架，这里发现的不仅数量多，而且种类也多（图69）。和大多数较大的木家具残件一样，它们出土于房屋 i，出土时高于地面2~4英尺，因此它们可能钉在墙上，并随墙倒下。

前面我们已经讨论过那件写有大字却无法释读的方形木块（图70）可能的用途。它也可能一直挂在墙上，就像那把有趣的木尺（图71）和三角板一样，那把木尺上仍残留有断绳。根据遗物清单里的详细说明，我应该指出，这把木尺和鞋匠用的1英尺长的尺子相像。它也是10进位制，每格长都是0.9英寸，每一小格又分成10等份。出土于烽燧 T.XI 的尺子的尺码和这件相同，这些发现为我们提供了汉尺尺寸的准确长度。我在前面已经讲述过用这种古代1尺长的尺子，测量楼兰发现的绸布卷的有趣例子，下面我还要涉及两个发现于长城上的丝绸的例子。我在其他地方已经讨论过，长城沿线、尼雅和楼兰发现的大量木简和竹简的实际长度平均在9~9.5英寸，而中国史书早已清楚地告诉我们，简的长度为1尺。

在所发现的器物中，可提及以下几件：彩绘木桩（图72），它显然是用作烛台或插香的；一件可能用于碾颜料的物品；还有许多各种形状的木质印盒。从长城上其他烽燧发现的两类印盒标本，它们都带有系绳的凹槽，而且与佉卢文文书的木简上的凹槽一样。这里发现的各种家具说明，驻守烽燧的官兵用做家务活动的方式来消磨他们的空闲时间。标本中有一件木器（图73），制作粗糙，

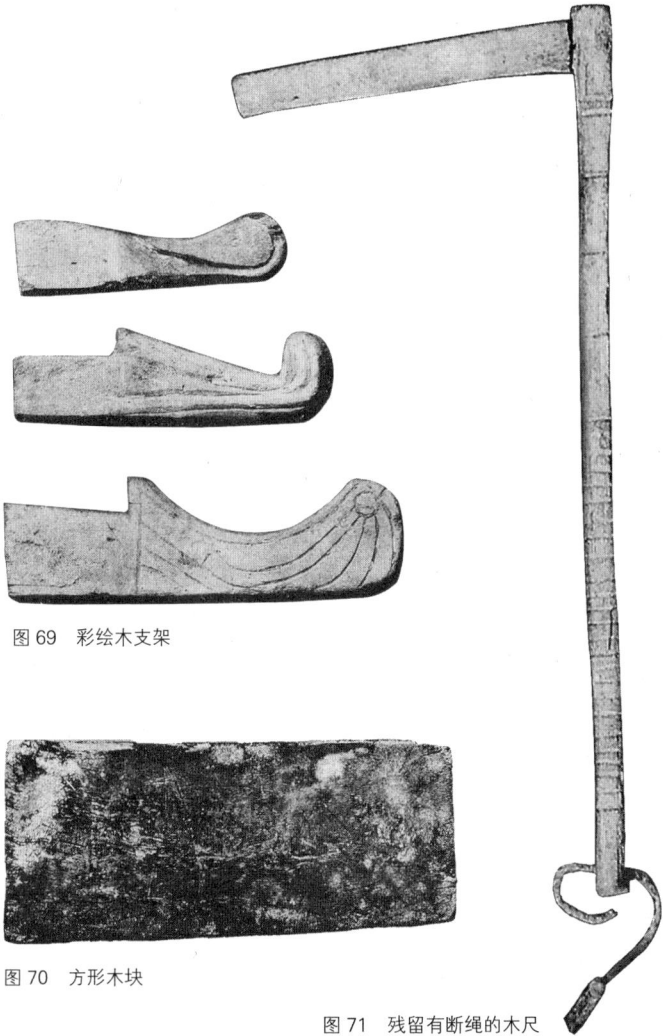

图 69 彩绘木支架

图 70 方形木块

图 71 残留有断绳的木尺

图 72 彩绘木桩

图 73 木器

图 74 木棒，上画有蛇

但保存完好。我那位很有眼光的新疆人随从蒂拉·白说，它很像莎车地区纺棉用的纺轮。那根奇异的木棒（图74）上画了动物（显然是蛇）的头部和颈部，它的用途还不能确定。纺织物碎片大部分原料粗糙，包括羊毛甚至芦苇纤维。但是有一双草鞋（图60，左）做得很好，而且编法也很有意思。北边外屋里发现了一些大型灰陶缸的碎片，这个陶缸在打破后，又在残片上钻孔，并用绳子把它穿起来。这说明这里定居生活的条件很艰苦，人们把所有可用资源都视若珍宝。

在离开这个目前距水源约6英里的孤立烽燧之前，我应该提一下在烽燧外观察到的有趣现象。西南面不远处，我注意到有两根木桩从沙砾地面冒出，两者相距约20码。对地面进行清理后，发现有一段长约4英尺的粗绳仍绕在其中的一根木桩上。这两根木桩虽然很结实，而且很粗（直径6英寸），但由于受流沙和沙砾的侵蚀，它们的顶部已经几乎接近地表了。由于经常见到我的民工用木桩和绳子拴马，因此我能轻易地判断，它们是那些驻守在这里的人或临时路过这里的人用来拴马或骆驼的。

第二节　烽燧 T.IX、T.X 和沼泽地段的长城

我在前面叙述第一次经过长城最西段时，已经描述了西起烽燧 T.VIII、东至烽燧 T.IX 那段不曾中断的长城，同时对烽燧 T.IX

本身也有交代。这是我在长城所见的烽燧中保存最好的一座。它之所以保存极好，一方面是因为它建得十分坚固，另一方面是因为它所处的位置有利于保存。它位于从烽燧 T.VII 方向延伸过来的沙覆高地陡峭东缘的一条土丘上。由于烽燧处在这个位置上，从东面或东北面来的流沙及细沙都不能对烽燧形成破坏作用。根据最底层的土坯可以推断，侵蚀作用使周围的地面降低了不足 1 英尺。这个观察结果与我以前多次说过的东风和东北风的风蚀作用的效果是相反的。

由于烽燧 T.IX 位于高于沙砾高地约 60 英尺的土丘上，它完全可以俯视西面及东面长满灌木丛的沙性土洼地。但是，它很不利于监视北面和从烽燧 T.IX 西北面延伸出去的一条深切的峡谷。由于这片地区被一系列洼地里隆起的非常陡峭的黏土台地所遮掩，而在烽燧 T.VIII 和 T.IX 处都不能监视，因此游牧部落就有可能神不知鬼不觉地接近长城线。毫无疑问，正是这里的战术性特征，促使长城的设计师在这道峡谷北面、离烽燧 T.VIII 约 2.5 英里处又建了一座延伸出去的烽燧 T.IX.a，以防卫这个防备空虚的地段。由于天气条件不合适，也由于地面有隐蔽性，我和勘察员好几次都没注意到烽燧 T.IX.a，直到 4 月 30 日我们越过平缓的塞，前往烽燧 T.IX 西南面，我们才看见了它。

在我随后从长城的西南侧翼返回途中，我对此燧进行了考察，我因此相信，这座烽燧是为更好地防卫长城而设的前哨阵地。它位于一个低矮的舌状高地上，高约 20 英尺，底部约 18 英尺见方。

燧身用土坯砌成，每隔五层土坯夹入一层薄芦苇。土坯和烽燧 T.IX 的土坯一样，虽然没有掺入芦苇，但仍很坚硬。烽燧北面和东面很少见到小房屋的土坯墙痕迹，烽燧北面也不见用于爬上燧顶的脚窝。这里堆积极少，也不见垃圾，所以没有任何"发现"。这可能是因为这烽燧只是在有可能遇到袭击时才偶尔一用的缘故。烽燧位于一个孤立的地点，也说明了为何要在烽燧周围建一道约 34 平方码的围墙。这圈由黏土和沙砾筑成的围墙，大部分已严重破损，有些地段甚至已完全消失了。尽管拉伊·拉姆·辛格由此前进，调查了直到疏勒河北面的地区，但均未发现烽燧，说明烽燧已不再延伸到那里。

我们已经在前面讨论了从烽燧 T.IX 处向东北面穿越长满灌木的开阔洼地的长城的走向，所以已不必对长城和那座截去尖顶的奇异烽燧 T.X 作进一步的说明。不过，应当指出这里的黏土含盐量很高，表明此地一条继续向前流淌了约 0.5 英里的小溪在古代和现在一样咸。因为用来制作烽燧土坯的水就取自那条小溪，而泥土则取自黏土台地。因此，烽燧的盐渍程度很高。夹入芦苇层的长城，除了在这条咸水小溪（水源来自南面的泉水）中断了一小段，一直从烽燧 T.X 直接延伸到一片小湖的盐渍南岸。

长城从它的西端延伸到这个地点（小湖南岸）后，一直向东延伸到哈拉湖。这段长城界线清楚，而且从地志学上来说很有意思。该边防线在此穿越了洼地（从北向南直抵疏勒河）边缘的一连串沼泽和小湖。此后，长城沿着开阔的潟湖和沼泽（疏勒河水离开哈拉湖后流到了这里）前伸，一直到达哈拉湖边。这一线的长城可以分为两段：第一段是从烽燧 T.X 附近的小湖至烽燧 T.XVII，第二段指的是从烽燧 T.XVII 到哈拉湖东岸附近的烽燧 T.XXIII.b。

在对长城线和它所处的地表进行近距离调查后，我相信长城和烽燧的安排无疑是古代建筑师经过精心设计的，他们利用了天然屏障，以节约建筑所需劳力以及驻防所需的兵力。幸运的是我们在前面已提到过的，出土于 T.VI.b.i 的重要木简上发现了清晰的信息，简文为我们提供了一份指导如何在敦煌地区建立军屯的朝廷诏书。诏书命令酒泉（即肃州）太守：

制诏酒泉太守敦煌郡到戍卒二千人荿酒泉郡其假□如品司马以下与将卒长吏将屯要害处属太守察地刑依阻险坚辟垒远候望毋。

关于长城线如何仔细地根据地形特征而建，如何精明地利用天然屏障以强化或替代长城，除了前面已经讲到的长城和烽燧遗存，我不可能再找出更重要的证据。但是，我一旦从烽燧 T.X 附近的湖开始考察，我发现我的任务仅就地形特征而言就已够复杂的了。由于对长城进行的近距离考察，以及随后我的考古民工的工作受到当地地形的影响，因此在详细描述各个烽燧的考察及其发现之前，我想最好还是简要地描述地形的总体特征。

当我早些时候第一次沿罗布—敦煌之路进行考察时，我便注意到道路北边的洼地里（道路经常穿越洼地）有一些湖泊和沼泽。

但只有当我进行十分必要的预备性考察，以及在北边那片看上去一马平川的沙砾沙漠里对远远见到的那些烽燧进行考察时，我才清楚地看到长城线和烽燧所处的地面，被湖泊和沼泽切割得很零散。那片一直延伸到库鲁克塔格山最东端的，一连串濯濯童山地区，看上去地势很平。现在我发现事实上那里是一连串由风蚀分割成的低矮而狭窄的高地。这里就像是一条发育良好的海岸线，"海湾"和"岬角"之间是平坦的舌状地面。它们让人立即想到长城西南侧翼的大型沼泽盆地的"岸线"，只不过那里的地形特征相对简单一些，而且地势的高低落差更明显一些。我们可以清楚地看到，和库鲁克塔格地区一样，长城西南侧翼那些通常呈东南—西北走向的洼地，都是由南湖南面山的水向下冲刷侵蚀形成的，南湖地区古代显然比现在水量要充沛得多。

那些多数位于商路北侧、占了这些洼地大部分地区的沼泽的水源来自泉水（泉水的水源来自南面山脉的斜坡的地下水系）。我路过这里时，沼泽里较大的开阔水面长达1.5英里，岸边都有茂密的芦苇。咸水泥塘沿着水流向西北延伸，而且可以看到周期性泛滥的痕迹。由于我不能走得更近去调查，故不能确定这些泥塘的水源有多少是来自疏勒河泛滥，或者是从更东边的烽燧 T.XVII 附近的沼泽或湖泊里渗透进来的。这些洼地的其他地方，主要是罗布之路南面及其附近地区，所有的水都已从地表消失。但是，红柳丛以及茂密的灌木、稀疏的芦苇的存在，说明附近有地下水。

对于马和骆驼而言，这些沼泽和泥塘都是不可逾越的；对于人而言，大部分地段也难以逾越。因此，我从一座烽燧前往另一座烽燧时，往往需要绕几英里的弯路，取道沼泽边缘，或者那些不很难走的带状地区。不过，由于这些烽燧无一例外地位于制高点上，所以它们对于指引我如何向远方前进极为有利。但是，越过那些沼泽之后，我还必须继续寻找长城。在烽燧 T.X 和 T.XVII之间将近 18 英里范围内，长城占据了所有敌人入侵时可能越过的干燥地段，并一直伸入到沼泽的伸出部分。在那些干燥地段下面，湖泊和泥沼以其天然屏障起到了长城的作用，因而节省了建几英里长城的劳力。如果我们考虑到这个离饮用水通常很远的干燥沙漠里，供给与交通的困难有多大，就能充分认识到它的重要性。

基于这种考虑，我们看到烽燧 T.XVII 和 T.XXII.c 附近的哈拉湖西岸之间的长城线东段上，那些不可逾越的沼泽（其长度与前面提到的那段大致相当）的巨大天然屏障更为重要。在这一段的多数地方，由于由疏勒河冲积形成的潟湖和沼泽带相当宽阔，所以没有必要在它的南部边缘修建长城。不管怎么说，我只在烽燧 T.XIX~T.XX 之间，以及烽燧 T.XXII.b、c 那两小段路线上，发现了古代"隆起"的遗迹。由于它们发现于疏勒河泛滥时，河水流向坚实的两岸之间的狭窄水道处，因此这个例外情况恰恰证明了（天然屏障处不见长城的）这条规律。

但我必须补充说明，由于沼泽附近的土壤很松软，而且长满了灌木，因此第一次路过时，"隆起"遗迹往往从眼皮底下溜走。因为这里和其他地方一样，由夯土层和植物枝条层交替上筑的长城，往往因地下水汽上升而受到严重损坏。同时，那些从盐渍土壤里吸收养分的茂密植被，又掩盖了部分保存下来的遗存。当然，在由此向西的烽燧 T.X 和 T.XVII 之间的沙覆高地上，情况就不一样了。在那里一旦发现了蛛丝马迹，就能毫不费力地发现长城直接通向最近的一座烽燧。

这里我还可以简要叙述一下，我在长城的这两处沼泽旁的地段考察时发现的明显的地理现象。在长城考察刚开始时，我就注意到正好越过沙覆高地、穿过洼地（有时长城在洼地里中断）的长城，有可能为我们提供了记录沼泽里两千年来水位变化的某种可靠的高度计。这方面任何可信的资料，显然都可以为研究这一地区有史可查的气候变化提供重要的参照资料，尤其对争论不休的"干旱化"问题更为重要。因此，我每次都特别注意观察、确认湖泊和沼泽水面的实际变化，以及能标明它们在建长城时的岸线的最低位置。

这种观测并不一帆风顺，而且其作用也招致谨慎的批评。首先，我们必须考虑地表情况的不同变化。在一些地段上，地表环境使长城或土岭（隆起）能在离沼泽更近的地方保存下来（由于暴露在地下水的湿气环境里，它破损很严重），而这又取决于土壤的性质、植被量及其他条件。在获得连续几年水位情况的确切资料之前，就不可能确认泉涌沼泽及疏勒河河旁沼泽的水位季节变化的幅度。即使获得了这些资料，我们也应该牢记，水位更高（我们没有这方面的记录）的时候可能在建长城之时与现代之间的某个时期，而那个水位有可能完全摧毁了岸上的长城。可是，这又会使我们错误地认为，长城消失在大大高于目前的湖泊或沼泽岸上，完全是由于荒漠化。

在充分考虑上述情况及其他不确定因素和限制之后，仍需从考察结果中寻找重要的证据。至于在长城穿过或绕过所有湖泊或沼泽岸边观测的结果，我必须选择几个地段作详细说明。这里只需指出这样一个有趣的现象：在烽燧 T.X 附近的极西泉涌湖岸和烽燧 T.XX 附近的大潟湖（疏勒河从哈拉湖经此处向下流入支流约 10 英里），水面外缘与长城遗迹之间的落差仅 5 英尺。我们应该记住，这个落差虽然很小，但它代表了公元前 100 年前后至公元 1907 年这两处水面的水位下降的最大幅度。由于两地已经找到的长城末端与湖岸之间的距离很近（T.X 处约 25 码，T.XX 处约 80 码），而且这里的缓坡地表显然受到潮湿环境的影响，因此长城当初的位置很可能离现在的湖岸更近，位于一个更低的平面上。

在其他可做类似观测的地点，如 T.XI、XII.a、XIII（向东）、XIV.a、XXII.c 等处，水面与长城的落差从 12~20 英尺不等。但是，所有这些地方水面与长城之间的中间地段（有些地方长城可能已损毁殆尽）要么要宽许多，要么芦苇或其他植被太茂密，无法确定长城遗存是否继续向前延伸。因此，那里的观测结果，并不能否定我们根据烽燧 T.X 和 T.XX 处的观测结果得出的两千年来沼泽干旱化程度的结论。

这个结论与考古学上的发现完全一致。考古学调查结果证明，自长城修建至今，这条边界线上均无发生显著的气候变化。两汉时期疏勒河盆地最西部的这片沙漠地区应该是相当干旱的，而且从那以后一直如此。因为这里发现的薄木简上的文书、织物碎片等易于腐烂的物品，都得以完好地保存下来，更不用说芦苇秸、马粪以及垃圾堆里的其他脏物；甚至当它们仅掩埋在沙砾下数英寸的地方也能保存下来。我在烽燧 T.VI.b 和其他地点发现的情况就是这样。如果每年有几场大雨光顾这些暴露在烽燧下的斜坡上的堆积，那么这类文物就不可能在两千多年后仍能保存得很好。

毫无疑问，我们讨论的湖泊和沼泽水位，直接或间接地取决于南面及东南面的高山上的雨雪总量，它构成了疏勒河盆地的水系。就我们目前所了解的情况，还不能确定疏勒河盆地的气候条件与盆地周围高山上雨雪总量之间的关系。不过，值得注意的是，根据已有的考古发现得出的结论证明，这两个因素之间有因果关系。我认为这种因果关系证明，无论是盆地里的沙漠部分，还是为沙漠提供水源山区的干旱化，在过去的两千年里都未能明显改变这里的气候条件。

第三节 废弃的烽燧 T.XI、T.XII.a

现在我们可以回过头来讨论长城穿越过的小湖最西边，以及由此处重新折向东边的长城遗存。事实上，除了离湖的最东岸约

0.5英里的一个制高点上有一座烽燧T.XI，我们很难确定长城在哪个点上向东拐，也很难找到长城的遗存。烽燧位于从东北面沿湖岸延伸的陡峭沙覆高地的狭窄南缘上的一条土丘上，这条土丘把这片高地与东边更开阔的洼地分隔开来。由于烽燧耸立在高于沼泽附近长满芦苇的地面100英尺的孤立土丘上，它完全可以眺望沼泽地里很远的地方以及沿着高地脚下延伸的道路。淡水泉离此地相对较近，可能也是在此修建烽燧的额外优势条件之一。

在紧挨烽燧T.XI北面的地方，高地顶部（这里宽不足0.5英里，到处都是水流冲刷的痕迹）被两道小峡谷切割。这两道峡谷分别始于高地两侧的洼地，几乎在高地中间交会，它们形成了长城的天然护壕。长城在离T.XI约40码的地方，沿一条狭窄山岭延伸。它在那片平坦的地面上延伸了仅30码左右，就急剧地沿山坡下降。西边，只发现了不到0.5英里的芦苇秸层（它们表明长城就在这里），随后消失在高于湖面约20英尺的胡杨、红柳林中。东边（沼泽地离此处更近），长城沿着沙砾坡从沼泽的边缘向下延伸了约150码，直到最后一个隆起处后，消失在松软的土壤里。

从图12中可以看到，这座废弃的烽燧破坏严重，而且由于其建筑和烽燧T.X一样粗糙，因此无法确定它初建时的规模。烽燧现高约16英尺，底部面积似乎24英尺见方。烽燧由坚硬的盐渍土块夯筑而成，夯层厚约2英寸，中间夹有芦苇薄层。顶部有类似断墙的遗存，围成一个小型的指挥所或瞭望间。烽燧底部以西不远处，有一间土块筑成的简陋小屋，长约21英尺，宽约12英尺。

由于只是在堆积中发现了房基，而且房基也极不完整，因而无法得到房屋大小的准确数字。在烽燧的北面、东北面和西面，我能辨认出一圈围墙，它可能是一个直径约75英尺的圆形。在南面和东南面，墙已完全消失。这圈围墙用盐渍土块粗糙地筑成，里面还垂直夹入了芦苇束（现在几乎已经石化）。围墙的某些地段现存高两三英尺，但是由于其厚度仅为1~1.5英尺，所以它显然不是用于防御，而只是在这个暴露在风中的地方用于挡风。

在我的印象里，这圈围墙是晚期的。围墙里的地面上散布着大量中国青花瓷器，表明这个地方至少一直到宋代都曾用为旅行者或牧民的住所。这足以说明这里是一个很便利的歇脚处。这个地点离泉水和牧场不远，却又高于周围沼泽里的植被带。因此，一旦春夏季节里风力减小时，蚊子和其他各类害虫使得人畜难以在此久留。如果说我对烽燧本身的年代还有点怀疑，那么两个月之后对我第一次路过这里时注意到的大量堆积进行发掘之后，所有的疑虑都已烟消云散。对上述房屋进行的发掘一无所获，却在厚厚的堆积中发现了大量木简文书及其他汉代遗物。

在烽燧西南面附近的地层 i 中，发现一枚保存完整的简，上面开列了配发给一位士兵武器装备的清单。在同一面沿坡倾斜的地层 ii 中，发现了12枚简，有的完好如初。其中 T.XI.ii.6 是竹简，它包含了一份甲子纪年日历的一部分，沙畹先生推测它对应的可能是公元153年。他是根据同一层堆积中出土的 T.XI.ii.8 提供的年代学资料推测出这个年份的。沙畹先生认为，那枚木简简文是对成书于公元前48—前43年的著名汉语辞书《急就章》的补充。如果这个推测准确的话，那么我们就可以把T.XI.ii.6看作是我1907年长城考察中发现的年代最晚的木简。

尽管上述说法是推测，但仍然没有考古证据足以否认它。我们将会看到，古代玉门关以西的烽燧发现的有确切年代的文书中，没有晚于王莽时期（公元9—23年）的。这个事实似乎证明了这样一个假设，即在那个时期之后不久，对长城极西地段的防卫就中止了。但另一方面，通往罗布和楼兰的道路一直经过烽燧T.XIV附近（这和目前是一致的）。我认为这似乎意味着，由于这里是向西到达T.IV.b，即托格拉克布拉克之前最后一处有饮用水的地方，因此该烽燧很有可能在烽燧T.XIV以西长城的常规防御废弃之后很长时间一直沿用着，至少是偶然用过。

同一层堆积中出土的木简很有意义，因为简文提到了官吉"士吏"以及"当谷燧长"。"官吉"之名曾两次出现于T.XII.a的文书里，表明这座烽燧应该在这段长城寻找，而且可能就在烽燧T.XII.a或邻近的T.XII。当谷燧之名仅见于东边下一座烽燧T.III的木简上，我们据此可以得出同样的结论。这枚木简的简文为"玉门当谷燧"，下面我将进一步阐述玉门就在烽燧T.XIV，并解释我们为何希望在西面仅3~8英里的烽燧发现的文书中，找到这个烽燧受烽燧T.XIV指挥的线索。

在烽燧T.XI南面和西北面的土丘坡上的堆积iii、iv里，也出土了一些汉文木简，不过没有值得特别注意的木简。这座烽燧堆积中出土的各类文物里，T.XI.ii.13值得一提，这是一把保存完整、制作精致的汉尺。与前文提到的T.VIII.4完全一样，这把尺被分成十等份，每份（即寸）为0.9英寸，由此可知汉代1尺长9英寸。由于地形十分狭窄，这些芦苇堆都堆在长城所在的土脊线上，其中三堆在长城线内，四堆在线外。

烽燧T.XI所在高地东边大片可以见到水面的沼泽地无法通过，直到3英里以北，洼地一部分已变成相对干燥的盐渍泥沼。费力通过泥沼之后，我又来到了长约1英里、宽不足0.5英里的一片岛状高地的北端。尽管高地的走向与长城一致，但我没能在这里找到长城的遗迹。事实上，这里完全没有必要筑墙，因为高地的西、南、东三面都是深切下去且不可逾越的沼泽。它的北面也只能经过泥沼地才能接近，而事实上如果汉代的水位只比现在高两三英尺，那片泥沼同样也无法通过。因此，我必须向北绕个大弯路，绕过东边那个布满深水坑和烂泥塘的沼泽，才能到达烽燧T.XII.a和T.XII所在的狭长高地。

沿着这片高地的西缘，我发现长城在东—东北方向上，沿着沼泽西缘向烽燧T.XII.a延伸。在离水线30码范围内、高于当时的沼泽约10英尺的地方，都可以找到长城遗迹，随后长城消失在茂密的芦苇丛中。这里的长城与其他地方并无区别，不间断地连续延伸到烽燧T.XII.a（图75），有些地段现存高度不低于6英尺。长城在烽燧T.XII.a处直接拐向东南，沿着高地的陡坡向下延伸到下面的沼泽边上，那片沼泽占据了东边洼地的大部分（从图76左侧

图75 敦煌烽燧 T.XII.a 遗迹，自西南望

可以看得很清楚）。烽燧 T.XII.a 以外的这段长城有约80码可以看得到，然后消失在沼泽里的芦苇丛中。东西两片沼泽之间的长城其长度接近0.5英里。

烽燧 T.XII.a 破损严重，仅高出地面约8英尺。清理后发现，它的底部约23英尺见方（图77）。烽燧用土坯砌成，每隔三层土坯夹入一层芦苇。东面和南面的堆积很厚，表明烽燧的上部已经

图76　敦煌烽燧 T.XII.a 遗址的边墙，自北望

倒塌；东面的堆积下部伸出了一些胡杨树枝和芦苇束，表明营房建筑被压在了下面。我第一次来这里考察时，只用马靴的尖部刮了几下，就在堆积的下部发现了一块4英寸见方的奇怪木牌，上面写着"户关戊各二"。随后在烽燧东面进行了发掘，发现了大量遗物，主要是木家具、家用工具、衣服等的残片，另外还有8枚汉文木简。由于烽燧倒塌下来，营房的墙已被彻底压垮，但仍可

以分辨出两间12英尺宽的小房屋。前面提到的各种文物即出土于这里，其中包括雕花木衣架、木印盒等，还有一把小型弓，以及奇特的木雕花饰品（图78~81）。

由于烽燧上倒下来的堆积既厚且重，所以对南面的清理只有留待第二天在拉姆·辛格和蒋师爷的监督下进行，而我自己则忙于在烽燧 T.XIV 的北面和东北面做些试掘。他们在清理 T.XII.a 时，得到了一些极为有趣的发现。紧挨着烽燧的南面有一块4英尺宽的空间，这里似乎被有意地用土坯的碎块和松土堆满。它的旁边是一道宽仅1英尺10英寸的过道（在平面图上标为 ii），它的两侧用土坯单墙围起来，中间一道同样薄的单墙把过道一分为二，每段各长11英尺。厚厚的麦秸和马粪堆满了这条过道以及它旁边一

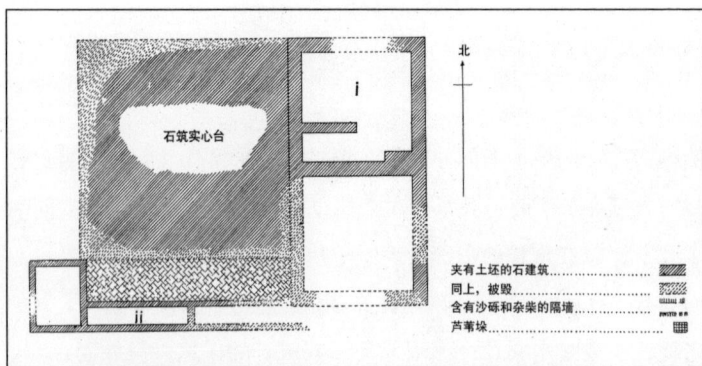

图 77　烽燧 T.XII.a 平面图

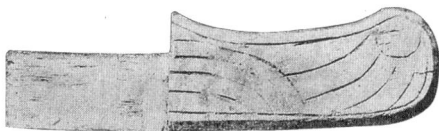

图 78 雕花木衣架

图 79 木印盒

图 81 木雕花饰品

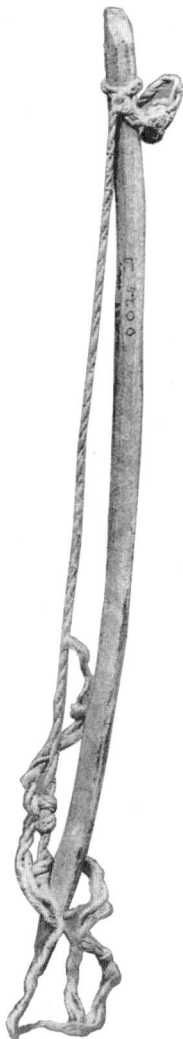

图 80 小型弓

间长5英尺、宽6英尺的小屋，并一直堆到烽燧的西南角。我随后复查发现，过道两侧的墙现存高度仍达4英尺多。

过道里填满了各种垃圾，里面有大量早期纸质粟特文书（图82）。根据奈克的记录，它们出土于地面以上3英尺处的地层中，我有充足的理由相信他。它们以下的堆积中发现了3枚汉文木简，其中2枚是完整的。在过道西边的小屋里又发现了5枚汉文木简文书，其中一枚带有纪年（"元始元年七月"——译者），当时就可以推断为公元1年。但是，沙畹先生却认为推断年代仍有困难。除了大量各色丝织品残片、一件木印盒以及其他各类文物，过道里的堆积中还发现一件丝质佉卢文文书，上面写有9行佉卢文。

在讨论由这些西方文字的重要文书所提出的问题之前，我必须简要阐述这座烽燧所发现的汉文文书中所提供的年代学和古物学证据。在这些文书中，应该特别注意那块保存完整的木牌。文书详细准确地记录了一位候长（一位敦煌本地人军官）的服役期限，即王莽地皇元年至二年，亦即公元20—21年。烽燧 T.XII.a 发现的另外四件提到广新燧的文书也足以证明，长城上的这座烽燧在王莽篡权时期一直在使用。沙畹先生指出，"新"之名是王莽所建立王朝的名称，而广新之名自然也就是"加强新之力量（之燧）"的意思。所以它在确定年代上有重要意义。在 T.XII.a.ii.9 上，有笔迹清晰的"元始元年"字样，它对应的是公元1年，这离王莽时期已经非常近了。尽管文书中当月的甲子记日法问题很复杂，而且沙畹先生也没能解决，但我还是接受这个年代的说法。

图82　粟特文纸质文书卷

在文书 No.596 上，我们发现广新燧隶属于官吉（简文为"官吉广新燧长"。"吉"当为"告"之误，为尊重原文，译文一律未改——译者）。我曾经提及，这个地名也见于出土于与显明燧有关的 T.XII 的 No.597，这表明官吉本身就是指 T.XII 和 T.XII.a 这两座相邻的烽燧。有意思的是，根据文书 No.598、599（载明几件石弩划归他们），拥有这些武器的广新燧隶属于玉门关。但是，这个地名无论如何也不会使我们相信，这座著名边防要塞王莽时期或其他任何时期曾经位于烽燧 T.XII.a。在下面讨论烽燧 T.XIV 时，我将提出足够的考古、地形证据，证明西汉时期玉门这个重要的指挥所一直就在那里。从烽燧 T.XII.a 至 T.XIV 的距离仅约 5 英里，因此位于烽燧 T.XIV 的玉门可以毫不费力地指挥位于 T.XII.a 的派出机构。同样的情况出现在东边下一座烽燧 T.XIII 的文书"玉门当谷燧"之名里，我们由此也无意中把烽燧 T.XI 与官吉之名联系起来。

第四节　在烽燧 T.XII.a 发现的纸质粟特文书

毫无疑问，在烽燧 T.XII.a 中最大的发现，是一些我们以前不认识的字体书写的纸质文书。所有的文书发现的时候都是整齐的小书卷，如图 82 所示。图中展示了 7 件没有打开的文书，其中 3 件仍然可以看出起初绑得很紧，绳子可以明显地看出来是丝质的。

有一件先是被裹在一块丝绸中，然后又被装在一个像是用亚麻布做成的粗糙的布袋里。它的边缘被缝上了，外面写了7行相同的文字，很可能与地址有关（图83、84）。文书T.XII.a.ii.4也是折叠起来的，但是它没有绑扎，而且比大多数其他文书保存得稍好一点，不那么易碎，所以当场就可以打开一部分看看里面的内容。随后打开所有文书，则是一项很艰巨的任务。1910年牛津大学图书馆的各位专家很好地完成了这项任务，我的朋友考利博士当时对这些文书的字体和内容进行了初步考释。

所有的文书原来都是从较窄的一头向里折成很细的一卷，在绑扎之前又对折起来。对信件这样细致的折叠（只有这样才能从背面的地址上了解收信人和发信人的情况）有效地保护了墨迹，使其至今仍清晰明了。同时它又解释了磨损造成的破坏。纸张都在与宽的一头平行的中线处被磨损。唯一的例外是T.XII.a.i（图85），它的中线几乎没有任何磨损。除去这种和其他一些小的损伤，这些文书都保存得相当好，对最终的解读有很大帮助。值得注意的是这种折叠方法和我在楼兰、尼雅分别发现的纸质和皮革佉卢文书的折叠方法基本相同。但是那些文书的背面都没有写地址，而不像在烽燧T.XII.a.ii中发现的纸质文书那样。

这些书信的纸张长度基本相同，表明可能有一个通用的标准尺寸。在7件完整的文书中，6件的长度在15.5~16.5英寸。纸的宽度也惊人的一致，8件文书中有6件的宽度在9.5~9.75英寸。因为无法知道在早期中国纸张制造的情况，目前我只能说它们的长

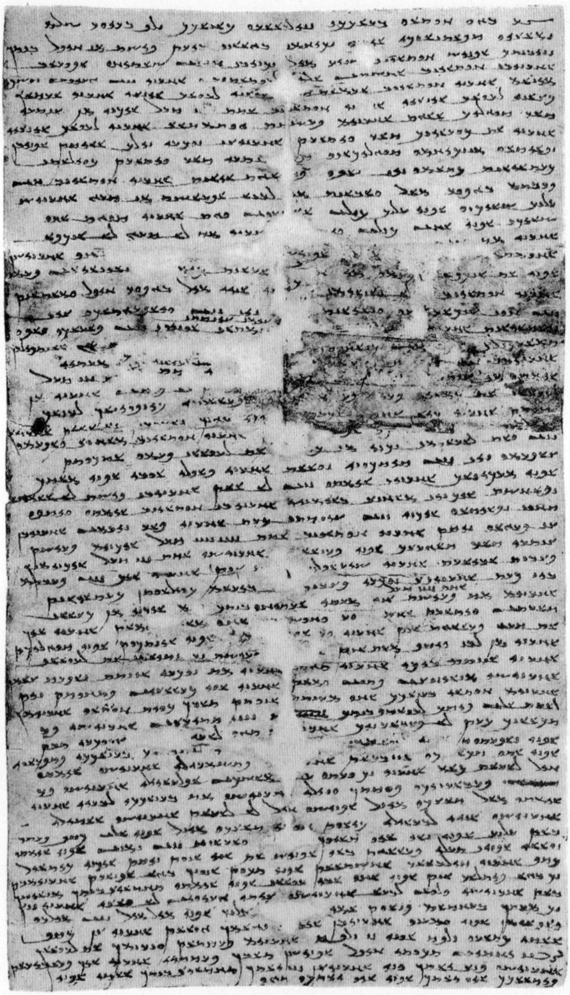

图 83　粟特文信件，中缝线被磨破

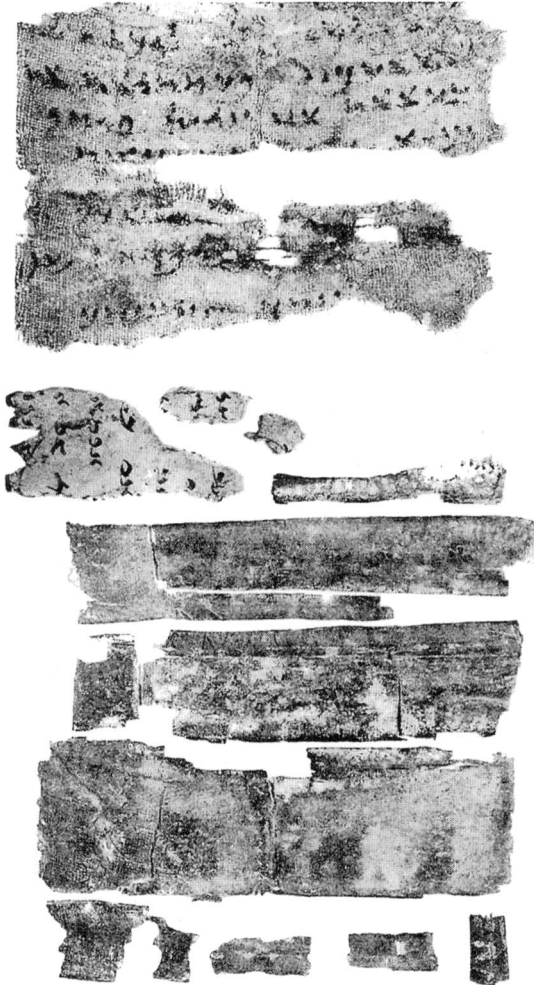

图 84　粟特文信件

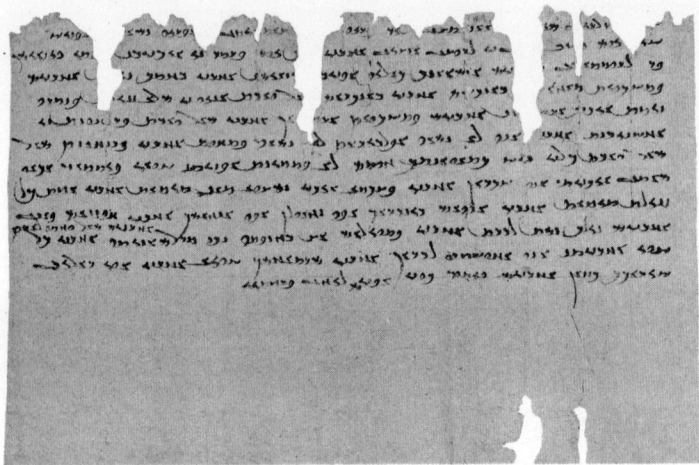

图 85　保存较好的粟特文书

度和一些私人文书的长度比较接近。这些私人文书是我从敦煌千佛洞中堆放得像一堵堵墙似的文书中得到的。[1]关于宽度的情况相对比较清楚，为9.5~9.75英寸，很接近在长城、尼雅和楼兰遗址发现的大量中国木简、竹简的宽度，即9~9.5英寸。这种互相的参照表明了这些文书的纸张采用了木质文书的尺寸标准，而在这

1　私人文书的长度：Ch.6为16.625英寸，年代约为公元400年；Ch.1181为14.375英寸，公元521年；Ch.401为16.25英寸，公元522年；Ch.478为16.625英寸，公元601年。从唐代开始的书卷的长度在18.25~19.25英寸；例如：Ch.79（公元700年），Ch.480（公元762年）以及一件公元718年的道教文书。

同一个时期内木质文书仍在使用中。

从沙畹先生对大量文献资料的研究中，我们可以知道，与那些为保存国家法令、古典文学或礼仪的木简不同，汉代私人用简的长度是1尺。我在烽燧 T.VIII 和 T.XI 发现并探讨过的古代度量证明，汉代的1尺是9英寸（23厘米），而且我以往三次探险中，发掘的绝大部分竹简和木简与这种度量特别吻合。如果不是更早，这种在汉代就已制定的有关木质文具的标准一直流行到今天，并仍然影响着私人信件中汉字书写行的高度，以及为它而配备的其他文具的尺寸。[1] 因此，我认为在烽燧 T.XII.a 发现的早期粟特文书所通用的宽度，很可能也是由于同样的原因制定的，就像中国为现代的书信制定标准尺寸一样。因为纸张不可避免地要受到磨损，木简和竹简的边缘也会遭受同样的损伤，通过稍微增加边缘的宽度来保护它就很可行了。

但从古物收藏家的观点和直接的考古重要性来讲，更有意思的是这些文书所用的纸。对他们来说，首先，纸的使用就不是一个简单的问题，虽然字体的西方来源我们同样也不清楚，但它吸引的注意力却较少。一方面，准确详细的中国历史文献证明，蔡伦在公元105年首先发明了纸。另一方面，沙畹先生通过对许多

---

1 我是从自己的观察中得出这些结论的，在新疆和甘肃，私人广泛使用的粉红色信纸都用竖线画成栏供人书写汉字。每一栏的宽度和长度都特别接近古代的木质简牍。同样更有意思的是"尺牍"这个词就是来源于私人使用的一尺长的简。

烽燧中发现的有确切纪年的文书的考释，证实了它们当中没有一件晚于公元137年。即使我们接受根据T.XI.ii.6上的日历推断出的公元153年的说法，它的年代下限也不会有太多的变化。通过这个和其他一些考古上的证据，我们似乎可以得出这样一个结论：长城沿线的一些烽燧肯定在公元2世纪中有一段时间被遗弃。

考虑到这些年代范围内的间隔很短，帝国经济中心与极西之地相距遥远，以及中国文明的保守性（尼雅遗址的发现表明，直到公元3世纪后期，人们仍然只用木简记事，足以说明其保守性），烽燧T.XII.a发现的纸质非汉文文书和至少一件公元21年的纪年文书，以及其他属于公元1世纪早期文书的发现，就具有特殊的意义。这一切都启发了我1910年将这些文书中的一部分样本送给冯·威斯纳教授研究，他是一位杰出的植物生理学家。我们对中亚和东亚造纸术发展的确切知识，大部分都要归功于他的研究。他在此前通过对我第一次探险发现的一些纸的研究，已经得出一些很有趣的看法。

冯·威斯纳教授对这些样品的细致认真的显微镜分析，已经获得了很重要的发现，并在他的文章《关于最古老的纸张碎片》中得到精确而清楚的阐发。鉴于它们在考古学上具有重要意义，在此有必要总结一下几个得到认可的主要观点。对取自不同文书的样本所作的分析研究已经清楚地证明，它们的原料全部都是织物。这些织物是在经过一种很原始的机械捣碎后做成纸浆的。纤维在显微镜下放大后仍然可以很明显地区别开来，而且可以肯定是一种麻属植物纤维，很可能是中国麻（很早就在中国种植）而不是其他种类。另外一个特别有趣的发现是 T.XII.a.ii.1.a 上的一块纤维片，破损很严重但仍能用肉眼清楚地看出织物的结构，线是横竖交错的。冯·威斯纳教授倾向于从这个特例中，推导出这时造纸术还处在一个更原始阶段的结论。即当时首先只是将薄的亚麻属织物改造成书写的工具，而并不完全破坏它的纤维结构。此外，这一特例还支持了这样一种观点，即我们正在研究的这些纸，代表着用碎布片造纸术的一个早期阶段。

无论如何，对这些纸张所做的原料分析说明，完全用单一的布片造纸的技术，肯定是在蔡伦的发明之后不久出现的。然而直到烽燧 T.XII.a 文书的发现，破布片在西域这些遗址的纸张中也仅仅是用作替代物，主要原料仍是从楮树和其他类似的树中得到。这一点有特别重要的意义，因为它十分明确地推翻了这样一种认识：用破布片造纸的技术是公元8世纪中叶由撒马尔罕地区的阿拉伯人发明的，并随之由中东传向欧洲。但是，现在被证明的事实对我们来说也同样重要，是因为它令人信服地证明了《后汉书》的正确性，即蔡伦以破布片、破渔网和树皮、生麻为原料发明了纸。考虑到在公元5—8世纪的新疆遗址中发现的大量写卷中，普遍缺少完全以破布片为原料的纸，那么在烽燧 T.XII.a 的发现，就被认为是一个表明它的年代古老的证据。我们完全同意没有任何迹象表明这些文书的纸张是用后代那种将淀粉和其他胶状物混合的方法造成。冯·威斯纳教授也特别强调这一点的意义。用后代这种方法制成的纸已经发现，楼兰遗址的 L.A.VI.ii.0230 就是其中一例，它的年代为公元312年。

这样，冯·威斯纳教授的重要研究成果就倾向于支持这样一个结论：考古可以证明这些文书的年代很早。它们出土于废弃年代据估计为公元2世纪中期的一座烽燧，这样它们的年代和已知的纸的真正发明年代（公元105年）完全吻合。虽然这个结论可能有年代上的疑问，但我们仍可以毫不费力地解释，在长城沿线的其他烽燧为何要么只发现极少纸质汉文文书，要么根本就没发现过。我们总共才发现了三件文书，即文书 No.706~708，而且是分别在烽燧 T.XIV、T.XV.a 和 T.XXIII.a 中发现。与长城沿线发现的数以千计的有字木简或空白木简相比，它们的数量极少，但这正表明这些烽燧很早就被废弃了。这一点通过和楼兰遗址的汉文文书相比就很明显，那个遗址是在两个世纪后废弃的。在楼兰纸质文书的数量，占到全部散落的汉文文书的20%，其余的都写在木简上。在判断这种数量上的增长时，我们还必须考虑到楼兰距中国的造纸中心更远，要得到纸只有一条艰险的商路，而这条商路在当时正逐渐失去作用。

现在让我们从 T.XII.a.ii 这些奇特的文书的外形和材料上移开注意力，转向它们的字体和语言。所有的文书在发现时都很整齐地折叠起来，一些甚至还用线捆扎起来。其中一些文书，如图85所示，在外面也写有文字，这肯定是地址。另外两件在小卷当中，我曾试着不顾纸质容易破损而去打开一角。情况让我不得不相信，它们是用同一种我们不认识的文字书写的，很像阿拉米文。我在楼兰的LA.VI.ii.0104这张小纸片上，第一次见到过这种文字。因为我不是闪族人，所以我既不能尝试着去解读它，也不能做除猜测它的语言外的任何事。我似乎可以猜测，在中国边境上发现的这些文书可能是一种伊朗语所用的闪族语字体。文书在一座废弃的烽燧中发现，而这座烽燧又靠近公元前后中国通向药杀水（即锡尔河——译者）和乌浒水（今阿姆河——译者）的丝绸之路，这就很自然地暗示在伊朗语和粟特语、大夏语之间很可能有某种联系。烽燧T.VI.c还没有发现用同种字体书写的文书，我当时就认为这些文书可能是那些商人在粟特或更西之地来赛里斯做丝绸贸易途中遗留下来的信件。

在目前去详细讨论这些问题，并想找到答案不太现实。但是，我的两位学术造诣很深的朋友的研究成果已经提出令人信服的证据，证明这些文书的字体和语言，就像我起初猜测的那样确实与东伊朗语有联系。他们的研究成果很容易就得到认可，使得我可以把自己的看法限于那些基本事实。考利博士起初成功地确认了大部分文字。他的另一项功绩就是肯定字体有阿拉米语来源，只不过自身发展特征明显而已。所用的伊朗语夹杂有一些大部分以密码形式存在的闪族语文字，这种情况与巴拉维的发现相似，但这里的数量则要少得多。一部分文字已被正确地释读，不外乎是一些相互介绍时的客套话和文书T.XII.a.ii.4背面的短句。这就使考利博士可以把它确认为一封信，并可以部分地知道它的地址。

在考利博士的文章发表后的两个月中，罗伯特·戈蒂奥以T.XII.a.ii.4的复印件和考利博士的研究为基础，在他那篇精彩的论文中，证明了这些文书的语言是一种早期形式的粟特语。这种语言穆勒教授在对吐鲁番佛教写卷的研究中，已经辨认了出来。文书的字体是一种介于阿拉伯语正体文和粟特文（维吾尔字母便是由粟特文发展而来）之间的阿拉伯语草体文。这种确认是建立在语言和字体等一系列令人信服的基础上。对大多数地址和相互介绍时所用客套话的释读，也使得戈蒂奥可以作出这样的判断。

　　由于考利博士的大度，我得以在他的那篇论文发表之前，就已经把早期粟特文书的复印件给了戈蒂奥，那些文书可能现在已经很好地整理完了。他在出版和解释晚期粟特文佛经方面取得了很快的进展，这些写卷是在敦煌千佛洞丰富的窖藏中得到的。因为有这么多新资料的保证，就使我们充满了这样一个希望：尽管这些文书中既有私人信件也有官方文件，既有常见的信件也有草体文书，释读工作相当困难，但是戈蒂奥肯定会取得稳步的进展，并最终完全释读我们发现的早期粟特文书。他在这方面连同其他方面的努力，不久都因战争的爆发而被迫中断。此外，由于他被伤病折磨几个月之后，不幸于1916年去世，更使伊朗语的研究遭受了无法弥补的损失，早期粟特文书的释读工作也遭到中断。

　　考虑到这个打击，把所发现的全部文书都制成图版，使其他学者可以继续完成释读，这对于我来说也是一种安慰。T.XII.ii.2、3、5这三封信都比较长，分别不少于60行、35行和32行，大多数保存状况都比较好，字母之间间隔清晰，这些特征更使完全解读的希望增大。这些进展必须建立在对下面一些有趣的历史问题的精确回答上：这些信件是由公元1世纪来往于此地的西徐亚人写的，还是由原来就居住在长城沿线的粟特人或被雇来负责长城防卫的粟特人写的。

当讨论到在边远的T.VI.c发现的早期粟特文书时，我已经详细地解释了后一种可能性的原因。说到前者，托勒密曾记载了教皇马里努斯任命马其顿人马斯（也叫塔蒂亚努斯）为商务代表的事，这可以为我们提供很有说服力的证据。塔蒂亚努斯曾为丝绸贸易从西亚很远的地方前往赛里斯。一个更现代的例子也可以发现，穆斯林商人们总是从费尔干纳或安集延出发，长途跋涉去甘肃，甚至更远的四川和云南进行丝绸和茶叶贸易。我的"旅行忘记"中也记载了几个阿富汗商人，从巴焦尔或喀布尔出发去做生意的例子，例如我的朋友谢尔·阿里·汗。当我来到烽燧T.XV.a遗址时，又发现了一件由西方丝绸商人遗留下来的实物，在丝绸捆的末端有一种印度文字——婆罗米文字的题记。

即使在这些早期粟特文信件全部释读之后，也难以解释这些信件怎么会到烽燧的垃圾堆里去。因为那些烽燧并不紧挨丝绸之路，而信件中绝大部分又都明显地并未打开过。纸是在中国远离中亚的地区，通过一系列技术手段处理后发明的。那么它为什么会在发明之后短短几十年间就传到这里，而且是被来自遥远的西方的商人所用呢？如果我们从考古学角度来思考，也许就会显得容易些。问题的答案可以从书写的人是外国人这个事实，以及他们所用书体的性质中寻找出来。

《后汉书》中有关纸的发明的记载，清楚地说明了在此之前书写工具的诸多不便："自古书契多编以竹简，其用缣帛者谓之纸。缣贵而简重，并不便于人。伦乃造意，用树肤、麻头及敝布、渔网以为纸。"和西域建立通商关系后，到中国内地来的商人和其他人，可能比中国人更能体会到这些书写材料（木简）的不便。从沙畹先生的著作中披露的大量文书材料中可以看到，由于汉语和汉字的特点，一枚可以写50个汉字的竹简可能足以容下一条法令、一个命令或一封信。同样，一条窄丝带也足以写下一封信。如果是另外一种拼音文字和有词尾变化的语言，类似容量的信息书写起来可能就要占更大的篇幅，这就要额外增加搬运木头的重量（竹简可能在实际中被淘汰），或增加丝绸的耗费。粟特人使用过的桦树皮和兽皮，在古代中国的书写材料中从未被提起过。因此，很容易理解当西方的商人身处长城之内时，他们会如何急切地使用这种新发明，即中国早期的纸——蔡伦纸。任何理由都可以使我们相信，他们一定会比蔡伦的同胞更迅速地采用这种发明。蔡伦的同胞则由于很强的保守性，而不能做到这种迅速的转变。

值得一提的是，在同一个垃圾堆里还发现同样写在丝绸上的佉卢文（图86）。那是迄今为止发现的唯一写在丝绸片上的佉卢文，是一封信或一道命令的残余部分。它破损太严重，我们已不抱任何希望去考证写作者和地址，只知道它是用印度语和一种由

图 86　写有佉卢文的丝绸片

阿拉米文字演变来的字体书写的。它与写有粟特文信件的纸出土于同一地点有些奇怪，同时出土的另一块桦树皮残片也令人费解。但这块桦树皮上没有字迹。然而考虑到敦煌一带的长城离这种树生长的山（兴都库什山、喜马拉雅山、天山西麓、中南山）非常遥远，我们认为它可能是用来书写的一片叶子或卷轴的一部分。

第五节 烽燧 T.XII、T.XIII

我沿这段长城考察的开始阶段，正是在 T.XII.a 以南约83码处首次遇到令人迷惑不解的遗存，随后又在其他地方发现同样的遗存。一系列奇怪的小土丘，突立在光秃秃的沙砾中，排列成很规整的行列，呈十字相交。这些小建筑物之间的距离在16~18码。观察发现它们的底部大都约7英尺见方，并完全以芦苇捆一横一竖交叉分层垒成。它们的高度在1~7英寸，变化很大，但这种变化的原因尚不清楚。我认为风蚀不可能是唯一或主要的原因，因为在这样的地方它肯定会对这些小建筑造成同等程度的破坏，并对这些小丘基部的影响不会超出1英尺。许多粗沙粒和小石块与芦苇捆互相混合在一起，这些东西是由原来的建筑者加上去的还是刮大风时落下的，目前还不清楚。

毫无疑问，最初堆这些芦苇堆时，人们用胡杨树枝垂直捆绑芦苇束，使之更牢固。但是以后就不需要加固了，因为盐分渗入了芦苇和土壤中，使芦苇逐渐变成半石化状态，相当结实。正是这些特质和极端的干燥，这些芦苇堆才经受住了两千多年的风沙侵蚀。然而建造它们的本来目的是什么呢？在烽燧 T.XII.a 以及附近的 T.XIII（图87），这些芦苇堆放得很有规律，我首先想到了某种防卫功能，似乎它们是为围防御性的栅栏而准备。这样的猜想可能和某些重要现象相吻合，在烽燧 T.XII.a 和其他一些烽燧，都发现有烧过的痕迹，那里大量的烧灰指明了芦苇堆当时的位置。但是，当我在其他烽燧看到极为相似却又很不规则的芦苇堆时，很快就放弃了这种想法。在那些地方，烽燧附近的地面被河谷分割得很零散，或者被其他形式所限制，烽燧 T.XI 附近就是这样。

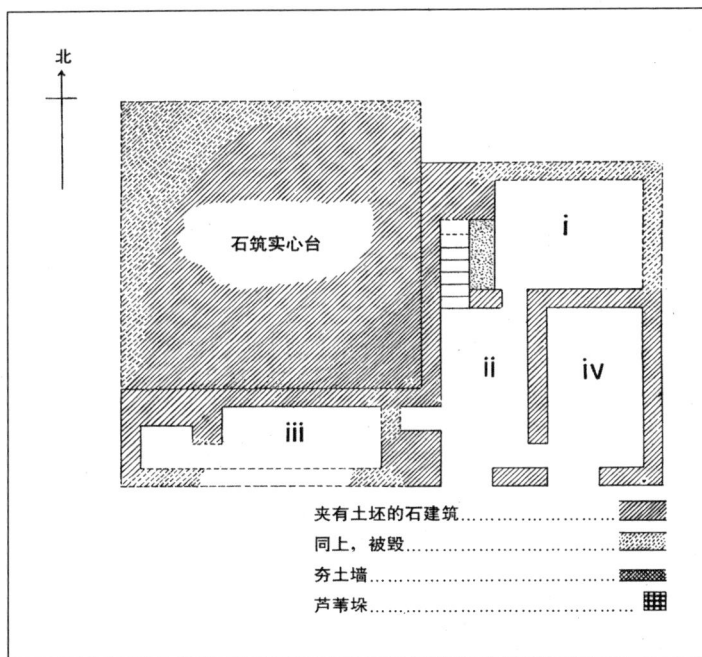

图 87　烽燧 T.XIII 平面图

当反复的测量表明这些摆放整齐的芦苇捆的尺寸，总是与建造长城用的芦苇捆的长度完全一致时，另一个想法立即就浮现了出来。可以很容易地想象，这些芦苇堆是供长城在受到破坏后紧急修砌时用的。这样无论什么原因引起它最后的破坏，都可以很快地修复好，而不必从一个很远的地方去收集所需的芦苇。从这一点出发，由芦苇堆就可以联想到铁道上那些堆砌得整整齐齐的枕木。当考虑到芦苇堆中的芦苇和长城中芦苇束的长度都是7英尺时，这个解释似乎是完全合理的，我以为这个长度是由当初建造长城时的要求确定下来的。但是，根据随后的观察，我对芦苇堆的主要用途又有了不同的观点。

联想到前文已经提到的长城西南翼的指挥部 T.VI.b，我觉得完全有必要寻找另 种解释。我在那里发现，高地的东缘和南缘有六个极其相似的芦苇堆，间隔在20~30码。这些堆里包含着芦苇和较小的胡杨枝条，不同的材料隔层摆放。但这并没有使我感到奇怪，因为人们可以很容易在长城的这一侧采集到这两种植物。然而，在指挥部 T.VI.b 附近，或者说长城的那一侧没有其他任何一段长城，这就很清楚地表明以前的解释无法自圆其说。

另一个念头又出现在我的脑中，不但在烽燧 T.XII.a，而且在 T.XIII、T.XV 等其他烽燧附近，有许多芦苇堆被火烧只剩下一些石灰状碎屑。当然，这也可以解释成突袭者或其他类似的人故意破坏。但是要解释堆放这些芦苇堆的主要目的，以及为何其中的一部分已被烧毁，把它们看作是点燃烽火的材料可能更令人信服。可以设想，长城沿线有可能存在这样一种有规律的体系，从我发现的汉文文书材料中也有这样的证据，而且蒋师爷在现场即已能释读其中的一部分。但是这要经过沙畹先生的翻译，我才能知道在不同的烽燧发现的文书中，有关烽火的记录出现的频率有多高。

这个问题最好留待后面再进一步讨论。在此只需指出支持这种解释的两个实例。几个仍保存很好的烽燧的顶部，红烧土的痕迹应该是能够为这种猜想提供证据的。但是肯定有一些特殊的情况，比如要使火光冲破黑夜，或因遭受袭击而必须点燃烽燧前的芦苇堆，这时整个芦苇堆就被点着。燃烧的遗存总是在整片芦苇堆的东南角，因为这样才不会蔓延到其他芦苇堆（图77）。这样一来，以上那种现象就得到很好的解释。同一烽燧的芦苇堆的高度变化之大（从7英尺到只有1英尺），就很好地解释了这一点，即芦苇经常被用于正常的在烽燧顶点火报警。

向那个狭窄的高地的东南走出大约0.75英里（烽燧 T.XII.a 邻近的一段长城就建在这个高地上），就到达了烽燧 T.XII（图42）。烽燧 T.XII 位于这片沙砾高地的南端，高地由此伸入一大片沼泽地（这个沼泽我在以前对从南湖回到长城的叙述中已经提到过）。在烽燧 T.XII.a 两侧峡谷里的泥沼和小湖，遍布于沼泽洼地的北边。通往罗布的商路，从烽燧 T.XII 南面不远处略高于周围地区的高地，横穿这片洼地。这里的地形特点也刚好解释了为什么会在这个远离长城的地方发现一座烽燧。显然，古代通往楼兰的道路是从这里通过沼泽，更南的地方因为有大盐沼地而无法通行。烽燧T.XII 附近有一座堡垒用来保护古代的商路，监视往来交通。但是，我们同样又发现它并不是有意用来加强长城防卫线，因为它在长城的后面，而且这条路上的一段由于靠近不可逾越的沼泽地而得到很充分的保护。

因此，我很强烈地认为，建造烽燧 T.XII 的目的是作为商路边的一座堡垒。我称其为对边境的安全控制，这与军事防御截然不同。在这个地方设防使我们确信，西去的旅客、商人等需要获得玉门（位于烽燧 T.XIV 的一个主要边防站）守军的官方许可。根据所有中外史料关于帝国西部边境上"关"的设置的记载可以肯定，肃州的嘉峪关（现在用以代替玉门关）直到现在仍像以前一样，类似的警戒线一直发挥着作用。[1] 同样，对那些来自西方的旅客也进行初步的检查，由于可以受到一定的安全保卫，这些商人会到玉门接受检查，而不是试图逃避它。如果在超出烽燧 T.XII 控制的范围，他们可能是另外一种做法。我个人在东方和西方的旅行经验更使我坚信，这种双重检查系统的实施，与现代边境、海关及其他类似地方实行的行政举措有大量的相似之处。同时在早期的

1　在这座建于乾隆年间的坚固城堡的西门内，我看到了主要边防人员的办公室，在那里所有西行或东去的人现在仍然必须"出示他们的纸"，蒋师爷大约在1890年或稍后通过这个地方时也如此。

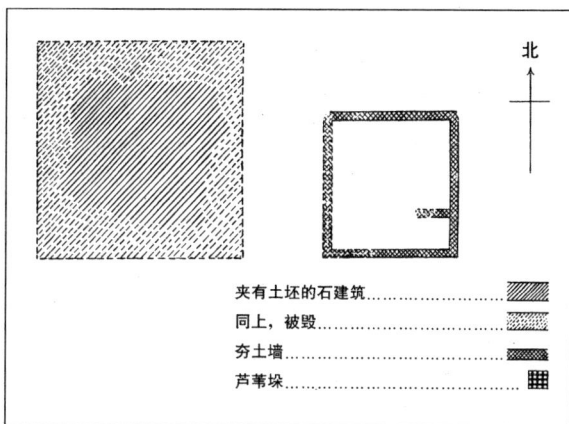

夹有土坯的石建筑...

同上，被毁...

夯土墙...

芦苇垛...

图 88　烽燧
T.XII 平面图

历史记载中，还有许多同类的制度。[1]总而言之，我可以指出，尽
管烽燧 T.XII 的位置像叙述的那样对过往商客和商路的控制来说特
别有利，但作为前线的一个指挥部就不像玉门关那样合适了。南
端建有烽燧 T.XII 的高地上有效空间过于狭窄，限制了这种功能
的发挥，而且环绕高地的水是咸的，古代可能也是咸的。

　　从图42、88中可以看出，烽燧 T.XII 遗址的范围比较适中。

　　1　我最近的一次经历是1915年10月离开俄国途中，从阿斯哈巴德到麦
什德时所经过的过关程序。在高旦村有一个冗长的检查，然后在四五英里外又
有一俄国堡垒最后检查护照。那个据点在巴雅吉兰分水岭附近，保卫着通向波
斯边境的马路。

这座破坏严重的烽燧底部原本约21英尺见方，高约18英尺。烽燧用土坯砌成。烽燧外表可见，土坯一横一竖摆放，与烽燧T.IX的砌法相似。每隔三层土坯，夹入一薄层芦苇。北面残垣呈红色，像是火灾烧红的。当我们清理烽燧以北几码处的一座小型建筑基址时，这种推测完全得到了证实。那座基址除夯筑的基础部分外，不见其他任何遗存。那里还有大量烧灰、焦木和垃圾。在这些垃圾和西边紧挨的垃圾堆里，发现12枚以上带字木简，其中大部分都保存不佳。在沙畹先生摹写的那些木简中，只有No.597因为涉及"官吉显明燧"值得一提。我们已经明白，"官吉"很可能是烽燧T.XII和T.XII.a所在地的地名。发掘出来的各种文物有常见的汉代灰陶残片，三个木质印盒，一根木火棍，一枚带长铁铤的铜镞，几件残席片和藤编物，还有一些常见的木家具和织物残片等。

烽燧T.XII和T.XII.a东边的沼泽洼地的北面越来越深，只有沿着边缘走上2英里后，它的盐沼地才可能通过。经过这样一个迂回后，我可以断定一个有趣的事实：这个大沼泽在地表上与疏勒河床并无联系。这条河床向北深陷入地下，像一条暗藏的壕沟。其他沼泽密布的低地如东边很远的烽燧T.XVIII附近，情况也一样。长城又在烽燧T.XII.a对面的地方建起来，并穿过沼泽。长城从一片开阔的沙覆高地上随坡下降到那里，并消失在一片高于地面约16英尺的茂密的芦苇丛中，随后继续延伸至沼泽里开阔的水面附近。从那里开始，长城不间断地穿越那片沙砾塞，抵达近2英里外的烽燧T.XIII。这座烽燧保存比较完好（图89），它的东南两面有高约8英尺的堆积，表明那里是一些小型营房。烽燧由土坯砌成，土坯规格及砌法与烽燧 T.XII 一致。底部23英尺见方，现存的顶部比地面高出24英尺。清理与烽燧东边和南边毗邻的小房子时，我发现烽燧的土坯结构外面有几层白灰面被兵营的墙压在下面。由此可见，营房是后来增建的。

　　图87显示了这些房子的布局，最大的长13英尺，宽8英尺。在房子 i 和烽燧之间有一段楼梯，原来很可能是通向营房的屋顶，也可能由此又可以到达烽燧顶部。它的台级（宽约2.5英尺）仍然

图89　敦煌烽燧 T.XIII 遗址及营房，自东南望，发掘前

保留着胡杨木做的镶板。房子 i、ii 和 iii 中的小壁龛（第一个小龛没有在俯视平面图中显示出来），很可能用作壁柜。在房间里发现的汉文文书中，有两枚简有明确的纪年。No.401 中有关于"玉门当谷燧"的记录，在 No.399 中也提到玉门候长尤延寿（"寿"当释为"泰"——译者）。

但写在精美的灰色丝绸上的两封私人信件更引起我的兴趣。它们被缝在一个有衬里的丝绸里。这两封信是由另一位在北方前线的人写给驻守敦煌长城的一位军官。它们除给我们提供真实的书写材料的样本外（在此之前只有文献记载，就像引用的有关蔡伦发明纸的文献），还使我们有可能了解那些被放逐的军官生活。

在废弃的营房中发现的各种遗物中，包括一些雕花的木支架（图90），其种类已经描述过。如几件木质印盒，其中一个里面还有印泥（图91）；一枚带三刺的铜箭头（图92），这是一种奇特的类型；一把用了很久的竹扫帚等。在烽燧以南70码的地方，有一些保存下来的芦苇捆，和前面提到的烽燧 T.XII 中的一样，但它们保存得更好。此外芦苇堆里的芦苇束呈十字形相交，每两堆之间平均间隔16码。

紧挨烽燧 T.XIII 东边的地面逐渐下降，形成一片下陷约15英尺的低洼地，可能正是因为有这样一道屏障，这段长城因而保存得很好。这段 200 多米长的长城残存高 10~11 英尺，但是在墙基部堆积起来的沙子和沙砾掩埋了高约 3 英尺的墙体。墙内芦苇层的平均厚度为 2.5~3 英寸，和它们互相间隔的夯土层的平均厚度约 8

图 90　雕花木支架

图 91　木质印盒，内有印泥

图 92　铜箭头

英寸。整个墙体几乎和水泥一样坚固。

　　这段长城边上，巡逻士兵和其他人踩出来的古代道路（前面已提到过）非常清晰，即使在烈阳高照的时候也是如此。沿着它走约1.5英里，可以到达沼泽地的东边。道路总是与长城保持约9码的距离，路面宽1.5~2英尺，低于路旁地面4~5英寸。1914年再次来到这里时，我能确认自己对这段奇特的汉代古道的观察，并对它怎么竟会经受住这么长岁月的风沙侵蚀已不再诧异。因为我又看到了7年前我的坐骑留下的蹄印，它仍是那样的清晰。在接近开阔的沼泽洼地的边缘后，长城的高度已比塞低了约50英尺，然后穿过杂树丛覆盖的沙砾地区，深入到沼泽岸边以内约60码处。我第一次来时的水面，大约比最后一段可以看见的长城脚底低了8~10英尺。

第六章

玉门关

第一节　T.XIV 废墟遗址

考察烽燧 T.XIII 后，我们来到一片宽阔的谷地，它是长城沿线上一条明显的分界线（这些长城的主要目的是护卫一度曾十分重要的西去之路）。谷地最深处有很多小湖和盐沼，两侧是高达50英尺的悬崖，连着铺满砾石的平坦高地。从 T.XIV 要塞上可以看到谷地向西南蜿蜒而去，形状特别像宽阔的河床，事实也正是如此。在地图上很容易看出来，这片谷地曾是南湖的主河道，南湖经由它与疏勒河汇合。湖水如今已变成地下水，是目前这些小湖的补给水源。显然，早在史前时代，河床的面貌就大致与今天类似了。但是，我们看到，古代长城的最末端位于谷地的边上（西边的长城高10英尺，东边的长城高大约也有10英尺），这提醒我们，

图 93　敦煌亭障 T.XIV 城堡附近的小丘，上有标明古玉门关位置的遗迹，自西南望，清理前

这些沼泽大概在汉代以后就缩小了。

可以肯定的是，即使沼泽的面积发生了变化，也并没有太多影响到 T.XIV 要塞附近的地形。从图93和图13中可以看出，T.XIV 要塞和北面与它相连的一座山丘均位于一个高地之上，高地像半岛一样伸到谷地之中，其东南面是深深的沼泽，沼泽边上长满了芦苇，其西南面是盐沼，商旅可以很方便地从高地上通过。在此设置的 T.XIV 要塞把守住了这条通往罗布泊的必经之路。要塞西北面和东南面都靠近沼泽，位置十分险要。

要塞与其附近的土丘所占据的两座山丘的成因和地貌特征都类似台地，台地顶部几乎和东西两侧的高地一样高，使这个要塞的战略位置更加有利。我通过实地观察发现，从要塞的城墙上不仅在一定距离内可以俯瞰整个谷地，而且可以瞭望两侧和北边的广大高地。从这个制高点上，我可以看到从 T.XI 到 T.XIX 这9座破败的烽燧，这足以证明 T.XIV 要塞的重要性。沙漠生活经验告诉我，如果天气好，夜间在这里大概可以看到更远的烽燧 T.IX 和 T.XXII 上点燃的烽火，这两座烽燧之间的直线距离有30英里，烽燧 T.XXII 离哈拉湖已经不远了。此处之所以成为军事和交通要地，还有一些不应忽略的实际因素：南北两侧的谷地中有不少芦苇和灌木可以喂马，而西北的沼泽边上有泉水可供饮用。

这些因素一开始就引起了我的注意。像 T.XIV 要塞这样庞大的建筑坐落在如此要害的地方，这自然使人猜想到，它大概是这段长城的"司令部"。要塞的厚墙十分引人注目，但它的建筑特征却无法说明其确切年代（我在沿此路线第一次旅行时已简要描述了它的建筑特征，图13、14分别是从东北和西南所见的"小方盘"，另见图94）。夯土墙很厚，墙基宽15英尺，相当结实，但北面和东面有不少地方已经坍塌，显然是风蚀造成的，说明这个要塞比较古老。从图13上可以看出，西北角底部也明显遭到了风蚀。北墙上有一个尖拱形的豁口，底部宽13英尺，大概是泥土脱落形成的，豁口中粗糙的土坯似乎是后来填进去的。从图14中可以看到，这个小要塞的真正入口是在西墙上，只有8英尺宽。我注意到，要塞的西北角在古代修复过，墙上的裂缝中塞着成捆的芦苇，并用胡杨树枝加以固定。

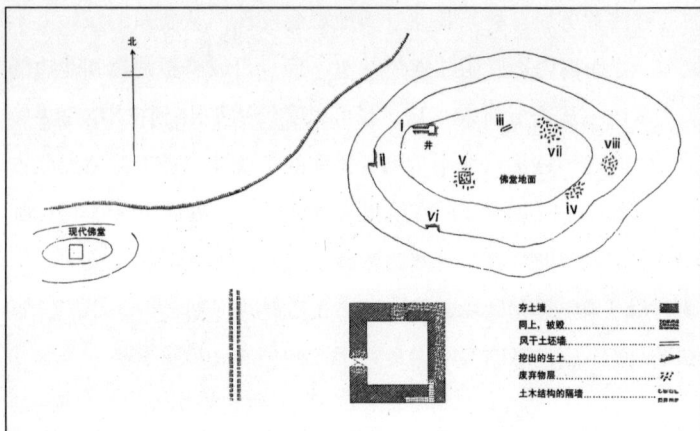

图 94　T.XIV 古堡与房址平面图

　　在要塞里，我努力寻找古代军事堡垒的遗物或其他可推测其年代的东西，但一无所获。要塞内部有 54 英尺见方，上面铺着四五英尺厚的垃圾。我们清除了几处垃圾，底下的地面上只有灰烬、动物骨骸和马粪，看来垃圾下不会有什么有价值的东西，我的时间和人手有限，也就没有将其全部清理。在北墙外，我发现了一层不厚的垃圾，其中有古烽燧中常见的粗糙的灰色陶器，在地面上也发现了类似的东西，这引着我来到了一座长灌木的山丘下（图 93），山丘西端位于要塞之北 70 码的地方。当时是 4 月 20 日，我手下规模不大的工作队几乎全在忙于清理 T.XII.a 遗址，我于是让跟随我的那个人在山丘上的不同地点进行挖掘，许多地方的砾石下都露出了秸秆和马粪。

　　我发现了诸如木片、写着模糊不清汉字的小纸片、丝绸和大麻布碎片等物，这使我满怀希望。这时，那个民工在距山丘底部15英尺、顶部6英尺的地方掘开了一块坚硬的泥土，发现底下是一个横插在山丘中的坑道入口，其中塞满了流沙、秸秆和垃圾。我还没来得及想清楚这个坑道的用途，就发现在空白木简、草编物、骨头和其他垃圾中，有23枚木简。坑道里都是流沙。挖了约10英尺后，民工报告说，他发现了一间灌满流沙的小屋子。

　　这意外的发现及其带来的奖赏鼓舞了这个民工，他急切地在山坡上四处找寻。我的一名新疆仆人这时也赶来了。不久，他们在泥岩中发掘出了一个平台或小屋，即 T.XIV.ii，距此只有16码。在那附近发现了约20枚木简和大量写着字的薄木片。其中一块木片 T.XIV.ii.1 上的文字虽已脱落，却具有考古学上的价值，因为它的形状与楔形佉卢文木牍完全一样，也有放封泥的方形槽，但封泥已经脱落了。另一枚木简的形状略有不同，可能是一张便条。我很快发现这枚木简具有特别的价值，因为便条中提到的寄信人地位很高。关于这枚木简以及其他在首次发掘中出土的文物，我以后还要提到。

　　蒋师爷把这一地点的出土物迅速检查了一遍。他发现，坑道中出土的文物中有几个是属于王莽时期的，而在 ii 地点发现的文物中有两件文书的年代似乎在公元前48—前45年。这个遗址特别令人感兴趣的地方在于，不少文书中都明确提到了玉门关的军官。

其中有几件文书是发自或写给地位相当高的人的，而普通长城烽燧的文书中涉及的人物一般官衔没这么高。前面我已说过，这里的地形特征和考古学特征已使我意识到，它必定是古长城西端的一个重要关口。所获的文书很快使我得出了结论：公元前1世纪初到东汉末年的玉门关一定就在这里。

我急于把这座不起眼的小山丘尽快清理出来，幸好此时另有12个民工从敦煌赶来，加入了挖掘的队伍。即便如此，大家连续干了3天才完成这一任务。要清理的山丘东西长约100码，南北大概也是100码。我们完全不知道在哪能挖出古代遗物和垃圾，于是不得不沿着山坡挖了些平行的沟，以保证在这个重要地点万无一失。我们一直挖到下面坚硬的泥土，泥土上面一般有2~3英尺厚的碎石。山丘顶上较平坦，长约120英尺，我们在那里同样也挖了沟。

在叙述这些劳动成果之前，我先提一下我在西北坡狭窄的坑道处的发现。在坑道口，我发现了先前提到的王莽时代的木简。我先前怀疑这个坑道是某间地下室的窗子，结果却发现它是一个地窖或地穴的唯一入口。这个地穴长6英尺4英寸，宽5英尺4英寸，民工从坑道往下挖了12英尺深仍没挖到底。地穴的土屋顶原本应有木头支撑，在挖掘过程中屋顶塌了下来，幸好没有砸到人。地穴都是疏松的沙子，从中挖出了几十枚木简碎片。由于潮湿的缘故，这些木简腐烂得特别厉害，文字大多不可识读，拿的时候要特别小心才行。但从其中的两枚上，蒋师爷辨认出了王莽的年号，相当于公元17年。No.370木简也是在这里发现，上面有"千夫"二字。这些木简很可能来自王莽时代的一个垃圾堆，被风吹进了地穴，后来地穴中又被风灌满了流沙。越往下挖越潮湿，底下即使有什么文书等物，也必定已经腐烂，我于是决定不再浪费时间和人力向下挖掘。

我十分不解的是这间地下室的用途。蒋师爷和我手下的几个穆斯林认为，这可能是一个地牢。至今中国新疆的人们还记得这种用来关押危险囚犯的地牢，在中亚地区，直到俄国占领之前还有这种关押犯人的做法。东亚可能也有这种做法。在我看来，这种猜测很可能是正确的。如此看来，地穴顶上旁边的开口（或坑道）一定是通气孔，犯人从那里进去，他们的食物也从那里送进来。坑道口发现的木简上提到，有一个人被长期殴打致死，这说明该地牢以前是一个十分恐怖的地方。在地牢以东20码的T.XIV.iii遗址中，我们发现了一根保存完好的刑棍（图95），长20英寸，是中国传统刑棍的形状，棍头宽2英寸，还有一个提手。在地牢附近发现了这

图95　刑棍

根刑棍，真是一个奇怪的巧合。

在 T.XIV.iii 遗址附近，发现了这座山丘上仅有的房屋建筑。那是一面土墙的墙基，宽约2.5英尺，长约9英尺，东北山坡上还残留有台阶。在清理墙基附近的废墟时，发现了100多枚木简，部分木简是完整的，沙畹先生出版了其中的34枚。6枚木简上有纪年，其中5枚的年代在公元前96—前94年，这证明该要塞在建造长城时就已存在。下面还将提到文书 No.305 和另一枚有纪年的文书 No.307，这两件文书为玉门关的地理位置提供了佐证（No.307是一个保存完好的便条，年代为公元14年）。其他古代木简也颇有价值。在有字的文物中还有一枚木质印戳，上面刻着"长寿"二字。再向东是 T.XIV.iv 和 vii 遗址，它们部分位于山坡之上，面积很大，但有价值的文物不多，唯一一件有明确纪年的文书是公元4年。在 viii 附近发现了一层夯得很结实的芦苇，长约15英尺，估计是墙的地基。西南坡 vi 点残留的土坯墙长约9英尺。在 vi 和 ii 点上的地上都有一个豁口，显然是为军队出入而设。

v 号遗址则比较奇特，它位于地穴东南约40码的地方，是山丘的最高点。要不是这里的地理位置对这个遗址的奇异特征作出了解释，它当时还真令我迷惑不解呢。在那里约1英尺厚的砾石和泥土下，我们发现了一层夯实的芦苇，是一间小屋的地基，芦苇下盖着一个古代垃圾堆，其中有一些汉简。从这个垃圾堆中清理出了10张纸片，显然是汉文佛经残件。这些纸张很像我1900年在丹丹乌里克发现的写卷，其字体和内容则类似于喀达里克发

图 96　丝绸织物

现的《般若波罗蜜多经》汉文译本。从这些物证中我得出一个结论：唐朝时，在这个早已荒废的遗址上曾存在过一座不大的寺院。T.XIV.v.003 和 T.XIV.v.0011.a~c 残片（图 96）是精细的丝绸织物（其中还包括织锦），织物上装有三角形顶饰和木杆，显然，是些小型幢幡与我第一次旅行时在安迪尔寺院发现的幢幡类似。这些织物显然也出自此地的寺院。

第二天，我们在芦苇下发现了一只小木碗（图 97），碗中有两根戴在头上的饰针，还有 80 枚中国铜钱，这更证实了我的结论，因为只有两枚铜钱是公元 1 世纪和公元 2 世纪的五铢钱，其他铜钱上都有开元年号。我们知道，这种铜钱在唐初发行，在唐朝的大部分时期均可通用，而此处发现的古钱却没有因流通而磨损。所

图97　小木碗

以那些佛经残片极有可能是唐初的。当时通往罗布泊的路线仍是交通要道，直到吐蕃在公元8世纪中叶侵入甘肃时关闭了这条道路，中原和塔里木盆地的交通才从此断绝。

后来，沙畹先生认真研究了小寺院中出土的佛经残片，更证实了我在考古发掘现场得出的结论。他发现，文书 No.710 残片中写的是《般若波罗蜜多经》汉译本的开头部分，这部佛经是玄奘法师在公元654—664年翻译的。沙畹先生明确指出，这证明 T.XIV.v 遗址出土的写卷年代必定晚于公元650年，可能属于公元8世纪。其他9张纸片摘自一本印度佛教学者鸠摩罗什于公元400年翻译的佛经，另一张较大的残片中提到捐献一尊释迦牟尼像，并写有各种佛教祈祷文之类。那张《般若波罗蜜多经》残片不仅具有纪年上的价值，而且可以当作对玄奘法师的纪念：这位虔诚的旅行家在公元645年从印度归来去敦煌的途中，一定曾在距此山丘不足几码的地方经过，而12个半世纪后，我们在这里发现了他艰辛劳动的一项成果。

第二节 玉门关的位置

我们将发现，在汉代已废弃的遗址上修建的这座唐代寺院颇有考古学上的价值。但在论述这一价值之前，首先应当看一下从古代废墟中出土的文书及各种物件。先来说各种物件，它们与从长城其他烽燧出土的物件关系密切，所以无须赘述。物件的数量相当可观。考虑到此处几乎没有建筑遗存，如此多的文物足以说明遗址的重要性（这里的文书和物件之所以保存下来不少，并非有坍塌的堡垒或墙的保护，而只是文物本身积累得又多又厚的缘故）。其中应当特别提及的有：为数众多的漆碗碎片，上面有精美的装饰；一枚彩绘象牙残片；一把铁斧头（图98）；一张竹编织

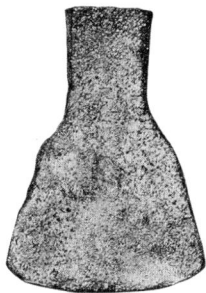

图98 铁斧头

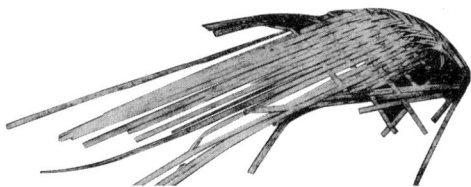

图99 竹编织物

物（图99），可能是一把竹扇子；一把木刀鞘。大量织物中有的是丝绸，还有各种较粗糙的织物，其中一小块做工精美的刺绣比较引人注目，后来在千佛洞中发现了很多这样的刺绣。

现在来说说文书。首先应当指出，这里出土的文书数量很多。沙畹先生的书中包括了80件文书。要不是从 T.XIV.i 地点发现的文书因潮湿已不可识读，文书数量还要多得多。有纪年的文书主要出自两个时期，间隔约一个世纪。文书中的语言也相应地大致分为两类。山丘顶上 T.XIV.iii 废墟中发现的5件文书是公元前96—前94年的，那是敦煌长城最初建造的时期；在 iii 地点发现的第6件有纪年的文书，其纪年是公元14年，上面有王莽的年号。而从 T.XIV.i 坑道和地穴中发现的5件文书，其纪年均在公元9—19年，均属于王莽统治时期。从其他废墟中发现的文书有的属于这两段时间之间。T.XIV.ii 废墟中出土了一件年代为公元前48年的便条，还发现了文书 No.339，根据蒋师爷的识读，这件文书是公元前45年的。文书 No.355（公元4年）是从 T.XIV.iv 废墟中出土的，而 T.XIV.vii 废墟中出土的文书 No.356大约写于公元5年。似乎可以得出这样的结论：公元前1世纪和王莽统治时期，公函来往十分频繁，说明这两个时期此地的活动较多。

如果我们研究一下 T.XIV 要塞出土的文书，就会发现"玉门关"被频繁地提及：不下10件文书中出现了"玉门"二字，其中四次是与"关"字同时出现的，另外两件文书中单出现了"关"字，显然指的也是玉门关。这是十分引人注目的，因为在沙畹先生出版的古长城全部672件文书中，一共只有24次提到这个著名的关隘，也就是说，来自 T.XIV 要塞的80件文书提到玉门关的次数约占总数的一半。如果我们再看一下其他提到玉门关的文书的分布情况，就更会得到启发。在 T.XV 要塞中，117件文书有五次提到玉门关，而这个重要地点就位于距此以北不足2英里的地方。更引人注目的一点是，在长城上所有古代档案馆中出土文书最多的 T.VI.b 遗址，其文书有228件收入沙畹先生的书中，其中只有一次提到玉门关。其余7件提到玉门关的文书，T.VIII、T.XIII 和 T.XII.a 各有两件，这座烽燧位于 T.XIV 以西的长城上，显然受这个总部的管辖，第7件提到玉门关的文书 No.343 是在距此极近的烽燧 T.XIV.a 中发现的。

T.XIV 要塞所有提到玉门关的文书中，有7件明确表明玉门关就在这里，这样也就很容易解释其余文书的内容。文书 No.381 是一张便条或是信件之类的东西，显然是要在玉门督卫手下的军官中传阅的。文书 No.305 是向千夫发布命令的，足见发令者地位之高。大木简 No.307 是一个保存完好的重要物证，是公元14年开列的玉门下属的大煎都已损坏的兵器清单（我们在长城上获得的不少文书说明，当时所有损坏的武器装备都要入库，一部分是为了确定是否要发放新武器，一部分是为了检修，这种做法跟现代军事管理制度下的做法是一样的）。显然，这些武器都应该集中在总部，即文书中的玉门，由此能得出的最简单的结论就是，这枚木简出土的地方就是玉门。

还有别的其他物证可以支持我们的结论。有4件文书都提到"玉门关候"，或简称"玉门候"。沙畹先生还没有把这些文书完全破解出来，玉门候是何官职尚不清楚，但"候"这个尊号以及文书 No.378 中提到的与他联系的前方军官都说明他是位颇为重要的人物。还应注意到，文书 No.378 还提到了龙勒县（据《汉书》所载，玉门关和阳关均下辖于此县）。文书 No.379 和 No.380 是给玉门关的官员下达的命令，似乎说的是人员或物品过往之事。还有文书 No.357 中提到"玉门官口亭"，这也特别引人注意。但不幸的是，这件文书已残破不全。我们发现，"亭"指的是军事管辖下的一块地区，那里的驻军任务就是保卫长城。

除这些直接提到玉门关的文书外，还有不少文书的内容表明，它们被发现的地点不只是普通的堡垒。其中有两枚木简特别值得注意，它们都已残缺不全，记录的是向87名护送特使出使车师和莎车的士兵发放粮饷之事，还提到了两位高贵的年轻人，显然他们也是特使的随从。这两枚木简都是在 T.XIV.iii 遗址发现的。我们已说过，该废墟可追溯到长城最初建造时期，这又可以解释为什么文书会提到派往西域诸国的使节。据《汉书》记载，在古代中国向西扩张的早期，出使西域的使者十分频繁，沙畹先生曾指出，这类使者都带有不少随从。显然，在沙漠中的国界线上，一般常驻守军的给养还很困难，那么从此路经过的大队使团的给养必定不是普通要塞发放的。而如果 T.XIV 要塞就是长城西端的军事管理"总部"所在地（即玉门关故址），给养问题就不难解释了。

文书 No.312、336 中也提到了类似内容。

有些文书发自地位很高的官员，有些文书则与地位很高的官员有关。如果此地只是一个普通要塞，这些高官和驻扎于此的人员之间是不可能有直接接触的。其中一枚楔形木简上记载着敦煌郡守奖赏的礼物清单，此外还赏了乌孙国女子、一头驴和两匹马。文中提及的乌孙女子显然是女奴，这个内容有相当的历史价值。乌孙族是一个游牧部落，本来生活在敦煌以东地区，后来随大月氏向西迁徙。按《汉书》记载，在古代中国早期出使西域的活动中，乌孙国起了不小作用。另一件文书是"始建国元年"(公元9年)的，其中记录一名关啬夫收到敦煌长史写来的信，"关"字与文书 No.373 一样，指的显然也是玉门关。对于文书 No.375、376 我们也可以作类似的解释（文书 No.375 是向郡要塞长官推荐一名地方官，而文书 No.376 是指定要塞长官的副手该用何种官印）。还有几件文书中均提到"千夫"，这一军阶在汉代边疆军队体制中地位是相当高的。

我还需指出一点，T.XIV 要塞中除了提到玉门，还提到了其他地点。我们对这些地点的已有知识，与确认此地为玉门的结论是吻合的。文书 No.304、307、356 中均提及大煎都（或煎都），我在前文已说过，大煎都是长城的最西端，而且是受玉门管辖的。文书 No.304 是公元前96年的，文书 No.356 是公元15年的，可见这种受辖关系维持了一个多世纪。T.XIV.iii.64 中所提的大福在别处没见过，无法确定其位置。文书 No.314、313、377 中提及的地名平望（要塞或关隘的名称），则比较容易判断。其他烽燧出土的文书中也曾多次提到平望，它们比 T.XIV 要塞出土的文书内容要明确些。通过对它们的进一步研究，我们得出的结论是，平望大概指的是从哈拉湖畔的 T.XXII.c 到玉门关 T.XIV.a 遗址的这段长城。

仔细研究 T.XIV 要塞所得出的结论，再加上先前所述此地优越的自然环境和地形环境，都让我们相当肯定地认为，玉门关这个楼兰古道上西去人员的必经之地大概就设在这里。它坐落在防卫城墙和烽燧线后面，西北和东南方无人可穿越的沼泽使它不致受到敌人的直接进攻。把这个位置选作长城最前哨的军事基地真是再好不过。就控制丝绸之路上的交通而言，这个位置也是极佳的。从汉武帝时期起直至西汉末年，这条路线是中原王朝与其中亚"势力范围"之间的主要联络线。幸运的是，我们在此地又做出了一个考古学的发现，确定了我们的结论，同时又再一次说明了中国史书的正确性。

我指的是，我们发现了一条辅助城墙。在第一次勘察 T.XIV 要塞周围地区时，我发现有一段城墙从北向 T.XIV 要塞延伸而来，最近的地方是在 T.XIV 之西，然后又向南—东南方向即大体为南湖的方向蜿蜒而去。我近距离考察了 T.XIV 要塞以北的城墙，发现其底部宽只有约 5 英尺，但结构与长城城墙很相近，也是由一层层粗柴和夯土筑成，多数地方朽坏得很严重。墙体显然不厚，这一点确定无疑，这足以将它与长城主城墙区别开来。这段辅助城墙的起点在 T.XIV 要塞和 T.XV.a 遗址南边一片深洼地的西南边缘，洼地中有几个靠地下水供给水源的小湖。从起点起约0.5英里长的城墙向正南延伸，其所在地形是一个舌状高地，高地顶部光秃秃的，铺满了砾石。这一段城墙高均不足5英尺，墙中所用的芦苇捆始终清晰可辨。在辅助城墙接近 T.XIV 要塞以北的洼地之处，我发现了一座小山丘。山丘上有一个土坯筑成的地基，可能本是一座倾颓的堡垒，土坯长14英寸，宽7英寸，厚5英寸，地基中也有一层层常见的芦苇。这个废址位于辅助城墙以东约80码的地方，未发现垃圾堆或其他表明人曾长期居住过的痕迹。此后，辅助城墙向下蜿蜒到一块低地上，低地比高地顶部低40英尺，上面长满了灌木。然后，形如低矮土丘的城墙直奔 T.XIV 要塞所在的铺满砾石的山丘而来，一直到了距要塞不足0.25英里的地方。城墙本来必定环绕着山丘北山脚和西山脚，但城墙在要塞正西重新出现。这一段墙形如土丘，高只有三四英尺，但由于墙体笔直，所以很容易辨认出来。此后，它穿越附近长满芦苇的沙地，向南160°东方向延伸而去。

1907年我在 T.XIV 要塞的高处眺望时，就确信这段城墙到达南边光秃秃的砾石高原后，必定向南—南东方向继续延伸，但当时我没有时间做进一步调查。1914年3月我再一次经过 T.XIV 要塞，勘察了南面的城墙，但由于存在给养等实际困难，这次勘察较仓促，并未走得太远。我发现，在距 T.XIV 要塞约1英里的地方，城墙从谷地中延伸上来，从光秃秃的砾石地面上很容易辨认出墙中的芦苇捆。由于这里水平放置的芦苇捆保存了下来，我可以轻易验证自己先前的结论——墙脚的厚度只有约5英尺。有的地方墙体已严重风化，有的地方仍高达3英尺。连续的墙体一直延伸了3.5英里，引我来到一座烽燧废址，我先前在 T.XIV 要塞并不曾看到它。

这座烽燧位于城墙以东约70码的地方，也是由土坯砌成的（土坯与大多数烽燧类似，但更粗糙），每隔18~24英寸就出现一层芦苇。烽台底基约17英尺见方，烽台实际高度为15英尺。烽台下南边有一小堆垃圾，我粗略翻拣了一下，只发现织物碎片和几块小木片，可惜我既没有时间也没有工具对这里进行彻底清理。有一点很值得注意，这座烽燧位于 T.XIV 要塞南150°东方向的地方，此后辅助城墙向南150°东方向继续延伸。沿此方向下去，它必定会到达南湖废耕地北端的 T.XVIII.b 废墟遗址。

现在我得出了确切的结论：这是用来连接 T.XIV 要塞（即玉门关）和南湖绿洲的一段城墙，而古阳关遗址就坐落在南湖绿洲之中。过了前面所说的烽燧之后，有2英里长的城墙在砾石地表上清晰可辨，此后，它消失在一片灌木丛和胡杨树中，我从南湖来时曾穿越这片灌木丛带，勘察那里以及接近南湖的城墙，这一任务我只能留给研究中国古长城的后来者了，希望有这样的人。我还观察到一个有趣的现象：在我勘察的砾石地表上的大部分城墙旁，均可清晰分辨出我先前就已在别处见过的那种古代小路。小路在墙东9码远的地方与墙平行延伸，只是到了烽燧附近时，才向烽燧拐了过去，这表明路与墙是在同一时期出现。

第三节 玉门关和阳关之间的辅助城墙

发现这段横向的城墙，对确定玉门关的位置意义重大。但在讨论这个问题之前，我们先要弄清楚，最初修这段墙的用意是什么，它与长城主体在时间上孰先孰后。先来回答后一个问题。据我看来，这段城墙的修建不可能早于此地的主长城，也不可能与其同时。首先，汉武帝时期，人们为了确保通向塔里木盆地的道路畅通无阻，不畏严酷的自然环境，几年之内就在漫长距离上修好了长城。1907年和1914年我在此地以东的勘察发现，即使在100英里长的沙漠上长城也从未间断过，由此而来很难想象他们会在这里修一段远没有那么坚固的城墙。这段城墙也不可能是先于主长城独立修建起来用于把守西去的道路（尽管对于当时奉行积极西进政策的中国来说，把守西去的道路的确是一个重要任务），因为，在 T.XIV 要塞若无北边主长城的护卫，辅助城墙就极易从北面被攻破。如果它的用意确实是把守道路，其北端就应该与烽燧 T.XVII 或 T.XVIII 附近的沼泽相接。如是，那些沼泽连同通往哈拉湖的沼泽就会使它不致两侧受敌，而城墙长度并不需加长。如此看来，唯一的可能就是，这段城墙是在主长城之后修建起来的。

但它的真正用意是什么呢？似乎有两种可能的解释。乍看之下，人们容易得出的结论是，这条内线城墙主要目的不是加强军事防卫力量，而是维持治安，以便征税、有效地盘查来往的单个旅客及商队，尤其要使帝国的行政管辖范围不受"蛮族"的侵扰。在古罗马长城上和当代东方国家的边界线上，很容易发现这种内层警戒线。中国长城是一条坚固的军事防卫线，而且长城主体位于辅助城墙之西，所以该辅助城墙似乎有可能是与长城平行的治安警戒线。但在研究所获文书的年代之后，我们不得不关注另一种可能的解释，而地形上的因素显然支持了后一种解释。我们已有充足的理由证明，辅助城墙的修建年代比主城墙要晚。那么，辅助城墙的用意很可能是缩短沙漠上边界线的长度。看一看地图我们就知道，缩短边界线是很有好处的。

有一点十分重要，在辅助城墙以东的长城上发现的有纪年文书说明，那些烽燧从公元前1世纪初到公元137年一直有人把守。在辅助城墙以西发现的文书数量更多，其中除了两个明显的特例，所有文书都不晚于王莽时期，远在西南方的 T.IV.b~T.VI.b 发现的文书年代则更早。这些事实似乎说明，在王莽篡汉后的动荡年代里，T.XIV 要塞以西的边界线在逐渐收缩。废弃了长城最西端后，可以相应地减少给养、卫戍等方面的困难，在远离居民区的沙漠前哨中，这些问题是很棘手的。如果考虑地形因素，我们似乎可以认为，这种收缩必定是从西南方、远离去罗布泊道路的那些偏远哨卡开始的。这条路沿线的哨卡至少在王莽统治时期内一段时间里是有人驻守的，T.VIII.iii.2及文书No.586可资证明。至于烽燧T.XII和T.XII.a，前文已说过，它们地理位置优越，是玉门关的前哨，这两处可能在王莽时期之后仍有驻军。

西南一线的烽燧被废弃后，人们一定强烈感觉到需要一条同样横穿沙漠但位置比较靠后的城墙，这样，无论是来劫掠的"蛮族"还是普通的非官方人员，都不能越过中原王朝的"行政管辖边界"（此处借用了英国和印度的官方术语）。我认为，就是在这种情况下，才修了一条从T.XIV要塞到南湖（或阳关）的城墙。如果没有这段城墙，敦煌就毫无屏障可言。来袭的敌人可以绕道疏勒河末端的沼泽，就能避开去罗布泊的路上那些仍有驻军的哨卡，或者在最远的哨卡之外穿过这条路。更重要的是，如果没有这条城墙的保护，T.XIV.i.e的玉门关总部及东边各哨卡（其中离玉门关最近的居民区是南湖，即阳关）之间的交通线就完全被暴露出来。

由于缺乏直接的文献证据，此处提出的解释并非定论。但是，在我看来，这种解释是站得住脚的，因为不仅地形上的因素与其吻合，而且《汉书》对这一时期的记载也支持这一解释。王莽统治末年或王莽朝结束后不久，中原王朝收缩了最西边的国界线，这种说法与当时中国政策上的明显变化是符合的。约在公元9年，王莽对匈奴单于采取的行动挑起了严重纠纷，西域地区动荡不安，中原王朝已无力保护西域免受北方匈奴人的袭击。《汉书》记载，公元16年，匈奴大举进犯北部边界，西域土崩瓦解。几年后（公元23年），王莽死去，西域的都护府撤销，中国在西域的影响力降到了最低点。

公元25年东汉王朝成立时，这些情况仍未有改观。据《后汉书》记载，东汉最初两个皇帝时期，西域诸国均受制于匈奴，东汉王朝皆听之任之。匈奴于公元58—75年甚至四次劫掠了河西诸县，包括敦煌和甘肃西端。可以肯定的是，在王莽死后的半个世纪内，中原王朝的政策不再是向西扩张，而是纯粹采取防御战略，直到公元1世纪70年代中叶，这种政策才有所改变。《后汉书》对此说得很明白，这更支持了我的结论：经过 T.XIV 要塞的辅助城墙说明了长城的收缩，这种收缩就发生在西部边境采取被动防御战略的那段时期之前或之中。

上述历史及地形因素使我们对辅助城墙的性质和缘起有所了解，而城墙是朝 T.XIV 要塞而来，更证明此地就是玉门关。修这条新城墙后，玉门关"总部"仍可保留在原址，仍旧占据有利地形——最初就是因为这有利的地形才把玉门关置于此地。还有一点同样很重要，我们发现，早在帝国的西部边界扩展到敦煌地区那时候起，在《汉书》和《后汉书》中玉门关和阳关总是相提并论，无疑，驻扎在这两关的军队可以互相支持。前面已说过，阳关位于今之南湖，玉门关则位于阳关西北的长城线上，而在这条线上，只有 T.XIV 要塞离南湖垦殖区末端最近。在长城最初修建时，一定有一条人员过往频繁的道路连接着玉门关和阳关，沿这条道修新城墙是再自然再便利不过的事。罗马长城最初也多是循着先前的重要道路而建，敦煌长城本身也沿着去往罗布泊之路修建，这些都可资佐证。于是，公元1世纪，用这段新墙取代西端长城的人们，把新墙一直修到这里，这样，他们不但满足了已变更的边疆政策的要求，还利用了实际上的便利之处，并尊重了传统。

尊重传统这一动机，在中国人的性格中一向十分强烈。以此可以解释，在唐之前就已废弃几百年的T.XIV要塞布满砾石的山丘上，怎么会发现一座唐代佛寺遗址。既然已可以认定这里就是古代玉门关，我们很容易即可判断，寺院遗址是当地烧香还愿活动的产物。东汉时期，重新恢复对西域进行治理，这种治理于公元73—102年班超出使西域活动中达到顶峰，匈奴进犯中国行政管辖范围的危险随之减弱。后来，匈奴西迁，匈奴对汉朝构成的威胁完全消除。而从公元2世纪中期起，中原王朝与西域诸国的联系越来越少，到汉末、三国时期，有一段时期与西域的联系似乎完全断绝。我考察过的烽燧遗址中没有任何文书晚于公元2世纪中叶，由此判断，公元2世纪中叶稍后中原王朝似乎废弃了敦煌以西的长城，把它们交付给了沙漠。

但是，我在楼兰遗址发现了公元3—4世纪的文书，而法显约在公元400年西去印度，这些都说明，商队仍继续使用着这条通往罗布泊的沙漠之路。无疑，当时来自敦煌和南湖绿洲的游牧者、樵夫等仍到疏勒河尽头池沼边的牧场来（他们今天也仍到这些地方来），所以此地的宗教活动才有可能持续下去。汉代西出玉门关到偏远荒漠中去的人们，已习惯在边界寺院里烧香还愿，祈祷神灵保佑他们平安回到帝国的关内来，正如现在中国万里长城嘉峪关游子们的做法一样。

在汉代玉门关遗址上，我有幸发现了一座现代小庙，它有力地证明，此地的敬神传统一直延续至今。这座小庙已成废墟，它就位于被我们清理过的山丘之西约100码的地方。小庙仍有一定高度的残墙保留下来，但屋顶以及所有木质结构均荡然无存。粗陋的泥像已面目全非，但泥像前面装满沙子的小碗中仍插着香。还有其他类似迹象表明，至今仍有牧人和偶尔过往的客商到这个废墟烧香祈祷。民工们出于敬畏，甚至不肯在小庙周围挖掘一下。对他们的这种行为我并未感到太多遗憾，因为人们对此地至今心怀敬畏，这本身就是又一条考古学上的证据，与前文详述的结论吻合。

第四节　烽燧 T.XIV.a 及其垃圾堆

玉门关遗址已经确定了，现在我们该回到长城和烽燧的主线上来，从前文中断的地方，即从 T.XIV 要塞西北的大沼泽地边上继续勘察。此后，我发现长城重新出现在大沼泽东北边缘，并沿西南—东北方向延伸，穿越一段铺满砾石的高地，来到了一片较小的洼地边缘，洼地中有一个弯弯曲曲的小湖（图51）。这段长城长约0.75英里，没有什么堡垒或烽燧遗址。墙仍像往常一样由芦苇捆筑成，有的地方墙体高达五六英尺。而在其蜿蜒到高地某一侧并接近下面沼地的边缘时，墙体则倾颓成了低矮的土丘，只因其较直，才能被从灌木和水边的芦苇丛中分辨出来。墙在距小盐湖约40码、高出当时盐湖水面约15英尺的地方改变了方向。在西南方的大洼地中，我发现长城的土丘从高地脚下又延伸了约0.25英里，终止在土壤已变得泥泞的地方。

上述小盐湖以东是一座较窄的土山，土山向北分成许多已被风蚀的台地，向东是一片很长的洼地。图49是从南面拍摄的（右边山上就是烽燧T.XIV.a），长城在一个只有宽约400码的山口越过土山。在西南方，长城沿土山的陡坡一直到达60英尺以下的山脚下，这一段墙体中的芦苇层依旧十分清晰，但有些地方的芦苇层不知为何扭曲了（图51）。然后墙体又向湖边延伸了约100码，此处的墙体高出湖面20英尺。但很有可能还有一段墙，由于已坍塌成低矮的土丘，所以被浓密的灌木丛遮住了。在东北方，长城从山上下来，来到前文提到的弯弯曲曲的洼地边缘（地表布满了砾石），继续延伸到距最近的沼泽150码的地方（水面上新结了层盐晶，标示出沼泽的轮廓），终止于高出水面约12英尺的地方。图50是在烽燧T.XIV.a附近拍的，从中可以看到这个向北延伸的沼泽的一部分。这一荒凉景象是疏勒河向西所流经地区的典型景象。河床形成深陷的壕沟，与我从T.X要塞起所描述的那些沼泽明显不同。壕沟十分隐蔽，我第一次向烽燧T.XIV.a周围勘察时就到了距它只有1英里的地方，却完全没有辨认出它来。

烽燧T.XIV.a坐落在距土山西坡约50码的地方，尽管朽坏得很严重，烽台高仍约有15英尺，底基约24英尺见方（图77）。土坯与烽燧 T.XII、T.XII.a 和 T.XIII 的土坯十分接近，每隔四层土坯出现一层芦苇。烽台顶上有间约8英尺见方的小屋，在屋里发现了一把奇怪的木锄（图100）。东边的底基连着一间小屋，在里面发现了一枚有趣的泥印（图101），上面刻着棱角分明的4个汉字，霍普金斯先生认出来是"董褒印信"4个字。董褒的辖地在何处尚有待考证。显然，泥印外本有一个木质印盒，印盒被烧掉了，泥

图 100　木锄

图 101　泥印，上刻汉字"董褒印信"

印则保存了下来。泥印附近的残墙上也有被烧过的痕迹。从附近垃圾堆中清理出了一些物品，其中包括一只保存完好的麻鞋和一只绳编的鞋（图60，右）。

在T.XIV.a.i小屋中发现了两枚木简，其中一枚的年代为公元87年。它是支付给一个哨卡长官款项的收据，并称此哨卡属于平望西部。我曾说过，据那些文书中提到平望的烽燧位置来判断，平望似乎指的是从哈拉湖畔的T.XXII.c~T.XIV.a附近的这段长城，烽燧T.XIV.a可能就是平望的最西点。在烽燧顶的瞭望台上发现了木简，其中No.343提到了玉门，其余文书中有一些私人信件残片，显然是流放在此的人写给彼此的信。

过了烽燧T.XIV.a以东弯曲的沼泽盆地后，寻找长城的踪迹就比较困难了。约有1.5英里长的长城穿行在长着灌木的低地上，多数墙体朽坏得很厉害。低地上分散着不少小土平台（这些常见的小平台也是由湖泊形成的）。由于长城的两个端点烽燧T.XIV.a和T.XV位置都很高，很容易看到，所以长城的走向还是很容易确定的。沼泽与烽燧T.XV之间没有什么烽燧的痕迹，要不是我的叶尔羌仆人提拉白眼尖心细，烽燧T.XV.a几乎也逃过了我的眼睛。T.XV.a本是一座重要烽燧，如今已夷为平地，很不引人注意。它是一个大垃圾堆，垃圾堆下面是一个狭窄台地的砾石坡。台地坐落于长城以南约0.25英里的地方，接近于烽燧T.XIV.a东北靠泉水供给水源的沼泽。台地东西走向，长约200码（图102），上面没有任何建筑物的残迹，但其平顶的西南端（图中标i的地方）有一个长40英尺、高2英尺的大鼓包。发掘之后我们才知道，鼓包下原来是垃圾和已彻底毁坏的土坯，底下可见一面残墙。土坯经太阳晒制而成，与长城烽燧中常见的土坯相类似。

我们在这里工作了两天，从这里和下面的大垃圾堆（尤其是西坡的垃圾堆）中清理出了很多东西。但在叙述这些发现之前，我先请大家注意，前文所说的T.XIV要塞附近的辅助城墙应当也经过烽燧T.XV.a，烽燧的位置就是这些垃圾所在的地方。烽燧T.XV.a位于沼泽东北岸，而辅助长城到达沼泽西南岸的那一点正位于烽燧T.XV.a的正南方，两地相距约1英里。由于湖水很深，还有长满芦苇的沼泽阻隔，所以要从一点到另一点去需绕行约3英里的路程。这使我猜想，在修建辅助长城的后期，人们仍有意把烽燧T.XV.a所在的位置置于辅助长城之内。下面我们将说到，烽燧T.XV.a出土的有纪年的文书说明这里驻军时间很长，与我的猜想完全吻合。

尽管没有任何遗存下来的建筑物，我们仍可认定这是一个要塞遗址。即使没有文书上的证据，也不难看出这个要塞多年之内一直有人把守，因为垃圾堆面积很大，有些地方还很厚。在第一个被发现的垃圾堆以西、距台地顶部10~20英尺的山坡上，我们挖去表层土后，发现了一个最厚处达五六英尺的垃圾堆。这个地点编号为T.XV.a.ii，垃圾主要是土坯、灰烬和芦苇秆，但正如i点一样，垃圾中掺杂着大量汉文木简。ii地点以北约20码的山坡上是T.XV.a.iii垃圾堆，面积约为60英尺×30英尺，那里出土的文书

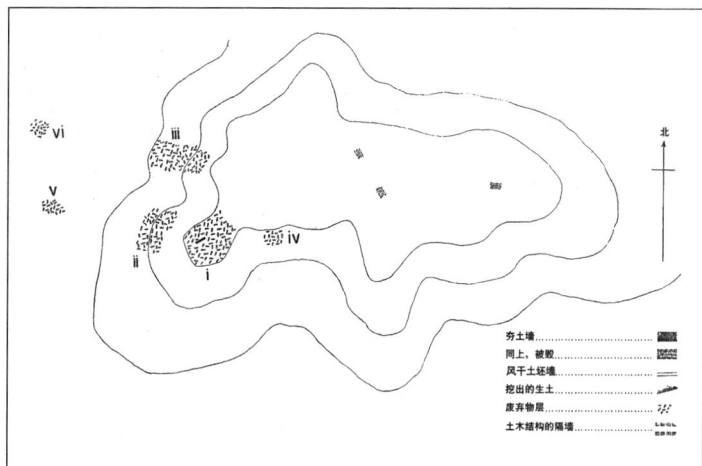

图 102 T.XV.a 房址遗迹

几乎和 ii 点垃圾堆一样多。在距 ii 点和 iii 点均约为 50 码的西边的低地上，发现了两个小垃圾堆 v、vi，iv 垃圾堆则位于距 i 点约 25 码的台地的南缘。再向东，台地平坦的顶上有两个常见的苇草堆，高 2~3 英尺，其中靠南的那个（图 102）有几处被火烧过，仍可见烧焦的芦苇。再向东约 40 码还有一个草堆。

文书表明，这些垃圾堆中至少有 3 个年代较确定，并且一个比一个晚，所以我先叙述这几个垃圾堆中出土的文书，然后再叙述跟文书同时出土的、大约与文书同时代的各种文物。显然，T.XV.a.iii 垃圾堆年代是最早的。因为，沙畹先生书中收录的此处出土的36件文书中，凡有纪年的均属于西汉时期。文书 No.446 是公元前53年的，这一点确定无疑；文书 No.447可能是公元前61年的。沙畹先生指出，文书 No.449 中提到了从兰州到敦煌的甘肃西部地名，说明它是西汉末年的。3件文书提到宜秋驻军，烽燧 T.XV.a 出土的文书中还有5件提到"宜秋"驻军，而这个名称在别的地方从未出现过。由此可见，此地有驻军的大部分时间（甚至有可能是全部时间）都是由"宜秋"军队卫戍的。T.XV.a.ii 出土的文书中，还另外提到3支部队的名称及个别人向其支付的款项，其中只有朱爵部队在 T.XV.a.ii.9 及文书 No.693 中同时出现过，并被标明隶属于平望，另两支部队的名称在别处均未出现过。我们已说过，平望大概指的是从哈拉湖附近到 T.XIV.a 的这段长城。

文书 No.451、458、459 中都提到玉门，这是坐落在 T.XIV 要塞的那个前方重要指挥部距此很近的缘故。T.XV.a.i 出土的文书 No.536 是公元137年发布的一个命令，它表明当时烽燧 T.XV.a 和宜秋部队无疑是受辖于玉门的。还有一件文书年代要早些，也引向同一结论，那就是 T.XV.a.ii.22。它是一张从玉门关指挥部发出的军令，年代为公元43年。还有一个位置不明的地点值得注意，即 T.XV.a.iii.43 中提到的"玉长罗"（有误，简上为"长罗"——译者）。下面我们将从地形上做一点猜测。这件文书命某人到煎都去把充作公用的骆驼取来，交给玉长罗的尉吏（一种下级军官），并领取3天的粮食以备途中之用。煎都也常被称作"大煎都"，我们已把它的位置确定在长城最西端（编号为 T.IV），从烽燧 T.XV.a 到

T.IV 约 32 英里，步行用不了两天，烽燧 T.XI 可以作为很方便的中间站。这样说来，玉长罗距烽燧 T.XV.a 当有一天的路程。但它究竟是哪里呢？它应当不在长城一线上，若它在长城线上，就很难解释这件文书怎么会出现在烽燧 T.XV.a，因为连接 T.XIV（即玉门关）以东地区及长城最西端的大路距 T.XV.a 是十分遥远的。

按年代顺序，现在该说到 T.XV.a.ii 垃圾堆出土的文书了。此处有纪年文书的时间范围，是从王莽时期到公元 1 世纪中叶。有趣的是，在这里还发现了一枚刀形币残件，沙畹先生在他的著作中曾述及此，并称此钱币当是王莽发行的，这也证明了这个垃圾堆的年代。年代最早的是文书 No.482，为公元 15 年。沙畹先生认为文书 No.490 也极有可能是王莽时期。再往下是文书 No.483~486，其年代分别为公元 43 年、46 年、55 年、56 年。文书 No.487 比较值得注意，它是写给"西部"哨卡长官的，并开列了卫戍的人员和狗的清单，要求给这些人员和狗提供给养。很可能此处的西部指的就是平望（距此不远的烽燧 T.XIV.a 出土的文书 No.390 也提到了平望），而平望的治所很可能就设在烽燧 T.XV.a 这里，不幸的是文书中并未写出地名。文书 No.488 中提到了龙勒县，文书 No.497 提到了敦煌太守，这两件文书对于在地形上确定此地与平望的关系无所裨益，但至少说明这座烽燧的官方往来远远超过长城上的普通烽燧。从这个垃圾堆 T.XV.a.ii 中还出土了不少有趣的药方和病历，即文书 No.524~534，均写在一样大小、一样形状的竹片上，沙畹先生对它们都进行了详尽的分析。还发现了一个绸

图 103　丝绸卷

制的小信封，上面有发信人和收信人的名字。从信封的大小看，当初信一定是折成一小团放进信封中的（沙畹先生已指出这一点），在楼兰发现的纸信 L.A.II.i.1 就是折起来的，但由于 T.XV.a.ii 的明确年代比纸的发明（公元105年）要早约半个世纪，所以我觉得这封信也是写在绸子上。

年代最晚的垃圾堆是 T.XV.a.i，位于台地的最高处，其中掺杂着此地仅有的几块建筑瓦砾，显然，这个位置应当是最后有驻军的地方。从 T.XV.a.i 出土的文书均晚于下面山坡 ii、iii 出土的文书，这也与考古学的迹象完全吻合。文书 No.535、536 分别是公元67年和137年，这一点确定无疑，这两件文书的内容前文曾提到过。文书 No.537 是某一年日历的残件，沙畹先生推算出这一年当是公元94年。文书 No.707 是一封写在纸上的信，使用了纸张本身就表明这封信一定晚于公元105年。前面说到此地与龙勒县有官方往来，这一点在文书 No.540 中得到了证实。这件木牍正是发自龙勒县的，其恭敬的措辞似乎表明收信人是一个重要人物。

对我们来说，有两条丝绸更具有文物价值。这两条丝绸是同时出土的，原先必定均属于同一块未染的米色丝绸。其中一条上有汉文的墨印，两端是织边，表明它所属的那一幅（或一卷）丝绸幅宽约为19.7英寸。另一条长12.25英寸，有一端不太完整，上面有汉文题识。沙畹先生把这段题识译了出来："任城国亢父缣一匹，幅广二尺二寸，长四丈，重廿五两，直钱六百一十八。"[1]沙畹先生指出，任城国是公元84年建立的，即今天的山东济宁州。他强调说，这个题识很有历史价值，它为我们提供了公元1世纪末或公元2世纪初所产丝绸的产地、尺寸、重量、价钱等诸方面的确切资料。还有一个事实更提高了它的价值：大家知道，关于西方同"丝国"中国进行直接丝绸贸易的经典文字记载，是托勒密书中所引的提尔（提尔，古代腓尼基的著名港口——译者）的马利诺斯从马其顿人麦尔斯那里得知的一段话，而这段记载的年代正与这条丝绸的年代相前后。

　　前面我已提到在楼兰遗址发现的一卷丝绸（图103）。T.XV.a.i出土的绸条上的题识说绸幅宽为2尺2寸（按中国计量法是22寸），

1　上述译文中包含了沙畹先生于1907年10月3日给我的一个有趣的条子中所进行的修改，这是我收到的他最后一张条子。条子的内容如下：

"我读成'古父'的那个词已由王国维更正成了'亢父'（《流沙坠简》第2章43页右列），有了这一更正，译文当是正确的了。亢父是任城国下属的一个县，距今日山东济宁有50里。所以译文当译作'任城国亢父缣……'"

"此外，王国维先生还提请人们注意，有一段史书的文字可能与斯坦因先生发现的文书有关。《后汉书》第72章称：汉顺帝时期（公元126—144年），西域蛮族多次暴乱，刘崇（任城王的名字）给前方的将士提供了钱币和丝绸。"

而从 T.VIII 和 T.XI 遗址发现的汉代木尺表明，1 寸长为 0.9 英寸（22.9毫米），这样算来，绸条有一幅丝绸那么宽：绸条宽是50厘米，即22.9毫米×22毫米是50.38厘米。T.XV.a.i 地出土的绸条与长城其他遗址出土的尺子互相印证，这一点很有价值，因为，关于中国早期的计量单位人们所知并不多。另一条绸条上印章中的字至今尚未被破解出来。

第五节　古代丝绸贸易的遗物

一个偶然的机会，我们在烽燧 T.XV.a 又发现一个古代丝绸贸易的有趣遗物，对此我们感到十分幸运。在年代最早的 iii 号垃圾堆，同时发现两条未染过的细密绸条。其中一条长约13英寸，显然不完整，一端缝了边，另一端已被撕破。另一条虽然有几处已破损，但两端均保留着织边，表明它是从一块幅宽为19.5英寸的丝绸上剪下来。它的一端用浓重的黑墨写着一个简短的题识，是11个粗犷的楷体婆罗米文。因为在墨迹未干之前，绸子被折叠过，所以在底下可以看见左右颠倒的题识。当时我就觉得这种字体是印度释迦或早期贵霜王朝时期的字体，文字的形态比我曾发现的唯一一枚婆罗米文木牍 N.XX.i（我在第一次去尼雅遗址时发现）还要古老。

1917 年初，我才有时间仔细研究这一小块从汉代长城发现的写有印度文字的文物。T.XV.a.i.3 与这条丝绸幅宽几乎一样，还有汉文题识。这使我猜想：婆罗米文题识中，可能也描述了绸条原属的那卷丝绸的情况。但我的猜测只得到一个佐证：霍恩雷博士把这段本无法识读的文字尝试着破解出来，其破译的文字中有一个梵文 paṭa（paṭṭa）——是"一块［织物］"。我想起来，在破解发现于米兰的佉卢文题识时，博耶先生对我帮助不小，于是我又向这位学问渊博的同行求助。他极为认真地研究了题识，由于插图中有几个字不是很清楚，他还反复查阅了原件。他的努力终于有了结果。在 1917 年 3 月 13 日和 4 月 4 日给我的信中，他写下了破解后的文字：［ ai ］ṣṭ asya paṭa giṣṭi ṣapariśa

　　由于丝绸上有一个洞，第一个字的开头部分不完整，所以其含义不能完全确定。他对这个短题识其余部分的解读，在我看来从语言学上讲言之成理，与考古学上的判断也十分吻合。霍恩雷博士已认出 "paṭa" 一字，即 "一块［布］"。博耶认为 "ṣapariśa"是印度俗语，相当于梵文 "ṣaṭ+catvāriṃśat"，即 "四十六"。尼雅遗址出土的俗语佉卢文木牍中，"catvāriṃśat 则写成 capariśa"，而我们再考虑，巴利文 "四十" 这个数字本是 "cattālīsaṃ"，但当它与个位数字连用时就缩写成 "tālīsaṃ"（比如，"四十四" 是 "cattālīsaṃ"）。这些都表明博耶的解释从语音学上来讲能站得住脚。这个字是一个数词，表明它前面的字 "giṣṭi" 很可能是一个量词。梵文中没有这个字，但博耶说现代旁遮普语中有 giṭṭh（giṭh）这个字，意为 "从大拇指尖到小指尖的距离"。乔治·格里森爵士还告诉我，克什米尔语中这个词成了"gith"，因为达尔迪克语或毗舍阇语中常易混淆齿音。

对 gişti 的这种解释对我来说极有说服力，因为如果绸子边上的文字内容是与绸卷——在当今中国的丝绸贸易中，丝绸都是成卷出现，L.A.I.002绸卷表明古代也是这样——本身有关，那么它很有可能说的是绸卷的长度。T.XV.a.i.3 的题识中记录的重量、价钱等内容对一个外国商人来说都不是很要紧，因为他要把买来的货物带到遥远的国度，那里的度量单位和货币单位都与中国不同。就是不打开绸卷，他和买他东西的人都能看出绸卷的幅宽。但为了自己方便，他必定会把绸卷的长度记下来，以便无须每次都打开来量。简言之，汉文题识记录的是丝绸生产者或大量出口丝绸的人很自然就想到的内容，而这个用奇怪的字体和语言所写的婆罗米文题识只是西方来的客商写下的一句简短的用来提醒自己的话。即便今天从四川等地出口到西方的丝绸卷边缘上，也时常印着长短和内容都与此类似的汉文题识。我有一个朋友谢尔·阿里·可汗，他从和田和莎车运物品到喀布尔去卖，许多像他这样的穆斯林商人都习惯于在商队所载的织物上用波斯文做下简短的记号，这些织物中既有来自四川的丝绸，也有来自克什米尔的平纹细布。他们的做法也印证了婆罗米文题识的内容。

假定 gişti（其现代的派生词是 giṭṭh）意思为"一拃"（即从拇指尖到小指尖的距离），同时假定古代商人题识指的是所买的一整幅丝绸（后面这个假定似乎也言之成理），那么我们就可以推算出一"giṣṭi"有多长。在当今印度，giṭṭh无疑是指手伸开后拇指尖与小指尖之间的距离。但这种度量单位即便在今天也不可能有固定数值，我们更不知道基督时代（指公元前后——译者）中亚的公认标准是什么。下面我们要再做一个假定：公元1世纪初（T.XV.a.iii.57）的丝绸长度与公元1世纪末（T.XV.a.i.3）的丝绸长度差不多。这一假定似乎可找到一个比较明确的证据：我们前文说过，公元1世纪初从中国出口的丝绸的长度（T.XV.a.iii.57）和公元3世纪或4世纪早期出口丝绸的长度（L.A.I.002）相同。假设婆罗米文题识中的46 giṣṭi或"46拃"等于T.XV.a.i.3中记录的40尺（中国度量单位），即一条完整丝绸的长度，那么我们就得出一个等式：

$$1 \text{ giṣṭi} = \frac{22.9\text{厘米} \times 40}{46} = 19.9\text{厘米}$$，或约等于8英寸。这个结果与印度人和中东人从大拇指尖到小指尖的平均长度相吻合。这也间接支持了博耶先生对giṣṭi和ṣapariśa两个字所作的解释。

第一个词仍有待于作出解释。开头的音节中有一个破洞，但霍恩雷博士和博耶先生都倾向于把这个音节解读成ɑi[1]，整个词就是［ɑi］ṣṭasya。-sya是梵文中表示所有格的词缀，这一点明确无

1　博耶在1917年4月4日给我的信中写道："我认为，印度俗语文书中那个尚存疑点的音节很可能是ɑi。根据由您发现并由霍恩雷博士出版的字母表，ɑi这一形式是同时以e和ɑ为基础的。这个ɑi上应有一条双曲线来标明音素及字根ɑ的位置，要注意右边i的发音高低，左边的字根ɑ（由于两个元音相遇）在发音时应当比较滞涩。这个字根有多种变体，所以ɑ与i之间可能省略了一个字母，这个字母是什么已不得而知。"

疑。在这个词中又出现梵文和印度俗语混合在一起的情况，但博耶先生说得对：这种形式对任何一个熟悉尼雅和楼兰遗址佉卢文书所用语言的人都不是障碍。尚待解释的是，这个所有格是什么意思？[ɑi]ṣṭa是什么意思？关于[ɑi]ṣṭa的意义还没有任何线索，但考虑到题识是供备忘用的，我猜想这大概是一个表示部分与整体间关系的所有格，说的是绸卷中丝绸的质量或质地。博耶先生对此也拿不出什么反驳的理由来。但[ɑi]ṣṭa也可能指的是贩绸的商人或别的什么人。

虽然这一点尚不明朗，但从这个简短文书中仍可得出一些考古学和历史学上的有趣结论。首先，它证明，在公元前61年到公元9年这一时期内（大体相当于西汉末年），已经有一些习惯于使用印度字体和印度语言的商人穿过古长城到"丝国"中国来。凭目前的信息，我们还无法猜出，这个中亚古代丝绸贸易珍贵遗物的书写者来自何处、是何民族。但有一点很重要，它的文字不是佉卢文，而是婆罗米文。先前我们发现在非汉文的中亚世俗文书中，最古老的就是用佉卢文写。要是没有这个题识，我们本来倾向于认为，婆罗米文在中亚最早出现是与佛教及佛教典籍联系在一起。这个简短文书可能是除书画题识外，现存最古老的印度古代文字。从中我们得知，写这件文书的商人出生地（或居住地）在世俗文书中使用一种印度俗语和梵语的混合语言。乔治·格里森爵士认为giṭṭh是从giṣṭi派生出来，并认为这两个词与毗舍阇语有关。如果他的理解正确，那么，大概可以从当今仍使用毗舍阇语或受毗舍阇语影响的地区来推断从前使用婆罗米文的地区。但如此得出的地区范围太大，大概从西边的喀布尔经兴都库什山和昆仑山一直到东边的和田。还有一点特别值得注意，这件中国内地与西方之间早期丝绸贸易的遗物，发现于远离去往楼兰的古代商路的长城废址里。这个事实与其他事实联系起来，提出了一个不小的考古学问题，我以后将述及此问题。

但在考察这个问题之前，我们应当先简略叙述一下从T.XV.a的垃圾堆中出土的文书以外的东西。这些东西大体有年代可考，这更增加了它们的文物价值，并可用于解决某些细节问题。一个例子就是花绸残片（图104、105）。我们可以一方面把它们同出自敦煌千佛洞的华丽晚唐丝绸相比较，另一方面同我第三次在楼兰古墓发现的大量精美汉代织锦相比较，都可以得出有益的结论。图105的碎片图案特别有意思，它与Ch.0018有密切联系，也有助于证明这些早期的精美的碎片在千佛洞的丝绸中是独一无二的。一只织得很精美的鞋（图106），也应当与这些纺织品划归一类。这只鞋由不同材料织成，外面有一层花绸，做工十分精致。

我们发现了不少涂过漆的木碗碎片，还有很多形状各异的木质印鉴盒（图107）。图108是一个套野兽用的机关，保存完好。有一件奇怪的小物件可能是木箭头。还有一个很奇怪的发现，有一个捆扎很紧的小包裹，里面有两根用芦苇做成的带羽毛的断箭和一支青铜箭头。对此所能作出的最合理的解释就是，军事部门为了防止浪费或士兵把公物据为己有，要求不能用的箭必须入库，

图104　花绸残片　　　　图105　花绸残片　　　　图106　鞋

图107　木质印鉴盒　　　　图108　套野兽的机关

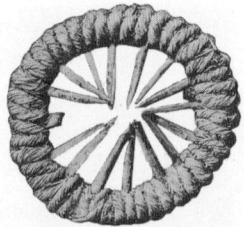

然后才能发新箭。用官方语言来说，这就是用"一支（断）箭换一支新箭"。

第六节　北新道

　　T.XV.a 遗址几乎没有任何建筑遗存，连一般长城烽燧上的那种不起眼的建筑也没有。这里何以会有这么多垃圾堆，垃圾堆中又为何有这么多文书呢？对此我们必须作出解释。而且我们要记住，由此地发现并被沙畹先生的著作收录的文书共有 117 件，而玉门关遗址 T.XIV 的文书总共才有 80 件。此地的文书数目仅次于 T.VI.b 的文书总数（228 件）。T.VI.b 的古代废纸数量之所以很多，大概是因为扔弃这些废纸的那个机构是偏远长城的司令部，戍卫着长城的两翼及一条西去的道路，地位很重要。而 T.XV.a 却与 T.XIV 要塞（即玉门关故址）靠得很近，这就使开头提出的问题更令人难以回答。幸好我们可以求助于一段描述此地古代地形的史书记载。如果我们凭自己对此地的知识，对史书文字所作的解释是正确的，就会有助于得出一个令人满意的答案。

　　我所指的是《魏略》中的一段文字，文字中记载了从敦煌通往西方国家的几条通道，我在前文谈到过这段文字。我们说过，《魏略》中明确提到，从前从敦煌通往西方国家的通道有两条，现在则有三条。前两条被称作"南路"和"中路"，这无疑指的是沿阿尔金塔格山坡到米兰去的路和穿过沙漠到楼兰去的路，对此我们无须赘述。我们要讨论的是《魏略》一书另一段文字中所称的北新道，这段文字开头是这样的：北新道"从玉门关西北出，经横坑，辟三陇沙及龙堆，出五船北，到车师"，即戊己校尉之所（吐鲁番的喀拉霍加），然后折而向西，于龟兹（库车）与中道会合。沙畹先生己指出，这条路就是《汉书·西域传》中所载的路：

> 元始中，车师后王国有新道出五船北，通玉门关，往来差近，戊己校尉徐普欲开以省道里半，避白龙堆之厄。

可以看出，《汉书》中明确指出了新道的起点和终点。终点是玉门关，我们已证明玉门关就是长城西端的 T.XIV 要塞。起点是古城和金满城一带，位于天山北麓，俯瞰吐鲁番盆地。这一带土地比较富饶，《汉书》中多次提及的"车师后国"就是这里。这里也是唐朝北庭都护府的辖区之一，在唐朝文献中出现过多次。我们尚不能确认《魏略》中另外提到的"五船"和"横坑"位于何处，这并不奇怪，因为新道上的这两处地方位于从敦煌到哈密的道路之西、库鲁克塔格山的最东段，该地区迄今为止尚无人勘察过。

如果我们查看一下地图，就会一眼看出两个情况来。首先，我们发现，如果能开通一条道路，把现今古城哈密道通过天山的关隘（位于七角井以北）与 T.XIV 要塞附近的长城直接联系起来（这条路将穿越这两点之间沙漠中的山脉和高原），那么这两点间的路途同先前那条路相比将缩短一半。先前这条路弯曲难走，它穿越古罗布泊湖床上的盐碱地到达楼兰，再经吐鲁番到古城[1]，这正与《汉书》相符。另一方面，我们也必须认识到，这条路不得不经过几乎只有海平面那么低的低地，从哈密绿洲流来的河终结在这一低地中，形成疏纳淖尔沼泽。

这片低地一旦处于敦煌长城的管辖之下，就几乎可以沿直线直达天山东部低矮的鞍部，这个鞍部位于七角井和大石头要塞之间。古代商人从这片低地既可以前往西北的车师后国或古城，也可以继续向西前往吐鲁番盆地。《汉书》把吐鲁番盆地称作"车师前国"，高昌遗址（即如今的喀拉霍加）也位于吐鲁番盆地的绿洲之上。这样，《魏略》称北新道通向车师国的高昌这段文字就与《汉书》中记载的路线不矛盾了。

这张俄国地图上还有两条路直接从疏纳淖尔通向吐鲁番，但实际考察表明，当地条件已发生很大变化，这两条路已不能通行。北边通向七克台的那条路科兹洛夫上尉于1895年考察过。1915年

---

1 在此我大概应当指出，从吐鲁番直通古城的道路中间经过高峻积雪的天山，所以一年中只有部分时间可以通行。1914年我通过了其中最易走的帕诺巴山口。我当时发现，这条路一年四季只能供最轻的辎重通过。商队或军队为了找一条可供骆驼或车辆通过的道路以绕过博格达峰，一律得绕道西边的乌鲁木齐或东边的乌兰苏。

当我们比较《汉书》中所提的两条路时，必须记住上面的这一事实。来自疏纳淖尔的北新道必定经过了七角井以北天山低矮的鞍部，如今从哈密前往古城和乌鲁木齐的中国马车也是从那里通过的。

秋，在我的指导下，勘察员穆罕默德·雅库伯精确地勘察了那条路。事实证明，那条路上约有100英里长的距离内一点水也没有，所以现在已无法供商队通过。南边的那条路情况类似。1915年冬，拉尔·辛格艰难地穿越尚无人考察过的库鲁克塔格中段，从南边来到那条路上，并循着它一直来到吐鲁番盆地东南的底坎尔。他发现，路两侧的咸水泉已经干涸，而底坎尔当地人还记得，从前从哈密来捕野骆驼的强悍猎手们过此路时就是用泉水结成的冰作饮用水的。商队肯定已有很长时间不能从这条路上通行了。

上述两条路的自然环境发生变化，应当是晚近的事。这使我觉得有理由认为，北新道的南段，也就是较难行走的那一段（即从玉门关到疏纳淖尔之间的那一段），肯定早在前文所说的两条道之前已不能通行。按前文提到的俄国地图计算，这两点间的直线距离约为190英里，其中只有北端的四分之一我们通过罗博罗夫斯基上尉于1894年2月进行的考察才略有了解。那次他是从哈拉湖以南出发，深入到西北沙漠中的山脉之中。对比一下他的地图和我的地图可以看出，他穿过疏勒河床的地方靠近烽燧 T.XIX。然后他穿越了很多寸草不生的山岭和谷地，一直走到距疏勒河河床直线距离有46英里的地方。由于马缺水喝，他只好原路返回。值得注意的是，按照他的叙述，在距河床直线距离约有26英里的地方有一个谷地，"谷口是平坦的花岗岩"。在这个谷地中，这位俄国旅行家发现"岩石中有一些圆形的浅沟或盆状构造，盛着积雪融水"。再向前，他来到一个山口顶部，此地海拔6 640英尺，

距他此行的终点约6英里，在此他看到有块已废弃的界石，还有
一条西南—东北方向延伸的古道的痕迹。

罗博罗夫斯基上尉当时在旅途中发现了有水的石沟，这一点
很值得注意，因为它表明，在那些未被勘察的地区（古代北新道
可能就是穿越这一地区通向疏纳淖尔），即使今天，至少在某些季
节、在某些地方，是可以从井中或天然的石槽中获取水的。1915
年，我在探险中发现，西库鲁克塔格地区和柯坪附近的荒山情况
正是如此，在柯坪人们把天然石槽称作"柯克"。[1]在这两个山区
都有确凿的证据表明，有文字历史以来甚至更晚近些时候，干旱
正在加剧。由于两地的自然环境基本上与我此处讨论的地区类似。
所以这一地区很可能也经历了一个干旱化的过程。因而，在有水
的古代，从北方来的劫掠者大概不觉得这里是什么障碍，正如今
天柯坪的山区对于劫掠者来说也不成障碍一样。

为支持这一结论，我们还可以提出一条更直接、更有说服力
的考古学上的证据。我的考察已证明，公元前2世纪末修建敦煌
长城时，人们觉得有必要一直将其修到哈拉湖以西很远的地方。
如今，疏勒河尽头以北的沙漠由于缺水已无人能通行。如果匈奴
劫掠者骑马也不可能从这里通过，汉朝就完全没有必要在这偏远

---

1 在那里我指出，柯坪周围地区的环境直至今天仍使吉尔吉斯劫掠者有
可能从天山谷地中出来，袭击喀什噶尔—阿克苏之间的道路。这很类似于库鲁
克塔格最东边的荒野从前的情况，当时胡人可以穿越天山东端，再穿越库鲁克
塔格荒野，去袭击敦煌和楼兰道上的商旅。

而贫瘠的沙漠地区修筑城墙和烽燧，更没有必要克服种种困难戍卫着这些长城和烽燧了。

很遗憾，由于身负其他任务，并面临诸如季节、骆驼和雇工不足等问题，在我对敦煌地区的两次考察中都未能向长城以北的沙漠中做进一步考察。但是，虽然我没有机会勘察北新道所经地区，但我认为我们至少有足够的地形学和考古学证据可以确定北新道的起点。我倾向于把它确定在 T.XV.a 废墟遗址，理由如下：首先，《汉书》中明确指出玉门关是新道的南端，《魏略》证实了《汉书》的内容，并加上一条重要信息"从玉门关西北出"。我们已经知道，公元1世纪初开通北新道时，玉门关总部仍设在 T.XIV 要塞。那么，我们自然应该在 T.XIV 号要塞附近寻找北新道穿过长城的地方。把 T.XV.a 作为北新道出长城的出口将特别合适。T.XV.a 以北是很易通行的疏勒河河床，河床较窄，四周是坚实的砾石高地，而再向东约3英里的地方、河床的左岸，是无人可以通行的沼泽。这样人们一年四季都可以安全渡河了。

把 T.XV.a 选作北新道的一个次级关口，还有一个明显的优势：它南边的高地紧连着沼泽盆地，其中有可供饮用的泉水，还有丰富的牧草。我从实验得知，当人们即将远赴绝域、踏上漫长艰苦的征途之前最后一次休整时，或当人们刚穿过绝域来到这里，人畜疲乏，将要做第一次休整时，水和牧草都是极其重要的。参考这张详细的地图，我还想指出一点：对于将沿北新道旅行的人来说，如果先去 T.XIV 再沿着 T.XIV 西边的大沼泽来到第一个可渡河的地方，或者反过来走，都要绕行相当长的路程。

考虑到这些地形因素之后，我想还应该对 T.XV.a 出土的文书给予特别的重视。我在本节开头已经说过，在这里发现数量众多的文书这一事实本身，就很能说明这里曾一度何等重要。如果我们的解释正确，那么大部分文书就应该是公元1—5年和晚于公元1—5年，因为公元1—5年正是首次开通"北新道"的时间。这个推论得到了证实。我们已说过，T.XV.a.iii 垃圾堆的最晚年代是西汉末年，即公元9年以前，在沙畹先生的著作中有36件文书来自这个垃圾堆。另外两个垃圾堆 ii 和 i 出土的文书则多达66件，i号的年代在公元15—56年，ii 号的年代在公元65—137年。还有14件文书在 T.XV.a.iv 和 v 号地点发现，这两处地方虽未出土有纪年的文书，却分别靠于 i 和 ii 号地点。

有不少文书提到了当地官员的事务，这些官员很可能是直接负责督察穿越长城的人员。T.XV.a.i.16明确提到某个将出关向北去的人。T.XV.a.v.4中引用了关于"出入"的规定，显然指的是出入长城的关口。T.XV.a.iii.22中提到了一辆出关的马车。文书 No.461大概是一种发给过境官员通行证之类的东西。T.XV.a.iii.44和24都登记了几封发往不同地址的信件，其中一封是发往某驻军所在地，那里离此地颇远。如果此地是一条道路及沿道路而设的邮政路线的端点，这类文书的内容就很好解释了。

凭我对当地掌握的知识，我觉得 T.XV.a.v.9这件文书很有意思。该文书称亭十分偏远，白天看不见烟发出的信号，晚上看不见火发出的信号，当地的戍卫人员都被告知不要再烧燃料，以免[不必要的浪费]。据我所知，敦煌长城上每个烽燧附近无论是在今天还是在古代都有丰富的芦苇、灌木及胡杨树等可用作燃料，所以我觉得这件文书中提到的亭不可能坐落在长城上。况且，长城上的烽燧彼此都不太远，任何一座烽燧上燃起的烽火其附近一两座烽燧都可以看到。从另一方面来讲，如果沿北新道设立亭障，亭障就可能位于北边库鲁克塔格的荒凉山区，燃料问题就迫在眉睫。如今，从安西沿中国大路去哈密的每个人都会有这样的经历：在这片戈壁上，由于没有燃料且几乎没有任何牧草，在每个路边驿站都得出高价买燃料和芦苇秸秆。

现在中国人把北边库鲁克塔格的山区称作"北山戈壁"，这个名称虽然不太明确，却很方便。我们获得的关于这一地区的信息均表明，沿戈壁向西去，不仅水越来越少，而且植被也越来越少。所以我几乎可以确信，虽然汉代以后干旱才加剧、自然环境恶化，但即使在汉代，北新道上也必定存在燃料短缺问题，正如现在取代北新道的安西哈密道情况一样。¹尽管安西哈密道的路线还在古代北新道的路线以东，两道相距平均约60英里，但我完全可以想象，19世纪末电话线架设到安西哈密道之前，要想在这条道上维

1　这座烽燧应当不是在长城西端再向西的楼兰道上，因为那条道上沿拜什托克拉克谷地一直到库木库克以远的已干涸的古代盐泽燃料都很丰富（怀疑原文中这个注的位置有误——译者）。

持烽燧，一定会遇到 T.XV.a.v 出土的那件文书中所述的困难。

　　如果对西北的沙漠进行系统考察，是否有可能发现设在北新道上各个地段的简陋的小屋遗址和小屋的垃圾堆呢？这个问题我无法回答，我把它留给后来的探险者。但我在此应当指出，前面曾引用的文书 T.XV.a.iii.43 中很可能提到北新道上离此较近的路边驿站。文书称，有一个人被从玉长罗要塞派往大煎都，即长城最西端，还称发给这个人三天的口粮。而大煎都距 T.XV.a 只有两天的路程，由此证明玉长罗距 T.XV.a 应有一天的路程。文书中还提到给此人提供一只骆驼，供他旅途之用。这似乎证明，玉长罗是沙漠中的一处要塞，由于缺乏水和牧草，那里用骆驼比用马方便。此外，如果 T.XV.a 不只是一处戍卫长城的普通要塞，而是一条新开的重要商路的门户，我们就很容易解释，为什么会在此发现某个西方商人遗留下来的那条写有婆罗米文题识的绸子 T.XV.a.iii.57 了。

第七节　长城边上的古仓库

　　我前面说过，长城明显分成两段，前一段穿越许多靠地下水供给水源的沼泽，后一段则绕行疏勒河上的一些湖、沼。从 T.XV 到 T.XVII 这几座烽燧以及它们之间连绵不断的城墙把长城前后两段连接起来。在叙述后一段长城上最引人注目的遗址之前，我可以先扼要叙述一下 T.XV 到 T.XVII 烽燧。

　　T.XV 是一座朽坏很严重的烽燧，坐落在一个约20英尺高的台地上。台地不大，却很醒目，位于前文提及的那个干旱的风蚀盆地东端。烽台虽已朽坏，但仍有13~14英尺高，在土坯中依然看得出一层层常见的胡杨。烽台东边连着一个已被砾石覆盖的小屋，烽台和小屋的面积均已无从考证。在砾石下发现了一些物件，其中值得一提的有：两把做工极佳的铁锄头（图109），一把焊铁做的铲子（图110），一只用大麻绳编的鞋（图111），一条绒面毛毯残片（图112）。在通往烽台的台阶上，我发现了一些有趣的碎铁片，显然本是破旧的火绳枪碎片捆扎成一小堆，上面覆盖从烽台上掉下来的瓦砾，厚1英寸。这些碎铁片的受腐蚀程度，比那两个在朽坏严重的地段发现的锄头轻得多。我觉得这堆铁片很可能是某个猎人丢下来的。烽台上视野开阔，猎人可以登上烽台观察野骆驼的动向，这个荒凉地带中至今仍有野骆驼出没。后来我在烽燧 T.XVI 以北的一个类似台地顶上，发现一个用泥块筑成的桑迦，显然是后来的猎人盖的，以便遮风挡雨。

　　从这一点起，长城穿越一块铺满砾石的高地，一直延伸到1.5英里以外的烽燧 T.XVI。这段长城虽然不高，但未中断过。烽燧 T.XVI 坐落在一个长满灌木的干燥盆地南边，向北、向东均可眺望到很远的地方。烽燧由土坯筑成，土坯由太阳晒制而成，每块土坯大小为长14英寸，宽7英尺，厚4.5英寸，每隔三层土坯出现一层芦苇。烽燧保存较好，高13英尺。从图113中可以看出，它

图 109　铁锄头

图 110　铲子

图 111　麻绳鞋

图 112　绒面毛毯残片

的底部有24英尺见方。顶上有一间小瞭望屋，即 i 号地点，有8英尺见方；西边连着另一间小屋，即 ii 号地点，上面盖满砾石。烽台西南约50码远的地方有三个常见的芦苇堆，已半石化。从 i 瞭望屋中发现10件有字的文书，其中仍可识读的被沙畹先生收录在他的书中，ii 小屋中也出土了几件残破不全的文书。i 瞭望屋出土的文书中，有两件标明纪年，它们分别是公元68年和公元77年为给从敦煌郡富贵乡来的两个士兵发放物资的收据。T.XVI.2 木简即文书 No.581，也属于东汉时期，前面提到金城郡的名称，金城在公元前86到公元前74年设立。

过了烽燧 T.XVI，长城穿越了一段砾石台地和台地之间不深的谷地，延伸到烽燧 T.XVII，这段长城有些地方保存得相当完好。

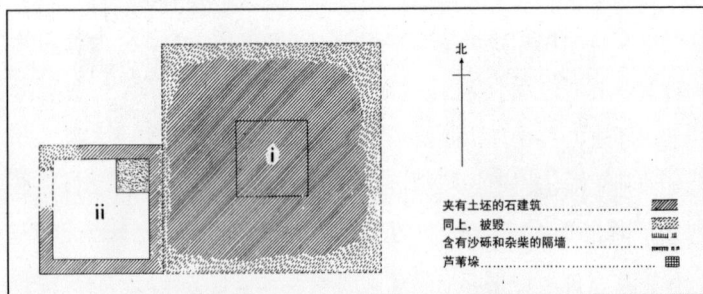

北

夹有土坯的石建筑……………………………
同上，被毁……………………………………
含有沙砾和杂柴的隔墙………………………
芦苇垛…………………………………………

图 113　烽燧 T.XVI 平面图

烽燧 T.XVII 位于一个宽阔的湖盆西边（疏勒河即从湖盆中穿过，湖盆北边和东边有很多小湖和宽广的沼泽）。烽台底基有22英尺见方，土坯结构与烽燧 T.XVI 类似，但朽坏严重。烽燧实际高度10英尺。靠近烽燧南边有一小段残墙，可能是小营房的墙，清理这段墙之后，我们未发现什么文物。烽台东南120码远的地方有一个方形芦苇堆残迹。在烽台东南20英尺处光秃秃的砾石上，我们发现一个小垃圾堆，从中清理出10多枚木简和竹简，多数字迹已模糊。沙畹先生把能识读的文书编成 No.392~397，其中 No.392 木简完好，年代为公元前58年，记录了32个戍边士兵的名字和籍贯，其中有一人的籍贯就是前文说过的"富贵"。其余文书中有3件记录的内容与医学有关。在这个垃圾堆发现的其他物件中，有一块织物，可能是用树的纤维制成。

从烽燧 T.XVII 的高地边缘下来，下到东边的谷地中后，标志着长城路线的低矮土丘很快消失在灌木和茂盛的胡杨树之中。长城向东北延伸，在东北距 T.XVII 遗址约1英里的地方，我发现了一座已完全坍塌的小烽燧 T.XVII.a，它坐落在一个孤立而陡峭的土台地顶上。台地本身也形如高塔，高约50英尺，位于一片宽阔的大沼泽边上。这片沼泽向东延伸，经过几个开阔的咸水湖，一直延伸到 T.XXIX 遗址。这片沼泽长约3英里，根本不需用城墙来把守。向北也是1英里多宽的无人能穿越的沼泽。整个地形给人一种错觉，似乎这里应当是疏勒河尽头的盆地。只是在后来的一次勘察中，我才在西北发现了流出来的河水，由于河水隐蔽在一个突出的高地之后，所以不易被发现。除了常见的汉代磨砂陶器，在烽燧 T.XVII.a 出土的文物只有一枚铁制矛尖。

这里的大沼泽东西向长约 4 英里，中部宽约 2 英里，形成一个巨大的天然屏障。沼泽后面有一处引人注目的废墟（图 15），从烽燧 T.XVIII 上可以俯瞰这处废墟。我在第一次敦煌之行中曾简要提到过烽燧 T.XVIII，4 月末当我回到这里准备对其进行进一步考察时，这处巨大废墟仍像从前一样神秘莫测。连接烽燧 T.XVII.a 和 T.XXIX 的长城就从废墟前经过，所以这处废墟必然同长城有关联。但无论是我当时已掌握的长城整体布局，还是对这处宫殿般的废墟进行的精确测量，最初似乎都未能提供任何关于它的真正性质和用途的线索。

图 15 是从南面所拍的废墟照片。若把围墙算在内，它东西长约 560 英尺。开始我想，这是不是个"衙门"？但考察它的结构之后，我很快排除了这种想法。它主要由 3 个大厅横向相连而成，每个大厅长 139 英尺，内部宽 48.5 英尺，整个建筑面朝正南。大厅的墙厚 5.5 英尺，由一层层结实的土坯垒成，每块土坯厚 3~3.5 英寸。大厅坐落在一块坚硬的台地上，离厅墙约 10 英尺以外的台地都被削去了，这样台地就成了整个建筑的天然基座。这块台地本是一条土岭的北端，从图 15 左侧可以看见那座土岭，但台地与土岭之间被挖了一条 65 英尺宽的深沟，筑墙所用的泥土大部分大概都来自这条沟。这个天然基座显然铲平过，即便如此，它仍比四周低矮的地面高出 15 英尺，于是主体建筑看起来十分高大雄伟。

外圈围墙则建在低矮的地面上。主体建筑的墙虽已朽坏，尤其是南面朽坏更严重，但有些地方仍高达25英尺，其中中央大厅的北墙最高。图中站在建筑前面不同地点的人，有助于使我们通过对比知道墙有多高。

由于基座被风蚀或其他原因的破坏，大厅的南墙坍塌了不少，塌下来的土块盖住了台地表面一些地方。而在另一些地方，偶尔的降雨在大厅地面和基座上冲出了深沟。这些因素都使人很难判断3个大厅的入口和从前的台阶在哪里，也难以判断究竟还有没有入口和台阶的遗迹存留下来。这么大的大厅应该有大窗子采光，但从一开始我就注意到，并没有这种大窗子。奇怪的是，未坍塌的南墙和北墙上隔一段距离就出现一个大三角形的开口。它们高约3英尺，底边长约3英尺，一排开口与地面平齐，另一排开在上面14~15英尺高的地方。中央和西边大厅北墙上共可见5个开口。凿这些开口显然不是为了采光，而是为了通风。建筑内部的结构也无法说明其用途。在清理建筑内部时，我们发现，沿中央和两部大厅的北墙脚有一个灰泥平台（但三角形开口前面没有这种平台）。这个平台也不能对整个建筑的用途提供任何线索。

主体建筑周围的建筑也不能说明其用途。北边和东边保留下来几段泥围墙，但东边的围墙不太明显。这条围墙厚5英尺，与主建筑平行，距主建筑的基座约40英尺。图114右侧显示，这围墙较少损坏的部分在此面。西边是前文提到的切断土岭的大沟，沟中似乎看不出有这种围墙。站在南面向下看是一片平地，我可

图114 敦煌亭障古仓库 T.XVIII 围墙的西北角及垃圾堆，发掘前

以确认平地中没有围墙。墙四角的角楼清楚表明，筑这段墙的目的是要围住主建筑，以便形成院落似的结构。这4座角楼很大，但形状不一，它们围成的长方形长560英尺，宽约200英尺。图15左侧就是西南角的角楼，仍高达20英尺。图114左侧可见西北角的角楼，坐落在一块孤立的台地上，保存得不如西南的角楼好。连接现存围墙的3座角楼都建在围墙之内。这说明，角楼的用途

不是防范外来进攻，而是保卫主建筑——确切地说是保卫放在主建筑中的东西，并为哨兵提供优势位置。

除这段内围墙外，模模糊糊还能看见两条外围墙，形如两条与主建筑的南北墙平行的严重朽坏的土丘。北边的那条距内围墙约80英尺，南边的土丘（或土堤）距主建筑底座有100多码，中间有一块开阔的空地。这里离沼泽较近，下层土是湿润的，所以土丘已变成了泥巴，无法看出其本来的形状。南面的土丘中间有一个宽约40英尺的开口，我想这大概是大门。在东西两侧我都无法看出任何土丘的痕迹，大概是风蚀作用的结果。

由于其建筑格局未能提供任何明显的线索，要想解开这个大废墟之谜似乎只有依靠从中挖掘出的文书或其他文物。但从一开始我们就不太指望能从厅内挖出多少东西，因为前文说过，雨水在大厅南边冲成了泥沟，原来的地面有不少已被冲走了。长城烽燧上常有垃圾堆，标志着那里在古代长期有驻军，这里却没有什么垃圾堆，令人费解。我们不辞辛苦地清理盖在北墙脚附近的羊粪和流沙，有的地方羊粪和流沙高达8英尺，但最后只在中央大厅西北角的一小堆垃圾中找到7枚残破不全的木简，它们都散在墙脚矮平台上及其附近。我们对中央大厅和西面大厅的北墙附近做了全部清理，却无法清理东大厅的北墙——那里的墙体有不少已完全坍塌，地面被埋在厚重的土块下，我手下的人员不足，无力攻克这个难关。从ii点出土的No.416、No.417这两件文书收在沙畹先生的书中，其中提到祖籍湖南和甘肃的士兵，但既没有写年代，也没有提供关于废墟性质的线索。

北边内围墙里面的窄院落保存得相当完好，我一心指望在这里能发现垃圾堆，但一直一无所获。最后，当我们挖掘西北角楼所在的小台地下的地面时，才发现了一堆垃圾（i号地点），其中主要是芦苇秸秆和灰烬。从这里出土了40枚有字的竹简和木简，还有约80枚空白竹简，均很破旧。竹简有被反复刮过的痕迹，显然它们都是"废纸"，刮过之后可以重新写字。还发现10多块平整的未砍削的木头，看起来是打算用来劈成木简。有些木头是针叶木，显然是从远处运来用作文具的，就今天来看，距该地最近的能生长针叶木的地方是甘州的南山。

大多数有字的文书都已受潮。直到最后一件文书被挖出来并拂去表面灰尘后，蒋师爷才发现我们迫切盼望的明确纪年。这件文书属公元前52年，表明这处废墟可以上溯到西汉初建长城的时期。关于这处大废墟的用途的疑云很快被消除了：我那博学的秘书蒋师爷在仔细研究一番之后说，有两件文书明确提到了与一个谷仓有关的事务。本来，在这里这么多天的考察和挖掘过程中，我们俩还有拉姆·辛格都曾想过这个问题，觉得这个奇怪的废墟建在这里，有可能是给驻扎在该地的军队、沿长城活动的军队，以及沙漠道上过往的官员、政治使节提供物资的。

获得这个文献上的证据之后，就很容易解释前文提到的建筑格局的特殊之处：那庞大的不适宜人居住（尤其是在冬天）的大厅；那通风用的小开口。建筑位置交通方便，接近水源，但高出在周围地面之上，是为了免受潮湿；两层围墙的布置方式有利于对主建筑的防卫，不是防范外来的进攻，而是防范盗贼。这样我们也完全可以解释主建筑下的天然土基座的两个引人注目的特征了：基座很高，四面陡峭，是为了保护仓中粮食不受啮齿类动物破坏，啮齿类动物与盗贼一样都是防范的目标；基座上没有台阶和上下的路径，可能只在把粮食搬进搬出时人们才想办法上去，这样可以更有效地防范啮齿类动物。基座底部受了一点风蚀，这样更可以防范老鼠。

建筑特征与从那两件文书中得出的结论是吻合的，而沙畹先生在研究了此地出土的可读文书 No.413~427 后，证实了我们的推断，这着实令人欢欣鼓舞。其中一件文书 No.418 是道发放粮食的命令，有三个官员的署名，他们显然是谷仓的负责人。文书 No.415 更能说明问题。这是一个正式的收条，称谷仓收到了两车粮食，并标明了粮食的种类和重量，这些粮食是敦煌郡龙勒县某个农业区送来的，显然是向长城守军提供的军粮。我们说过，《汉书》中称阳关和玉门关都是受辖于龙勒县的。残破不全的文书 T.XVIII.i.40 是公元前 52 年的，提到了两车东西，大概也是缴纳的军粮。文书 No.421 是枚不完整的木简，其中提到某种质地的 20 套军装，这类东西只会在军库中才会出现。T.XVIII.i 点出土的其他不完整的文书似乎是私人信件或官方信件。其中文书 No.424 大概值得一提，因为它提到了某位高官向酒泉郡（肃州）官员发布的一道命令。

我们无论是通过研究历史还是通过个人经验都容易知道，要想在沙漠上调动大批军队或维持驻军的给养都是很困难的。这个仓库位于前沿地区，十分有利于给保卫沙漠长城的驻军、远征军、使节和商队提供物资——不论他们是向楼兰去还是从楼兰归来。从《汉书》中的记载可知，西汉年间，尤其是汉武帝最早向西扩展时期，这条艰难的沙漠之路上过往的军队很多，使节来往频繁，而且使团的规模还很大，他们都需要大量的物资，而这座雄伟的建筑正可以提供这些物资。南边砾石高地的边上就是楼兰古道，两千年前这条道路曾是古代中国向西进行贸易和政治活动的大动脉。当我站在这条古道上遥望古仓库废墟时，我想起了白沙威尔道上的那些大棚子或"军粮站"，从东边向白沙威尔去的游客对这种大棚子应该很熟悉。那条道路是连接印度与喀布尔及中亚的大道，一旦需要派兵去中亚，军粮站就派上用场。但开伯尔道上即使是最荒凉的地段同此地相比也简直是花园了。汉朝的军队在去往楼兰的途中就必须经过这样荒凉的沙漠。

　　古仓库规模很大，相当坚固。这似乎表明，它可以上溯到楼兰道最初用于军事用途的那一时期，当时长城刚刚延伸到这里以保护楼兰道。在那些日子里，这里一定很热闹，也可能会有士兵和行政人员住的营房。这类次要建筑都不如主建筑坚固，考虑到风蚀作用和潮湿的影响，我们很容易明白为什么它们均已踪迹全无。但我们在内围墙东南角外发现了一个小台地，里面有几层垃圾堆，垃圾堆下是一间小屋的地基，约15英尺见方，一部分是在坚实的泥土中挖成的，一部分是用墙砌成的。在此发现了几件东西，其中包括两只绳编的鞋、一枚五铢钱、一个木骰子，另外还发现了一枚公元前52年的不完整的木简。除了这间小屋，还值得一提的是南边砾石高地边上的一座瞭望塔，从那里可以俯瞰古仓库。这座塔高只有约12英尺，修得也不结实，是用粗糙的泥土筑成的，每隔三四英寸就有一层芦苇。它位置较高，老远就能看见，所以它可能是座信号塔或路标之类的东西。仓库废墟虽然很大，却不能从远处看见，因为它坐落在沼泽盆地之中。

我们没有直接的考古学上或文献上的证据，所以无法确定古仓库大致是何时被废弃不用的。公元2世纪中叶这些长城要塞就已无人戍卫，显然这个仓库的使用期不会超过那一时期。好在这个巨大的废墟也引起了敦煌当地人的注意，有两本记载敦煌地区轶闻趣事的唐代书籍曾简短地提到过它。这两本书的写卷都是从敦煌千佛洞石室中发现的。其中一本是《敦煌录》，吉尔斯博士把我所藏的这本小书译成了英文。书中称："河仓城，州西北二百三十里，古时军储在彼。"我想，这无疑指的就是这里的古仓库遗址——这里正是位于敦煌城西北。不出我们所料，按地图计算，沿楼兰道行走，这里与敦煌城的实际距离约50英里，跟"二百三十里"很接近。我曾用大量证据证明，中国唐代用于测量中亚道路的"里"约等于0.2英里。

另一个提到此废墟的书是伯希和教授从千佛洞获得的《沙州志》(应为《沙州都督府图经》残卷——译者)，罗振玉先生后来在

《敦煌石室遗书》中出版了这本书。按照吉尔斯博士的注，《沙州志》中关于阿仓古城是这样写的："右在州西北二百四十二里，俗号阿仓城，莫知时代。其城颓毁，基址犹存。"吉尔斯博士还引用了《沙州志》中的另一段话："古阿仓城，周四一百八十步。"《沙州志》撰于唐代，但显然要晚于《敦煌录》(吉尔斯博士对我说，罗振玉先生认为《沙州志》撰于公元713—742年)。我们很容易看出，《沙州志》的记载与T.XVIII这里的废墟完全吻合，不仅方向、距离是正确的，而且所述墙的周长也是正确的。三个大厅周长有1 000英尺，而《沙州志》中所说的"步"指的是两脚各走一步的距离。照此计算，180步与1 000英尺相差不大。还有一个值得注意的地方：两段文字中都提到"仓"字，"仓"就是"仓库"的意思。这说明唐代当地人对这座废墟的性质是明确的。两篇文字中都把大废墟称作"古城"，对此我们不应觉得奇怪。我们已知道，每个古代遗址，不管有多小，在中国新疆都被称作"科诺沙尔"，在甘肃边塞则都被称作"旧城"。

第八节　湖区的长城：烽燧 T.XIX～T.XXIII

　　长城上的这个古仓库位置十分有利，尤其是因为我们前文提到的那个宽阔的沼泽一直延伸到仓库北边，北边就不必修长城了。我发现城墙重新出现在东边一条坚实的地面上，这条地面把大沼

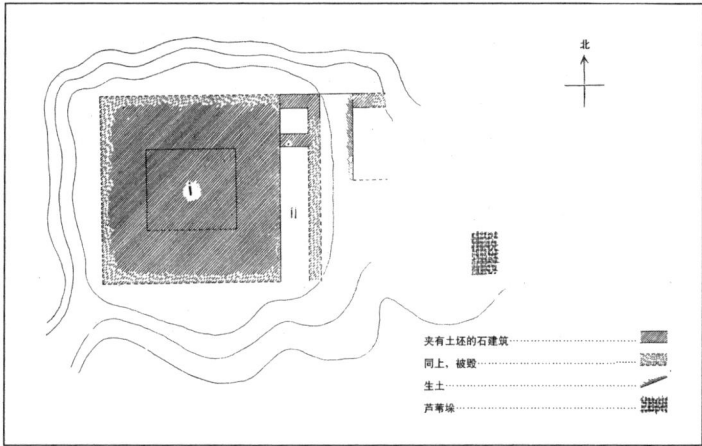

图 115　烽燧 T.XIX 平面图

泽和一个长约 3 英里、宽 1.5 英里的湖隔开了。沼泽和湖之间的地
面只有 1 英里多宽，但古人在此修了两座烽燧（T.XIX 和 T.XX）并
用城墙把它们连起来，扼住了这个咽喉要地。城墙朽坏严重，但
古烽燧依旧醒目（图 53）。烽燧坐落在孤立而陡峭的台地上，台
地高达 100 英尺。此地有不少这种台地。这些台地实际上是南边
那块狭窄的砾石高地的延续，在水和风的作用下，高地的最北端
形成了这些台地。沙漠中的台地一般都是这种成因。烽燧 T.XIV、
T.XIV.a 以及 T.XXII.b、c 附近的长城也经过了与此类似的孤立台
地，那些台地也是由于上述原因形成的。每块台地古代都有士兵

图 116　箭头

把守，因为如果无人把守，敌人很容易从碎裂的台地之间偷袭而入。

烽燧 T.XIX 的地理位置很优越（图115）。它位于一座陡峭土岭的最北端，从烽燧上瞭望，疏勒河经过的那个湖盆尽收眼底。从这座烽燧上我第一次清晰地看见了深深的疏勒河河道，河水沿着这条河道从哈拉湖流来，流进前文提到的湖中，然后又向西流去，流向大仓库以北的沼泽。这座烽燧也是由常见的土坯筑成，用一层层的柴禾做间隔。烽台底部有22英尺见方，顶上有一个8英尺见方的小瞭望屋（ⅰ号地点）。烽燧东边连着一个狭窄的小屋（ⅱ号地点），大概是存放东西用的。从土岭的一个山口出发，经过烽燧东边的山坡就可以来到烽燧下面。这处山坡上有很多垃圾，其中有不少剁碎的芦苇秸秆，还是绿的，看起来就如同新砍下来的一样。在这里还发现了一个半插在泥土之中的小屋遗址和一堆胡杨树枝，另外还有一卷用芦苇搓成的绳子，直径约1.5英寸，尚不知其用途。在这个垃圾堆及小守望屋中发现的物件值得一提的还有：三支带羽毛的箭杆，一枚保存完好的箭头（图116），一件用硬木做的工具，可能是用来在墙上抹灰泥用的。

在烽燧废墟发现的木简中，有一枚写得很工整，很有文物价值，它就是T.XIX.i.6。木简内容表明，它本来挂在一个包或一个箱子上，包中装着"平望朱爵燧"的100只某种类型的铜箭头。很可能"平望"就是指此地以东的长城。T.XV.a.ii.9中也曾出现过"平望朱爵燧"字样。

沿颓败的长城再向前面说过的湖边走约0.75英里后，就来到了T.XX烽燧遗址（图52）。它坐落在一块台地东北端的小丘之上，高出湖面70英尺。烽台实际高度有13英尺，依然完好。在小丘顶部下面、陡坡的不同地点发现了四间小屋的地基，从小屋中出土了10多枚木简。其中文书No.662提到了平望某长官的名字。在各种文物中值得一提的有一个用来抛光木制品和骨制品的器具，还有一块小木头，显然是想用它做一个印盒，但没有做完。我在塔下的山坡上拾到了一枚早期五铢钱，应该属公元前1世纪。

从烽燧T.XX所在的土岭东北端起，长城又向泥泞的湖边延伸约50码。湖面只比墙根低5英尺，显然在某些季节湖水仍会泛滥。再向前，地面距实际湖面只有两三英尺高。这里的情况跟长城濒湖或濒沼泽的其他地点一样（如T.X和T.XI地点附近），水平面古今变化不大。还有一个事实也证明这里的土壤和气候条件两千年来未发生大变化。两座烽燧之间的平地，以及烽燧与湖和沼泽之间的地区，都长满了胡杨树。汉武帝时期这里肯定也长满了胡杨树，因为这里的城墙都是用胡杨树树枝筑起来的，而敦煌以西其他地方的长城用的是芦苇。今天在这里用胡杨树做建筑材料也是最方便的。

这段长城几乎呈直角直插到湖边，可见人们当初是想将湖和湖东宽阔的沼泽地作为一种水界，以在某段距离内取代长城。[1] 在湖和沼泽南岸7英里之内我未发现长城的遗迹，这也证实了我的推论。但烽燧 T.XXI 和 T.XXII.a 表明，虽然没有城墙，但这一区域仍有人戍卫、守望。这两座烽燧都建在靠沼泽边很近的孤立高台地上，向北视野都很开阔。烽燧 T.XXI 朽坏很严重，坐落在一座极陡的土岭最西端，土岭有80多英尺高，位于商路北边，距烽燧 T.XX 约3英里，处于烽燧 T.XX 的东—南东方向。烽台实际高度约10英尺，土坯仍是常见的尺寸。烽台底下是一座小丘，被当作天然的台基，再加上土岭本身就很高，这些都足以确保烽燧不仅安全而且视野辽阔。烽台东边连着的两座小屋中只有芦苇秸秆，依然鲜绿，保存得极好，显然是作草料用的（T.XXI.001、002就是这种芦苇）。

1　在早期的罗马长城上也有这种利用水界防御敌人的做法，屋大维和他后来的几任罗马皇帝都有计划地把河、湖或海用作罗马帝国的边界防卫线。

在这个烽燧东—北东方向3英里的地方有一个约80英尺高的小台地，烽燧 T.XXII.a 遗址就位于这块台地顶上。它是用浸了盐的硬土块粗糙地筑成的（这种土如今从附近铺着盐的沼泽边上还能弄到），土中夹杂着一层层胡杨树树枝以增强坚固性。烽台高约13英尺。未发现营房遗址，只在稍靠烽台东的地方发现了一间小地下室，长11英尺，宽9英尺，切入土中有5英尺深。从地下室外面的垃圾堆中发现了一枚完整的汉简。在离烽台20码远的一堆牛马粪便和灰烬中发现了文书残件。

烽燧 T.XXII.b 和 T.XXII.c 之间的长城形如一条笔直、低矮的土丘，只有当其穿越光秃秃的粗沙地时才分辨得出来，在不及沙地粗糙的土壤上，长城则完全消失在灌木丛中。这两座烽燧标出的长城路线位于疏勒河南边1.5英里的地方。T.XXII.b 是一座朽坏严重的土坯制烽燧，坐落在一座高约20英尺、宽30~40英尺的小台地顶部。烽台只有13英尺高，破败严重，已无法测量其长和宽。烽台南边和西边似乎有小营房的残迹。有一堆垃圾被扔在南边的悬崖下，从中我们发现了16枚木简，其中 T.XXII.b.9 号是公元12年的。文书 No.274 也值得注意，其中开列了属于"平望青堆燧"的武器清单。T.XXII.b.10 和 T.XXII.c.22 中也提到了平望，这足以证明平望段长城向东一直延伸到哈拉湖附近的这些烽燧。方形木板文书 No.278 也比较有趣，上面写着"大威关蓬"几个大字，显然这块木板是要挂在墙上的。文书 No.273 通知调动关中各亭的部队，但未写明各亭的名称。

烽燧 T.XXII.c 占据了一座孤立的小土山的最高点。这个土山距哈拉湖岸约1弗隆（英制长度单位，1弗隆＝201.68米）远。从前哈拉湖的水面比现在高出四五英尺，靠这个烽燧更近。烽台由泥土夹以芦苇层筑成，朽坏严重，只有10~11英尺高。烽台下只发现了一间半插在土中的小屋，此外没有别的营房的痕迹。小屋南脚下沿陡峭的悬崖有一条小裂谷。就在小屋南脚下发现了一个很大的垃圾堆，其直径约16英尺，厚4英尺。在一大堆芦苇秸秆和马粪中，发现了20多枚木简和大量纺织品碎片。纺织品中主要是丝绸，其颜色和编织方法花样繁多。在木简中T.XXII.c.22特别值得注意，它标有确切的纪年，相当于公元前98年，这是从长城上发现的年代最早的文书。这件文书中也提到了"平望"，我们前

图 117　拼贴布

图 118　拼贴布图案

文已讨论过"平望"这段长城。文书 No.278~288 是几件每日值勤表，标明了一个由 10 名骑兵组成的小队的工作分工，包括骑马巡逻、烧饭、制土坯等。

在大量纺织品中，丝绸数量最多，另外还有毛织物棉纺织品，c.004 可能是用树的纤维织成的。其中最值得注意的是拼贴布 c.0010.a（见图 117，图 118 中有其图案示意图），它由很多条靛蓝色和黄绿色花绸拼成。图案里十分模式化的卷草纹中有龙、鸟和凤凰纹，还有其他装饰性花纹。其风格和处理方式无疑是中国式的，对于一条汉代的精美丝绸来讲，这是极自然的事，因为在汉朝全世界只有中国掌握了丝绸制造工艺。花绸纹理极为细密，表明汉代丝绸制造技术已达到很高的水平。这件织物很重要，因为它是纯粹中国风格的最古老的纺织品之一，显示了汉代丝绸的风格和技术。1914 年我在楼兰古墓发现的大量汉代织锦，它们的风格和工艺与这块花绸拼贴布惊人地吻合。这件出自中国的织物，年代古老，这使下面这个事实显得更引人注意：它图案中的某些因素，比如说一棵模式化的树周围环绕着 4 只鸟，预示了波斯萨珊王朝以及受萨珊王朝影响的中东地区纺织品的图案。

傍晚，哈拉湖湖水一片碧绿。我从烽燧 T.XXII.c 越过湖面向东望去，除了湖南岸距此地约 5 英里的烽燧 T.XXII.d，没看见别的古烽燧。当时那里离我的营地太远，所以我就没有去。我现在勘察的是长城最西的地段，而第一次考察中我勘察了敦煌东北的长城，如今我只好把清理烽燧 T.XXII.d 和寻找两段长城之间遗址的工作留给将来了。约7年后，我又一次沿楼兰古道来到敦煌，方才有机会填补这些空白，任务完成得很出色，我将在关于第三次考察的报告中详述其情况。

此外还有一个遗址，由于它位于路旁边，所以我在回敦煌的路上顺便对它做了考察。这个遗址包括两座烽燧：T.XXIII 和 T.XXIII.a，它们都坐落在一块突向哈拉湖的窄高地的最北端，十分醒目。在那里，到敦煌去的道路从破碎的地面上出来，延伸到湖东南岸一片开阔的湿润平原上，然后又折向东南。在两座烽燧中，T.XVII 位置更高，坐落在一处又窄又陡的山顶上，根本没有多余的地方盖营房，但由于它高出平原约110英尺，向北、向东视野都很开阔。从这座烽燧脚下可以看见烽燧 T.XXII.b，但从位置较低的烽燧 T.XXIII.a 就看不见烽燧 T.XXII.b。所以我想，大概 T.XXIII 只是座信号塔，或者是人们认识到烽燧 T.XXIII.a 视野不够开阔后，又盖了这座烽燧。烽台由盐浸的土块筑成，每隔五层土坯有一层灌木。这座烽燧附近什么也没发现，甚至连陶器碎片都没有。

从烽燧 T.XXIII 向北走150码就是烽燧 T.XXIII.a，坐落在同一条山岭的最后一条分支上，这条分支几乎是完全孤立的。T.XXIII.a 较低，直接把守着车马所走的道路，这条路绕过山脚之后分岔，一条向正西去往玉门，另一条向东南去往敦煌。再往北有很多座小山，可以说古道在此穿越了一个关隘，这就是在此设立哨卡把守它的缘故。我1914年的考察提供了新的证据，证明烽燧 T.XXIII.a 和 T.XXIII 确实是用来把守道路的，而并非位于长城线上。长城线紧挨着湖岸从它们北边经过。

从 T.XXIII.a 建筑结构和出土文物看，它的建造时间和驻军时间应当与长城同时。烽台由土坯砌成，土坯层间夹杂着常见的芦苇秸秆。烽台底基有 16 英尺见方，比其天然底座高出 8 英尺，顶上有 8 英尺见方的瞭望屋。由于烽台坍塌了不少，山坡又很陡，所以这里几乎没什么垃圾。但在南边比这个烽台低 30 英尺的一座小山谷中，我们发现了一大堆垃圾，表明这座烽燧很长时间没有人戍卫，山谷里这个隐蔽地方显然被用作了人畜活动的场所。在一大堆秸秆和牛粪中我们发现了几件文物，其中织物碎片 T.XXIII.a.002 比较值得注意，哈诺塞克博士后来分析出它是块棉纺织品。垃圾堆附近的土崖中有间小屋，在小屋里发现了一张纸文书残片，提到了士兵的调动问题。纸质十分柔软，看起来像毡子，表明了早期造纸业的状况，很值得专家们进行研究。小屋外的垃圾堆中还出土了一小块写着字的木简（现在这枚木简上的字已不可识读）。

这些易腐烂的垃圾就丢在谷底最易存积雨水的地方，至今仍完好无损。这表明，在有军队戍卫长城的那段时期，这块沙漠地区的降水量是少而又少的。正是由于在过去 2 000 年里气候极为干旱，我才能够在探索敦煌长城的过程中发现大量古代遗物。